SPILLETS KUNST
– FØLELSER I FILM

Til Andrea

Udgivelser i serien TEORI & ÆSTETIK

1.
Tæt på teksten
8 tekstanalyser
Redigeret af Tania Ørum.
1994

2.
Musicals
Storbyscene og drømmerum
Af Michael Eigtved
1995

3.
Filosofisk æstetik
Fra Baumgarten og Kant til Heidegger
og Adorno
Af Sverre Raffnsøe
1996

4.
Filmlyd & filmmusik
Fra klassisk til moderne film
Af Birger Langkjær
1996

5.
Eftermæle
En studie i den danske dødedigtning fra
Anders Arrebo til Søren Ulrik Thomsen
Af Sune Auken
1998

6.
Sandhedens maskespil
En analyse af Federico García Lorcas
sene lyrik, 1929-36
Af Henrik Rasmussen
1997

7.
Ekfraser
Gunnar Ekelöfs billedbeskrivende digte
Af Annette Fryd
1999

8.
Litterære verdensbilleder
Menneske og natur hos Solvej Balle,
Merete Pryds Helle og Niels Lyngsø
Af Jakob Hansen
2000

9.
Den lyttende tilskuer
Perception af lyd og musik i film
Af Birger Langkjær
2000

10.
Flugtlinier
Om Deleuzes filosofi
Red.: Mischa Sloth Carlsen, Karsten Gam
Nielsen og Kim Su Rasmussen
2001

11.
Spillets kunst:
Følelser i film
Af Johannes Riis
2002

12.
Ironiens tænker: Tænkningens ironi:
Kierkegaard læst retorisk
Af Jacob Bøggild
2002

13.
Storbyens billeder:
Fra industrialisme til informationsalder
Af Anne Ring Petersen
2002

14.
Friedrich Schlegel og hermeneutikken
Fragmenter af en teori om forståelsen
Af Jesper Gulddal
udk. 2003

15.
Formationer i europæisk romantik
Af Marie Louise Svane
udk. 2003

Johannes Riis

SPILLETS KUNST
– FØLELSER I FILM

Museum Tusculanums Forlag
Københavns Universitet
2003

Johs. Riis: Spillets kunst
© 2002 Museum Tusculanums Forlag og forfatteren
Fagligt tilsyn: Casper Tybjerg
Omslag: Kim Broström
Sats og tryk: Narayana Press
Sat med Garamond
ISBN 87 7289 733 3

Omslagsbilledet: Max von Sydow og Pelle Hvenegaard fra *Pelle Erobreren* (Rolf Konow)

Udgivet med støtte fra
Undervisningsministeriets tips- og lottomidler
Det Danske Filminstitut

ISSN 0908-8865
Teori & Æstetik, Bind 11

Museum Tusculanums Forlag
Njalsgade 92
DK-2300 København S
www.mtp.dk

INDHOLDSFORTEGNELSE

Tak til 9
Indledning 11
Forhindringer for behandling af spillet 12
Mål og midler 17
Centrale analytiske termer 21
Andre tilgange til spillets kunst
– skuespillerens metoder og intentioner 25
Andre tilgange til forståelsen af spillet
– vurderingen af kunstnerisk værdi 28
Andre tilgange til forståelsen af spillet
– ideologikritisk og historisk analyse 30

KAPITEL 1 **Spillets kunst og ikke-verbal kommunikation af følelser** 37
Fortolkning som kunsten at gøre indtryk
og at virke overbevisende 37
Ikke-verbale signaler hos Hamlet
– stemmens virkemidler 44
Hvad verbal betydning tilføjer spillet
– replikker 49
Opsummering 53

KAPITEL 2 **Subjektiverende teknikker og spillet** 55
At være genstand for og/eller indeholdt
i en anden 57
Subjektivitet efter rumlige
eller funktionalistiske kriterier – THE FIRM 60
Spillet får betydning: Noël Carrolls teori om
point-of-view-klipning 64

Point-of-view-klipning i Roberto Rossellinis
VIAGGIO IN ITALIA 68

Kameraindstillinger: subjekt-
eller objektbeskrivende 72

Naturlige forudsætninger hos tilskueren 76

Afrundende om subjektiverende teknikker 80

KAPITEL 3 **Forståelse af følelser i film: form eller funktion?** 84

Carrolls lingvistiske model for kommunikation
af følelser 84

Ekspressivitet som relationel aktivitet 90

En sammenligning af ansigtsudtryk fra
forskellige kulturer 93

Følelsers kognitive indhold og symbolske værdi
– ÄNGLAGÅRD 98

Det kognitiv-økologiske alternativ til sprogligt
baserede modeller for kommunikation 105

Afrundende om fremstillingen af følelser 109

KAPITEL 4 **Ekspressivitet i PELLE EROBREREN** 113

Amatører og professionelle skuespillere 114

Max von Sydow og principper
for Lasses ekspressivitet 117

Principper for Pelles ekspressivitet 123

Synsvinkler og følelsers kognitive indhold
– fru Kongstrups ulykke 130

Ekspressivitet hos statister i PELLE EROBREREN 134

Mellem to personer
– two-shot eller krydsindstillinger 138

Opsummering 144

KAPITEL 5 **Hvornår virker spillet realistisk?** 146

Konvention som forventning
og som løsning af problem 146

Overspil
– en scene med Anne Bancroft 149

Ikke-ekspressivt spil
– Bressons automatisme 153

Ikke-spil og underspil 156

Fremstillingen af hæmmede
og beherskede følelser 161

Bevægelse og forstyrrelse
– den moderne films dedifferentiering af følelser 165

Opsummering 169

KAPITEL 6 **Det ikke-realistiske spil
– følelser hos både figur og skuespiller?** 171

Konventioner som grund for
kommunikativ relativisme 172

Det ekspressionistiske spil
– besættelsen af målet 176

Affektspillet og de retoriske virkemidler
– den historiske baggrund 180

Affektspillet i film
– til forskel fra ekspressionistisk spil 183

Den komiske stil
– fremstillingen af emblematisk
og instrumentalistisk adfærd 187

Verfremdungseffekt
– brugen af teatralsk spil
som virkemiddel 191

Opsummering 196

KAPITEL 7 Findes der spillestil uafhængigt af det fremstillede?
Stilteori og tilskuerens følelsesmæssige
stillingtagen 203

Identifikation eller relationel aktivitet 203

Stilbegrebet generelt 212

To strategier for påvirkning af tilskueren
– Gibsons og Oliviers Hamlet 220

Realisme som tilskuerens oplevelse af
handlingsrelevans 225

Afrundende om strategier i spillet 227

KAPITEL 8 **Kort sammenfatning** 231

APPENDIKS Forslag til analyse af spillet
– 32 spørgsmål 236

Referat af PELLE EROBREREN 241

Segmentering af PELLE EROBREREN 242

LITTERATURLISTE 247

REGISTER 257

TAK TIL

Denne bog bygger på en prisopgave som jeg indleverede i januar 1997 og jeg har tilføjet et enkelt kapitel, om stilteori og -analyse, og revideret de øvrige. Tak til dem, der har kommenteret denne og de tidligere versioner: Casper Tybjerg, Frank Sloth Christiansen, Zoran Petrovic og Torben K. Grodal. Sidstnævnte har været til stadig inspiration for disse og lignende problemstillinger igennem flere år. Casper Tybjerg har bidraget med værdifuld kritik, og jeg burde måske have fulgt hans forslag om at skelne mellem genstands- og betragterbeskrivende indstillinger (side 72 ff). Tak til Museum Tusculanums Forlag for tålmodigt redaktionelt arbejde, og tak for billedrettigheder til Paul Ekman, Philip Zarrilli, Per Holst Film, Dansk skuespillerforbund og Max von Sydow.

Min interesse for dette emne er vokset ud af min undervisning i produktion af kortfilm på en daghøjskole. Her opdagede jeg at en films evne til at vække interesse eller nysgerrighed, at gribe eller bevæge tilskueren, ikke lod sig analysere med det vante fokus på klippeteknikker og overordnede strukturelle forhold. Tak også til mine tidligere elever for at have ledt mig på sporet af spillets bidrag til filmoplevelsen. Jeg håber at kunne gøre det samme nu for min læser.

INDLEDNING

Der er flere måder at forstå hvad det er der gør noget til en kunst. Ofte tages et udgangspunkt i kunstneren, dennes baggrund, hvordan denne bærer sig ad med at skabe bestemte udtryk osv. Dette har jeg fundet en vanskelig tilgang i forhold til spillet af rollen. Jeg har villet beskæftige mig med analysen af det færdige udtryk uanset hvilken metode spilleren end har valgt for at komme frem til det, blandt andet fordi dét at spillets bidrag benyttes på den rigtige måde, det at vi oplever det på den rigtige måde, også er instruktørens og for den sags skyld fotografens og klipperens ansvar.

Hvad er det for en type information, vi får gennem skuespillerens bidrag, spillet? Spillet bidrager med information om de fremstillede personer, figurernes sociale, kulturelle eller historiske baggrund, og der fremstilles bestemte kønsrollemønstre og værdier af anden slags i spillet. Jeg har valgt at fokusere på information om følelser og tænkning, det "indre liv." Der er her tale om en type signaler man kan kalde *hurtige* (idet de skifter på brøkdelen af et sekund), i reglen i modsætning til fx kostume og sminke, der bygger på langsomme skift, og uafhængigt af casting, der bygger på visse statiske og genkendelige træk hos skuespilleren. Spillet er ganske enkelt det som sker *i* filmen, mens vi ser og hører på det. Jeg vil senere beskrive fremstillingen af følelser som fremstillingen af intentioner, indtrykket af at figuren eller spilleren fx *vil* noget eller netop *ikke* vil noget, af at denne ikke tør eller ikke føler sig i stand til at gøre noget som den givne situation kræver.

For at forstå spillets kunst har jeg været nødt til at udstikke et delmål for analysen der hedder "Hvordan kommunikeres en følelsesmæssig oplevelse til tilskueren?" Fordelen ved at have et snævert fokus er at det giver mulighed for at belyse i det mindste ét aspekt af spillets kunst på en systematisk og udtømmende måde. Andre aspekter må stå ubelyste hen i denne fremstilling for jeg vil rette opmærksomheden meget ensidigt på følelser. Fordelen ved et fokus på hvordan en følelsesmæssig oplevelse kommunikeres til tilskueren er at det er et af de mere vanskelige bidrag fra spillet – en replik eller et ansigtsudtryk kommer let til at virke forceret og formår ikke at overbevise tilskueren. Som vi senere skal se kan en given udformning af spillet tjene andre formål end den realistiske, at overbevise tilskueren om et selvstændigt fiktionsunivers uafhængigt af tilskueren, men også i det ikke-realistiske spil gengives der en følelsesmæssig oplevelse, så også her er denne tilgang relevant.

FORHINDRINGER FOR BEHANDLING AF SPILLET

Til trods for den opmærksomhed vi tildeler spillet når vi ser film, har det skuespilleren foretager sig, mens vi ser på det, ikke fået nogen systematisk behandling af teoretikere. Tilsyneladende er der tale om et misforhold mellem den opmærksomhed vi under filmoplevelsen tildeler spillet, og så dén filmvidenskaben tildeler det i teorier og analyser. En række underforståede formodninger om tilskueren og filmens kommunikationsproces har været medvirkende til at flytte opmærksomheden væk fra spillets kommunikative værdi i forhold til tilskueren, og jeg vil forsøge at udpege nogle af dem.

For det første tanken om at *det er de tekniske virkemidler der er kunstnerisk interessante*. Denne tanke er oftest formuleret i henvisninger til den såkaldte *Kuleshov-effekt* der i kraft af et nu forsvundet eksperiment formodes at illustrere at klipningen kan gøre spillet betydningsløst. Et nærbillede af et ansigt anbringes i tre forskellige sammenhænge, og voila! – ansigtet udtrykker den følelse der passer til sammenhængen. Hvis ansigtet klippes sammen med en tallerkenfuld suppe, udtrykker det sult, men man kan i princippet indsætte vilkårlige genstande. I den stærke udgave er ansigtet udtryksløst, uden at det gør hverken fra eller til.[1] Jeg vil forsøge at vise at det også går den modsatte vej: den følelsesmæssige aktivitet vi ser udfoldet i ansigtet bestemmer hvad vi lægger mærke til hos den sete genstand eller begivenhed. Hvis ansigtet udtrykker væmmelse, så søger vi ulækre egenskaber i indstillingen af suppen. Som vi også skal se peger ny forskning på at Kuleshov-eksperimentet har været misforstået og misbrugt, men i en svag udgave – der tillader at virkningen går begge veje – er anerkendelsen af klipningens betydning uden videre forenelig med anerkendelse af spillets betydning.

Endnu en forhindring for, at spillet er blevet taget under systematisk behandling, er at *sproglig kommunikation er blevet set som modellen for al anden kommunikation*. Tanken har været at de egenskaber som vi opdager i den ydre verden, på den ene eller anden måde, fremstilles eller realiseres i den indre, mentale verden i kraft af et ord eller et symbol. Samtidig har det stået klart at spillet syntes at gøre brug af *analog* kommunikation uden selvstændige enheder som ord og bogstaver, uden et vokabularium.[2] Som en fremtrædende filmteoretiker, Christian Metz, formulerede det, så er der tilsyneladende slet ikke enheder på det enkelte billedplans niveau, kun på forløbets.[3] Med disse antagelser in mente er det mindre overraskende at man har rettet opmærksomheden mod især klipningen der i højere grad ligner sproget ved at bygge på en kæde af enkeltelementer med hver sin rolle. Når det kommer til spillet, er man imidlertid nødt til at finde en anden model for kommunikation end sproget. Jeg har fundet at man med fordel kan vælge at fokusere direkte på spillet, uden et sprogligt mellemled, og betragte tilskueren som én der *opdager* hvilke intentioner og hvilken følelsesmæssig oplevelse der fremstilles, af samme grunde som vi forstår hinandens ekspressivitet i dagligdagen. Samtidig er det stadig muligt, som jeg skal forsøge at vise, at tage udgangspunkt i hvad der fremstilles og hvad det betyder. Blot fordi man antager at forståelse af ekspressivitet bygger på naturlige forudsætninger, så behøver man ikke at tage udgangspunkt i at sammenligne med virkeligheden.

Yderligere en grund til at spillet ikke har fået tilstrækkelig opmærksomhed hos filmteoretikere, har formentlig været et *manglende kendskab til teatervidenskabens metoder til at løse lignende problemstillinger*. På dansk findes værdifulde forslag til analyse af spillet, som her teaterhistorikeren Svend Christiansens – også med udgangspunkt i følelserne, kaldt affekterne:

> Enhver replik vil altid være en affektreplik, enhver situation altid en affektsituation. Måden, hvorpå de skiftende affekter fremstilles og deres forhold til karaktererne og handlingen, udgør stilpræget, stilen. Et studium af de forskellige stilarter inden for skuespilkunsten, både genremæssigt og historisk, har derfor som egentligste opgave at finde ud af, hvorledes affekterne fremstilles og er blevet fremstillet i tidens løb, og på hvilken måde de er tilknyttet karaktererne og handlingen.[4]

Denne beskrivelse lægger op til en historisk analyse af fremstillingen af følelser eller affekter, hvorimod jeg her har taget udgangspunkt i en perceptionspsykologisk tilgang. Ikke desto mindre er der kontinuitet og forenelighed med den metode som citatet ovenfor lægger op til i opmærksomheden på fremstillingen af følelser. Christiansen henviser til et værk redigeret af den psykolog, Magda Arnolds, der først beskrev følelser som funktionelle, som *handlingstendenser*, – akkurat samme beskrivelse som jeg har fundet anvendelig, blot i en senere og mere udviklet form hos den hollandske psykolog Nico Frijda.[5]

Det har heller ikke hjulpet behandlingen af spillet som sådan at fokus i mange tilfælde er flyttet hen på *brugen af stjerner*. I sig selv er det værdifuldt også at belyse stjernernes rolle, fx brugen af dem til at trække os i biografen, forhold omkring casting og rollevalg, den måde en stjernes image er blevet promoveret i andre medier og stillet op over for figuren. Men ofte har man også på fornemmelsen at dette fokus i nogen grad har været bestemt af, at de teoretiske muligheder for at forstå spillet har været begrænsede. Det kan man se når man støder på generaliseringer som synes at begrænse muligheden for at forstå brugen af stjerner. I en nyere fremstilling kan man således læse at filmforskningen har bevæget sig fra at betragte en stjernes image som stabilt, til at se det som ustabilt og modsætningsfyldt.[6] Dette er for generaliserende – det interessante ved *stjerne image* er forskellene de enkelte stjerner imellem, hvordan nogle er relativt entydige og andre relativt modsætningsfyldte. En analysemodel der på forhånd søger det ustabile og modsætningsfyldte (eller dét med modsat fortegn), er ikke hensigtsmæssig for så vidt man formentlig altid kan finde modsætningsfyldte træk i ens billede af andre mennesker – det er blot ikke udtryk for at de opleves som sådan. Forhåndsforventninger om skuespilleren gør sig gældende når det drejer sig om stjerner, men snarere end at forvente at de er udslagsgivende til den ene eller anden side, kan man efter min mening også her med fordel tage udgangspunkt i spillet. Når man taler om moderne stjerner er deres image især formet af deres roller og spil i bestemte film, og dette image udnyttes når stjernerne så promoverer de enkelte film; det er ikke nødvendigvis sådan længere at filmselskaberne har økonomisk interesse i at skabe en stjerne (som de allerede har kontrakt med). Med mit fokus på spillet alene kan man ikke gøre krav på en fuldstændig analyse af betydningen af nogen enkelt stjernes spil i en given film, men stjerner er ikke desto mindre underlagt de samme ekspressive principper som jeg vil beskrive, uanset at tilskuerens billede af dem uden tvivl spiller en relativt større rolle.

En anden tanke, der ikke har opmuntret til behandling af spillet, er en slags puritanisme der går ud på at *hvis der er tale om et kunstnerisk bidrag, må man kunne skelne bidraget fra kunstneren*. I mange tilfælde oplever man ikke at der er en anden bag det fremstillede; det gælder især den realistiske spillestil, men det betyder ikke at man kan slutte som Theodor Christensen og Karl Roos i *Film* fra 1936:

> Følelserne er i Publikums Øjne Skuespillernes, ikke Instruktørens. Skuespillerne er Billeder, men reelle. De er ikke Udtryk, netop fordi de er virkelige Mennesker. I film er der ingen Skuespillere, men kun Mennesker, intet Spil, men kun Handling. Spil kan kontrolleres af en Instruktør, Spil kan tillægges en anden end den, der spiller. Men det gør Filmpublikum netop ikke.[7]

Deres konklusion, der strider mod almindelig fornuft og viden (at der ikke er skuespillere i film), har som præmis at et kunstnerisk bidrag skal føles og opleves som et kunstnerisk bidrag. Christensen og Roos nævner blandt andet skurkeroller som årsag til en æstetisk uinteresserethed, kunstens ultimative mål,[8] fordi vi her ikke identificerer os med skuespilleren og kan nyde udtrykket for dets egen skyld, uden at blive opslugt af handlingen.[9] Det er en præmis der sætter dem på kollisionskurs med stort set al realistisk kunst, på tværs af kunstarterne, der søger at påvirke gennem det fremstillede, motivet som sådan, uden at vi samtidig føler kunstnerens tilstedeværelse gennem dennes greb. Også for det realistiske spil gælder at vi ikke er opmærksomme på kunstneren, fx fordi vi er opslugt af handlingen, men dette er så at sige bedriften. Man kan ikke uden videre ophøje den kunst hvor vi er opmærksomme på kunstnerens greb og udtrykskraft, på den formende personlighed bagved, som målestokken for al kunst.

Bag Christensen og Roos' tagen afstand fra det realistiske spil ligger en antagelse om at *identitet er problematisk alene i kraft af spillet af en rolle*. Tanken er her at man ikke ved hvem man har med at gøre: en skuespiller eller en figur. Identitetsspørgsmål kan studeres på et væld af måder: stjernens image er blevet set i forhold til figuren og dennes karakteristiske træk;[10] skuespilleren som én der må opgive sin egen identitet for at påtage sig rollens;[11] spil som essensen af menneskelige grundvilkår hvor jeget konstrueres gennem rollespil i forskellige sammenhænge;[12] og figuren i film er blevet sammenlignet med teatrets hvor en rolle eksisterer uafhængigt af en enkelt spillers præstation.[13] De forskellige tilgange er alle karakteriseret ved at stille spørgsmål, især om identitet og værensmæssig status, på et relativt højt niveau, snarere end at skulle kunne gøre rede for hvad der sker i spillet fra det ene øjeblik til det næste. Det gør dem forskellige fra den tilgang jeg har valgt, men begge tilgange har naturligvis hver sin berettigelse i forhold til at give viden og indsigt i ét aspekt. Når jeg alligevel nævner tendensen til at tænke i abstrakte temaer omkring identitets- og eksistensspørgsmål som en forhindring for behandling af spillet, er grunden snarere den at abstraktionen i nogle tilfælde leder hen til skel som ikke er direkte genkendelige i filmoplevelsen, og heller ikke er tilstrækkeligt systematiske eller logiske til at kunne fungere teoretisk. Et eksempel er Gilles Deleuzes skel mellem Magt og Kvalitet i ansigtet.[14] Tanken er at ansigter i nærbilleder nødvendigvis skifter mellem disse to poler,[15] men det synes at være en vilkårlig påstand i forhold til det skel som han indleder med, og som er af analytisk relevans, nemlig et skel mellem om et ansigt afspejler begivenheder i omgivelserne eller om det er indadvendt. Blandt andet fordi magtfuldhed og afmægtighed i sig selv er kvaliteter ved et ansigt og magt således en underkategori af kvaliteter, er skellet mellem Magt og Kvalitet ulogisk. Man kan i denne situation med fordel vælge et skel der ligger tættere på filmoplevelsen. Et eksempel er Lawrence Shaffers skel mellem i hvilken grad vi oplever spilleren som et subjekt der bearbejder indtryk fra omgivelserne eller som en passiv genstand for andres syn og indtryk, uden fuld bevidsthed.[16]

Endnu en forhindring for behandling af spillet er at *spillets kommunikative funktioner er blevet set som så indlysende at de ikke har forklaring behov*. Noget er der om denne tankegang. Den tænkning der er involveret i tilskuerens forståelse af spillets fremstilling af følelser og intentioner bygger efter alt at dømme på færdigheder der indlæres naturligt gennem omgang med andre mennesker. Men det behøver ikke at betyde at det ikke er en kunst at få tilskueren til at slutte i bestemte baner og derved opnå bestemte mål. Hvis spillet ikke blot er tilfældigt, må der være systematiske forbindelser mellem spillet og vores oplevelse af bestemte følelser og intentioner – det er disse som jeg vil forsøge at beskrive for derigennem at forklare spillets kunst.

MÅL OG MIDLER

Mit mål er at forklare hvordan tænkning og følelser kommunikeres i film ved hjælp af spillet. For at opleve og vurdere film er en sådan teori næppe nødvendig og i hvert fald ikke tilstrækkelig. Den tænkning der leder til en forståelse for figurens indre liv foregår under alle omstændigheder, hvad enten vi vil det eller ej. En teori om hvordan følelser kommunikeres i film har heller ikke direkte konsekvenser for vurderingen af hvad der er god eller dårlig spillekunst, omend den indirekte gerne skulle medvirke til at udvide rammerne og forståelsen af hvilke funktioner der kan tjenes via spillet. Det primære mål er imidlertid at forbinde tilskuerens oplevelse af følelser med den teoretiske beskrivelse – det er teorien der styrer hvilke konklusioner vi kan drage, og hvis ikke teorien stemmer nogenlunde overens med vores oplevelse af filmen, så er vores udsagn om filmoplevelsen på vej til at blive enten forkerte eller uunderbyggede.

Hvis der eksempelvis ikke findes et teoretisk grundlag for forståelsen af hvad der sker når følelser kommunikeres i spillet, så er det fristende at slutte at det ikke lader sig gøre. Dén konklusion er nogle filmteoretikere faktisk nået frem til. Ræsonnementet lyder at selv om meget kan afsløres om personernes indre liv i nærbilledet, så er der ikke som i litteraturen midler til rådighed der gør det muligt, og *altså er det ikke muligt*.[17] Denne konklusion bygger på præmissen om sproglig kommunikation som modellen for al kommunikation – at kommunikation kræver brug af ord eller let genkendelige symboler. Denne afvisning af en nuanceret kommunikation af figurens følelser findes ikke kun i ældre teori. Noël Carroll, i forbindelse med en ellers nuanceret teori, har sluttet at eftersom kun relativt få og enkle ansigtsudtryk entydigt kan forbindes med følelser, så må det bekræfte antagelsen om at film, i hvert fald de populære af slagsen, kun skildrer elementære, simple følelser.[18] Dette stemmer imidlertid ikke overens med at vi ofte beskriver fremstillingen af følelser som rækkende ud over de af Carroll nævnte. Vi kan fx finde på at skelne mellem had, irritation, vrede eller raseri når vi beskriver figurens følelser i film, uanset at disse termer ikke har et selvstændigt ansigtsudtryk. Pointen er at man må væk fra at tænke i genkendelige enheder som om filmen bestod af en kæde af genkendelige tegn med hver sin betydning, hvis man vil komme tættere på den faktiske filmoplevelse.

Film benytter sig af de samme ekspressive principper som er til rådighed i hverdagens situationer, og her er det fristende at slutte at så må skuespillerens arbejde bestå i en formalisering eller simulering af virkelighedens adfærd. Denne konklusion fremmer et syn på skuespilleren som én der efterligner snarere end skaber, og den antyder også at en ikke-realistisk spillestil udnytter fundamentalt anderledes principper i sin kommunikation. Man har ikke forklaret noget ved at sige at ekspressivitet i spillet har noget til fælles med virkelighedens – det ville da også være mærkeligt hvis det var anderledes – men det utilfredsstillende ved udsagnet i en teoretisk sammenhæng kommer frem når man tager i betragtning at der ikke er noget til hinder for at slutte den anden vej: virkelighedens ekspressivitet efterligner filmens (hvad jeg da også har hørt påstået når diskussionen gælder stumfilmens spil). Jeg mener ikke man kommer særligt langt med en konstatering af ligheder og forskelle. Teoretisk findes også en anden mulighed hvor man kan sætte spillet i forhold til perceptionspsykologi. Kunsthistorikeren E.H. Gombrich er forbilledet for denne tilgang, og hans udsagn om at maleren ikke forsøger at forstå den fysiske verdens natur, men vores reaktioner i forhold til den,[19] kunne også gælde mit emne. Skuespilleren, instruktøren og de øvrige filmskabere behøver ikke at kunne gengive virkelighedens ekspressivitet – det er nok at de forstår dens bagvedliggende mekanismer.

På trods af at vi ved at en skuespiller *spiller* bange i en film og at der ikke er tale om virkelig frygt, *ser* vi alligevel frygt. Vores indtryk er ikke præget af hvad vi ved, men af hvad vi ser og hører, et resultat af den tænkning der almindeligvis kaldes *perception* og forløber uden for vores bevidste kontrol. Uden at vide hvordan og hvorfor kommer et bestemt indtryk frem til vores bevidsthed, og denne psykologiske kendsgerning er man nødt til at anerkende.[20] Nogle mestrer kunsten at styre den perceptuelle tænkning til et bestemt resultat, og jeg vil vise hvordan man kan beskrive og forklare de underliggende principper for hvordan det sker. Principperne må eksistere med mindre skuespilleren og de øvrige bag filmen træffer en række tilfældige valg. Da der er tale om perceptuelle processer skal min teori ikke vurderes i forhold til dens genkendelighed hvis man gransker sit eget indre, men i forhold til filmene og de problemstillinger som almindeligvis forbindes med spillets kunst. Blandt andet om teorien kan forklare hvad der opnås ved at benytte en ikke-realistisk spillestil, om den tager højde for brugen af såvel den rutinerede skuespiller som amatøren, om den tager højde for spørgsmålet om timing, om den lader sig integrere med beskrivelsen af teknikkens rolle, især kamera og klipning.

Jeg vil vise at mekanismerne og principperne, som indtrykket af følelser danner sig ud fra, bedst forstås som funktionalistiske. Vi slutter os til hvilken *funktion* en given ekspressiv adfærd tjener i en bestemt sammenhæng, snarere end at vi forbinder dens *form* til en følelse. Der er ikke nogen bestemt eller nødvendig sammenhæng mellem et udtryk og en følelse. Sorg kan fx manifestere sig ved en rastløshed som søges det tabte genfundet, men følelsen kan også manifesteres i resignation og deaktiveret adfærd hvor al kraft forlader kroppen, som er den ønskede genstand umulig at genfinde. Jeg vil forsøge at vise hvordan den underforståede genstand, situationen som et hele, kan beskrives som den fremstillede følelses *kognitive indhold*. Blandt andet vil jeg i en diskussion af en replik af Marlon Brando forsøge at vise hvordan figurens skifte mellem oplevelsen af et mål som opnåeligt og dernæst uopnåeligt kommunikeres i spillet.

Man kan kort sige det sådan at der hos tilskueren er tale om *tænkning* snarere end *genkendelse*. Det er mest tydeligt når en anden forsøger at skjule hvad han eller hun føler. Selv om en underliggende frygt forsøges skjult, opdager vi måske en intention eller parathed til at ville gemme sig, at falde i ét med omgivelserne, at ville undvige problemet eller at slippe væk. Det er ikke en bestemt adfærd, en genkendelig adfærd, men adfærdens funktion i en sammenhæng der lader os slutte os til intentioner på baggrund af ekspressivitet. På mange måder fungerer vores perceptionsapparat med en slags behavioristisk grundantagelse om forholdet mellem ekspressivitet og omgivelserne; ikke-verbale signaler tages som udtryk for parathed eller manglende parathed til handlinger eller til typer af engagement med omgivelserne. Disse signaler kombineres med den viden vi allerede besidder ud fra vores erfaringer, fx om typer af konflikter, fra livet i almindelighed såvel som fra andre film, og ud fra den viden om figuren som vi har opnået tidligere i filmen. Vores indtryk af følelser formes altså både af signaler i filmen og af vores viden i øvrigt.

En central forudsætning for den teori om spillets kunst og følelser i film som jeg her vil fremstille, er antagelsen om at oplevelsen af følelser hos en anden er en egenskab ved den måde perception og tænkning fungerer på. Strengt taget burde vi kunne slå denne funktion fra når vi ser film – det er bare en film og derfor er der ingen grund til at formode at nogen skulle være fx bange. Men hvad enten vi vil det eller ej, så former vi indtrykket af følelser hos en anden; oplevelsen af at denne anden enten *vil* eller *ikke vil* noget, af at denne *ønsker* men ikke *kan* dette eller hint, *burde* føle på en bestemt måde men ikke *kan* det. Man kan antage at indtrykket af sindstilstande og intentioner, det vi forstår ved følelser i bredeste forstand, er en af de centrale opgaver som menneskelig perception er udviklet til at løse. Menneskelig perception har ikke blot som mål at gengive fysiske egenskaber ved verden for at vi kan bevæge os rundt om kanterne og hen over hullerne – følelser hos andre er en lige så vigtig egenskab at opdage og være opmærksom på fordi de har betydning for hvad vi kan vente os af omgivelserne.

Spillet vil blive forklaret i forhold til måden perception, tænkning og følelser fungerer på generelt. Især vil jeg trække på den hollandske psykolog Nico Frijda og dennes ambitiøse værk, *The Emotions* (1986), der sammenfatter flere årtiers beskæftigelse med emnet. Frijda er kun i begrænset omfang benyttet i filmvidenskabelige kredse,[21] men jeg vil bygge på tanken om at følelser er udtryk for *tænkning*, og at det at vi oplever én som ekspressiv er udtryk for at denne ser sine omgivelser i et bestemt lys. Det er information om denne tænkning vi "trækker ud" af spillet via perception. En anden kilde er Noël Carrolls "Toward a Theory of Point-of-View Editing: Communication, Emotion, and the Movies" (1993), hvor spillet og klipningen betragtes som et integreret hele. Ved at kombinere disse to teoretikere mener jeg at have en teori der kan forklare hvordan betydningsprocessen forløber når vi oplever ekspressivitet i spillet.

CENTRALE ANALYTISKE TERMER

Valget af ord er svært for selv forholdsvis enkle valg som når jeg taler om filmens figurer. Således har jeg vaklet mellem om jeg skulle tale om personer, karakterer eller figurer. Til fordel for *person* taler at vi under alle omstændigheder oplever det som om et menneske afbildes, med de egenskaber som mennesker almindeligvis har.[22] Til fordel for *karakter* taler at det svarer til det engelske "character," og imod at ordet karakter bruges i andre betydninger, dels om én med viljestyrke, dels om de særlige egenskaber som noget har og derfor gør det karakteristisk. En restriktiv brug af ordet karakter kan føres tilbage til antikken hvor det henviser til det moralske og psykologiske "stof" som en person er gjort af.[23] Imod *figur* taler at det lyder som en todimensional paptingest, men jeg vil bede læseren tænke *scenisk* figur hver gang ordet bruges. Hvor figur betegner dén der fremstilles fra tilskuerens perspektiv, vil jeg benytte *rolle* om den der fremstilles fra skuespillerens perspektiv, den opgave som han eller hun møder.

Man kan se typen af information i ikke-verbale signaler i forhold til den tid det tager dem at skifte.[24] *Hurtige signaler* peger på figurens følelser og generelle vurdering af sin situation ud fra hvad tilskueren ser spilleren foretage sig *i* filmen. Det kunne fx være et skift i stemmelejet, en blinken eller en tøven med hånden – på brøkdelen af et sekund kan der i spillet gives forskellige signaler. *Langsomme* signaler kan kun ændre sig over længere tid, fx rynker i ansigtet, hårfarve, og man kan yderligere inkludere påklædning. Man kan i nogen grad sige at de kunstneriske valg der har med langsomme signaler at gøre, træffes af kostumieren og sminkøren snarere end som en del af spillet som sådan. I film lader det sig naturligvis gøre ad kunstig vej at ændre de langsomme signaler hurtigt som når Leland Palmer, spillet af Ray Wise, i løbet af få sekunder bliver gråhåret i det sidste afsnit af David Lynchs tv-serie TWIN PEAKS (1990). Her er bruddet på tidsdimensionen en del af overraskelsen. *Statiske* signaler ændrer sig ikke over tid og det gør genkendelse mulig selv over store tidslige spring. Fx er skelettets struktur i ansigtet, forholdet mellem øjnenes, næsens og mundens placering, sammen med hudfarve uændret gennem størstedelen af livet. Den kunstnerisk ansvarlige i en film er med denne type signaler i høj grad den der besætter rollelisten, fx ved type-casting hvor skuespillerens udseende og fremtoning er bestemmende for rollevalg.

Opdelingen i forskellige kanaler og virkemidler i spillet er et almindeligt problem for filmanalytikeren. Richard Dyer foreslår følgende opdeling: (i) *ansigt* og *mimik*, (ii) *stemmens midler*, (iii) *gestik*, dvs. primært arme, (iv) *positur* og (v) *kropslig bevægelse*, dvs. gang, måde at rejse sig på osv. Man kan eventuelt regne kropsholdning og kropslig bevægelse som én type,[25] men uanset hvilken opdeling man vælger er det interessante i hvilken grad det svarer til bestemte strukturer i filmene. Kameraet skildrer ofte bestemte dele af kroppen. I et nærbillede gives fx ingen eller små muligheder for gestik. At det faktisk er muligt viser et nærbillede af Jessica Lange i Martin Scorseses CAPE FEAR (1991) hvor hun i et særligt truet øjeblik løfter hænder op så de visuelt er placeret nogenlunde på højde med ansigtet hvor de benyttes til at give udtryk for angsten ved at fingrene bøjes og strækkes. En sådan gestik kan let komme til at virke teatralsk, en sætten i scene for tilskueren, men fordi hun samtidig virker overbevisende i ansigtets spil af rædslen, og fordi vores opmærksomhed samtidig er på Nick Nolte i billedets baggrund, så kan gestik i nærbilleder godt lade sig gøre hvis det planlægges rigtigt.

I totalbilledet hvor man ser hele figurer er der rige muligheder for at benytte gestik. Sker det i tilfælde af en dialog, vil filmskaberne ofte løbe ind i det problem at det ikke er klart hvem det er der taler. I Woody Allens film kan man ofte se hvordan skuespillerne skiftes til at bevæge sig, fx ved at komme ind ad en dør eller bevæge sig rundt om kanter således at de pludseligt bliver synlige og fanger vores opmærksomhed lige før deres replik. En særlig opfindsom løsning af dette problem, uden brug af bevægelse i rummet, kan ses under den store, afsluttende fest i Luchino Viscontis IL GATTOPARDO (1963). Mændene er klædt i kjole og hvidt, med hvide handsker, og nærmest umærkeligt tager den talende i en gruppe, heriblandt Burt Lancaster i hovedrollen, sine hænder ned langs siden når replikken afleveres, og tilbage på ryggen når han er færdig. Denne minimale gestik fanger vores opmærksomhed blandt andet i kraft af kontrasten mellem de hvide handsker og de sorte bukser og jakker. Den type løsninger mestrer mange skuespillere i kraft af års træning på teatret hvor bevægelse og gestik er et vigtigt middel til at styre tilskuerens opmærksomhed rundt mellem spillerne – uden brug af nærbilleder.

Endnu en måde at opdele signaler i spillet er mulig. Et værk der handler specifikt om ikke-verbal kommunikation og samler mange års research, er *Nonverbal Communication: The Unspoken Dialogue* som jeg flere gange vil referere til. Således foreslår forfatterne en skelnen mellem (i) *kinetiske* signaler, dvs. knyttet til bevægelse, (ii) *vokale* signaler, dvs. knyttet til stemmen, (iii) *udseendet*, (iv) *haptiske* signaler, dvs. berøring af en genstand eller person, og (v) *proksimale* signaler, dvs. den rumlige afstand i forhold til en anden.[26] Denne opdeling indeholder nogle interessante skel der ikke traditionelt er taget med i beskrivelser af spillets virkemidler. Især fremhæves to typer af signaler som relationelle, dvs. at betydningen forstås som aktivitet i forhold til en anden genstand. Mange typer af gestik får således deres betydning ved at række ud efter noget der endnu ikke er inden for berøringsafstand (altså haptiske signaler). De proksimale signaler indebærer bevægelse, men det afgørende er ikke bevægelsen i sig selv, men hvorvidt den resulterer i større nærhed eller fjernhed i forhold til en anden genstand.

De relationelle signaler kræver ofte en særlig håndtering af kameraet, fx ved at der klippes til et større billedudsnit lige i det øjeblik hvor skuespilleren rækker ud efter noget eller bevæger sig væk. En særlig konsekvent understøttelse af proksimale signaler kan ses i dén scene i Jonathan Demmes PHILADELPHIA (1993), hvor Denzel Washingtons figur møder Tom Hanks'. Her bliver imødekommenheden hos Washingtons advokat pludselig forvandlet til kulde da han hører at klienten har AIDS, og han bevæger sig i en stor bue uden om Hanks for at komme om bag sit skrivebord. Denne bue fremhæves ved at kameraet klipper til et billede oppefra, et fugleperspektiv, og derved bliver buen aftegnet også på lærredets todimensionale flade. Et normalperspektiv i en sådan situation ville fastholde vores opmærksomhed på deres ansigter og gestik snarere end på den bane i rummet, buen, som de proksimale signaler er udtryk for.

Det kan være vanskeligt at finde og benytte termer der lader os gribe de centrale virkemidler i spillet på den rigtige måde, og noget tilsvarende gør sig gældende for følelsernes vedkommende. Visse ord og begreber kan virke mystificerende, så jeg har forsøgt at undlade al for stor fagjargon, men et par bemærkninger kan forhåbentlig virke opklarende eller perspektiverende. I faglitteraturen betegner *følelse* i reglen den oplevelse man selv har, et førstepersons perspektiv. *Emotion* betegner derimod den samme hændelse som noget objektivt studérbart, som et fænomen der kan studeres i tid og rum, måske endog som adfærd og kemisk-fysiske begivenheder i kroppen.[27] Emotion kan også betegne – til forskel fra *stemninger* – de tilfælde der har et veldefineret forhold til ydre begivenheder.[28] Således har *vrede* og *sorg* en bestemt kilde i tid og rum; det er ikke nødvendigvis tilfældet når vi taler om *uoplagthed*. Emotionel aktivitet kan yderligere adskilles fra *begærsaktivitet* ved at et mål formes, fx at undslippe en fare som i frygt, som følge af begivenheder omkring én, hvor målene i sult og seksuel ophidselse begæres i højere grad som resultat af selvstændige, indre processer.[29] Man kan således adskille det jeg især vil beskæftige mig med, nemlig emotioner, fra stemninger og begærsaktiviteter, men vil man have en samlende term, kan man vælge *affekt*. Muligvis burde jeg have valgt at tale om affekt frem for følelser,[30] men ordet forekommer mig på dansk at have bibetydninger af en særlig undergruppe af følelser, nemlig de ukontrollede. At jeg har valgt at tale om følelser snarere end emotioner, skyldes dels forsøget på at undgå fagtermer hvor de ikke er strengt nødvendige, dels at jeg ser min teori som et alternativ til subjektivitetsteorier hvor der fokuseres på teknikker som klipning. Ved at pege på et førstepersons perspektiv, rammer ordet følelse den måde spillet bringer os tættere på figurerne.

Fordelen ved at benytte ordet *ekspressivitet* er at det griber den interaktive dimension af filmoplevelsen. Der er ikke så meget tale om at kommunikere et budskab, formulérbart i form af et sprogligt udsagn, som at afstedkomme kognitive og emotive virkninger hos tilskueren. Strengt taget kan ekspressiv adfærd adskilles fra *instrumentel* adfærd hvor ekspressivitet rummer intentionen om at gøre noget, fx slå i vrede eller gemme sig i frygt, og den instrumentelle adfærd betegner den handling der realiserer målet, uden nogen følelsesmæssig ophidselse.[31] Det er en forskel som ofte kan udnyttes i film – netop i kraft af at ekspressivitet er fraværende. Et eksempel er hovedfiguren i en række film af den franske instruktør Robert Bresson, som ved her at benytte amatører og ved at lade dem gentage den samme handling igen og igen opnår – som vi senere skal se – at gøre ekstra stærkt indtryk på den opmærksomme tilskuer. I bredeste forstand er spillet altid ekspressivt, idet det påvirker vores tænkning på den ene eller anden måde. Selv hvor der som hos Bresson er en pointe i at figuren netop ikke er ekspressiv i sin adfærd, kan spillet således godt ende med at påvirke os i kraft af sammenhængen. Ekspressivitet fanger det forhold at en *virkning* opnås i tilskuerens sind, der gives ikke blot en *meddelelse*. Virkningen består dels af indtrykket af følelser, dels i at vi bliver interesserede, overraskede, spændte eller lades kolde, uden mulighed for at føle for personerne.

Ekspressivitet er et omdiskuteret begreb i filosofien om kunst. Det er blevet fremført at kunstens essentielle væsen er at være ekspressiv hvorved forstås at skabelsen af kunst fordrer en intuitiv proces hvor kunstneren ikke på forhånd véd hvordan det færdige resultat bliver. Ifølge denne position, stærkest fremført af den engelske filosof Robin G. Collingwood, er det udtryk for håndværk og ikke kunst hvis skuespilleren begynder at græde for at fremkalde gråd hos tilskuerne, snarere end fordi noget presser sig på for at komme ud hos skuespilleren selv.[32] I mange tilfælde vil den sidste metode sikkert give det bedste resultat, men i andre, fx i komedier, vil princippet ikke nødvendigvis gælde og man kan derfor ikke udtale sig så håndfast om hvordan skuespillerens metode bør være. At skuespillere i reglen, i forskellige grader og på forskellige måder, prøver at føle rollens følelser selv, kan ses som en særlig metode, men det er blot et af flere midler til det mål det er at spille rollen i en bestemt sammenhæng. Der er således ikke nødvendigvis nogen afgørende uforenelighed med det modsatte synspunkt, kaldt *techne* og ofte tillagt Aristoteles, hvorved kunsten antages at indeholde et iboende rationale med en nær sammenhæng mellem midler og mål.[32] Spillets kunst kan bero på et personligt udtryk såvel som på et håndværk.

ANDRE TILGANGE TIL SPILLETS KUNST – SKUESPILLERENS METODER OG INTENTIONER

For at give et indtryk af andre metoder til indsigt i spillets kunst end lige den jeg har valgt, den perceptionspsykologiske, vil jeg kort præsentere nogle af dem. En værdifuld tilgang tager udgangspunkt i kunstnerens perspektiv, den måde spillet tager sig ud fra skuespillerens eller eventuelt instruktørens perspektiv. Kunstnerens intentioner er den kausale grund til at den enkelte film ser ud som den gør og forudsætningen for de indtryk den efterlader, og det gælder også selv om man kan se efter sekundære årsager som fx tids- eller gruppebestemte normer og metoder som den enkelte skuespiller eller instruktør har fulgt. Det forklarer hvorfor den enkelte film er blevet som den er, uden at forklare hvorfor bestemte virkninger kan opnås hos en tilskuer. Der er med andre ord tale om to forskellige, men komplementære måder at forklare filmen.

I reglen tager beskrivelser af arbejdsmetoder udgangspunkt i det realistiske spil, også kaldt naturalisme eller blot psykologisk realisme. Tidligt betonede fx Urban Gad netop dette krav som særligt væsentligt for filmen:

> Her er det, at Filmskuespillerens særlige Ildprøve findes: evner han at føle Situationen helt personligt, formaar han at leve sig saadan ind i Skikkelsen og Handlingen, at han i det givne Øjeblik er den Figur, han fremstiller.[34]

Realisme i spillet, i en grad så skuespilleren *er* figuren, ses her som en nødvendighed foran det afslørende kamera. Gad mente dog at man med fordel kunne inkludere forstillelsen hvis det havde tvingende årsager i fiktionsuniverset.[35]

Et godt udgangspunkt for et indblik i det skabende arbejde er Konstantin Stanislavskijs *En skuespillers arbejde med sig selv* der klarest har formuleret mange af de tanker og arbejdsmetoder der danner grundlag for den psykologiske realisme. I *En skuespillers arbejde med sig selv* beskrives teknikker som stemningserindring, brugen af de i fiktionen givne omstændigheder, af indbildningskraft og opmærksomhedscirkler – alt sammen med henblik på at gøre spillet bedre ved at lade det vokse frem på en organisk måde. Nøgleordet her er "organisk" idet tanken er at man i nogen grad skal lade sit spil farve af de følelser man er i stand til at vække, uden at *ville* udtrykket på en bestemt måde. Alternativet til disse teknikker formuleres som dén at gå *direkte* efter virkningen hos publikum, at ville forbløffe eller gribe, hvorved spillet kommer til at fremstå uden samme dybde, som en mekanisk udførelse af et håndværk.[36] Danske indføringer er Sonia Moores *Stanislavskijsystemet* og Jean Benedettis *Stanislavskij og skuespilleren* (1999); begge lægger særlig vægt på én af de af Stanislavskij beskrevne metoder, at komme ind i rollen via fysiske handlinger, hvorimod en mere balanceret og systematisk fremstilling er Sharon Carnickes *Stanislavsky in Focus*.

Hvor Stanislavskij ser rollen som udgangspunkt for en organisk skabelse af den sceniske figur, er hans amerikanske fortolker, dramalæreren og instruktøren Lee Strasberg, særlig berømt for sin vægt på brug af materiale fra skuespillerens person og liv, en retning der almindeligvis betegnes *method-acting* og har sat sig særligt tydelige spor på film.[37] Det sidste er en smule paradoksalt i betragtning af at Strasberg selv interesserede sig mest for teatret,[38] men man skal huske at det er svært på forhånd at kende begrænsninger og muligheder i en bestemt arbejdsmetode. Hvis man vil have indblik i skabelsesprocessen kan man supplere disse værker med Judith Westons *Directing Actors*. Weston ser på spilleren udefra, som én man er nødt til at instruere på bestemte måder for ikke at forstyrre dennes arbejde med rollen, og det giver en interessant indgang til at forstå dennes arbejde, i øvrigt ikke ulig Stanislavskijs dagbogsform med en elev og lærer. Der findes desuden en mængde værker af skuespillere og dramapædagoger, og jeg vil nøjes med at fremhæve Michael Caines *Acting in Film* og en antologi redigeret af Bert Cardullo m.fl., *Playing to the Camera*, hvor et særligt bredt udsnit af skuespillere formulerer sig om deres fag.

En analyse af hvordan arbejdsmetoder og bestemte traditioner påvirker spillet og forskellige spilletraditioner er relativt sjældne i filmsammenhæng. Imidlertid er det indlysende at bestemte miljøer fremmer bestemte holdninger til mål og midler for spillet. I Danmark spiller de fleste skuespillere både på film og på teatret idet der er begrænset mulighed for at leve af film alene, og det er nærliggende at teatrets behov for en klar og tydelig udtale af ordene i mange tilfælde er blevet ført med over til filmrollerne uden at behovet har været der. Den klare og tydelige tale opleves som værdifuld, som udtryk for en replikkunst der er svær at beherske, og når først den ligger på rygmarven kan skuespilleren koncentrere sig om det følelsesliv der ligger under. Hos de bedste kan man således se en evne til at tale klart og tydeligt *samtidig* med at der fx grædes så tårerne triller ned ad kinderne og stemmen tager farve af skiftende følelser. Det formår således Pia Vieth i et afsnit af tv-serien TAXA (DR 1997) hvor hun i rollen som Birgit Boye-Larsen konfronterer sin far, spillet af John Hahn-Petersen, med dennes drikkeri og utroskab mod moren. Den psykologiske realismes metode kan også benyttes uafhængigt af de traditionelle krav fra teatrets side om klarhed og tydelighed i de enkelte sætninger, og vi taler i så fald ofte om et større indtryk af realisme. Kim Bodnia taler ikke utydeligt, men han lægger mindre vægt på at den enkelte sætning skal fremstå som et hele, og lader i stedet en følelse gribe mere radikalt ind i sit spil. Denne teknik egner sig til mere alvorlige roller, og det er da også tydeligt at Bodnia ikke spiller så følelsesfuldt i en komedie som Lasse Spang Olsens I KINA SPISER DE HUNDE (1999) hvor figuren ikke må virke alt for farlig hvis det stadig skal være sjovt. Bodnia spiller stadig med koncentration på de givne omstændigheder i fiktionen, men han fremstiller figuren som om denne kun rummer at tænke på én ting ad gangen.

ANDRE TILGANGE TIL FORSTÅELSEN AF SPILLET – VURDERINGEN AF KUNSTNERISK VÆRDI

Mit fokus på hvilken information der er indeholdt i spillet adskiller sig blandt andet fra spørgsmålet om *kunstnerisk værdi*, hvor spillet i den enkelte film eller i skuespillerens samlede værk vurderes. For at kunne foretage en sådan vurdering kræves at skuespilleren kan gøres kunstnerisk ansvarlig for rollen, og det kan nogle gange være svært.

Til prisuddelinger favoriseres ofte den skuespiller der har formået at gøre indtryk og bevæget tilskueren, men det er ikke altid klart at disse virkninger er spillets fortjeneste. At Sharon Stone i 1999 blev nomineret til en Golden Globe for sin birolle som den gode mor hvis barn skal dø i Peter Chelsoms THE MIGHTY (1998) synes nærmest kalkuleret. Scenen på hospitalet hvor hun går fra vrede til fortvivlelse over sin søns uretfærdige skæbne, er af den slags der *skal* afføde en nominering hvis den er udført nogenlunde overbevisende. Man kan spørge om ikke mange kvindelige skuespillere ville have afstedkommet den samme medfølelse som Sharon Stone i rollen som mor med et sygt barn? Før man bliver alt for streng over for skuespillere skal man imidlertid huske at det under alle omstændigheder er svært at afgøre hvem der skal have æren for en film eller dele af den, et problem der er særligt tydeligt med håndhævelse af auteur-begrebet, filmens "forfatter," den der antages at udtrykke sig. Ofte tillægger vi instruktøren æren for filmen uden nærmere overvejelse, hvor en analyse måske ville pege på eksempelvis producenten som hovedmanden.[39] I den forstand er det ikke mere problematisk end ellers at tillægge skuespilleren æren for de virkninger rollen efterlader hos tilskueren. Strengt taget forudsætter spørgsmålet om kunstnerisk ansvar og fortjeneste en nærmere undersøgelse af produktionsomstændigheder.

For at undgå at over- eller undervurdere udførelsen af en rolle kunne man hævde kriterier som teknisk sværhedsgrad og graden af formel helstøbthed i spillet. Man kunne kræve at skuespilleren demonstrerer en evne til en flerhed af rolletyper eller kan spille forskellige typer af følelser eller formår at gøre sig i flere genrer. Man kunne se efter elegance, fx efter et minimum af detaljer og "støj" i replik og mimik. Disse kriterier synes ikke urimelige, men man skal passe på ikke at favorisere en bestemt type skuespiller på bekostning af en anden. Man kan med fordel vurdere i forhold til deres funktion og de vilkår og opgaver de udfylder i den enkelte film. I populærfilmen besættes hovedrollen i reglen med en skuespiller der virker sympatisk og tiltrækkende og biroller ofte med skuespillere der hurtigt formår at give indtryk af en karakteristisk figur.

Dette skel mellem to typer af skuespillere minder om det skel der på teatret føres til 1740erne mellem *forvandlingsskuespilleren* og *personality-skuespilleren*. John Garrick evnede – som det hedder hos en samtidig – at spille rollen som Romeo så tilskuerne frygtede at han nårsomhelst kunne springe op på Julies balkon, mens Spranger Barry spillede den samme rolle så tilskuerne fik lyst til at springe op til ham.[40] I den forstand er der tale om to forskellige måder at påvirke tilskueren, enten gennem den fremstillede persons handlinger og følelser eller gennem iboende træk ved skuespillerens fremtræden i stemme eller udseende. Ofte tænker vi på personality-skuespilleren som teknisk ringere end forvandlingsskuespilleren, men det kan man ikke sige om fx Robert Redford og Marlon Brando selv om de har haft et godt udseende og en sympatisk stemme med sig. Man kan muligvis hævde at forvandlingskuespilleren er bedre teknisk hvis man tænker på rollebegrebet i en snæver forstand, som realisering af manuskriptforfatterens værk, men hvis man tænker på rollebegrebet i en udvidet forstand – og det er det jeg senere vil argumentere for – som opgaven at virke overbevisende og gøre indtryk i filmen som et hele, er det ikke klart. Man kan formode at det gælder for både personality- og forvandlingsskuespillere at de må have psykologiske færdigheder, det man kunne kalde livs- og menneskeklogskab, for at kunne gøre indtryk på en måde der passer ind i filmen som et hele.[41]

I egentlige auteur-analyser sættes de enkelte roller i forhold til hele værket, alle karrierens roller, og de bedste kombineres med den engagerede beskrivelse som her hos Jørgen Stegelman om Ib Schønberg:

> Som Christian Birger i CAFÉ PARADIS præsterer han, hvad han så ofte har præsteret: ud af sin rolle at skabe et menneske af tusind menneskelige nuancer, en stor rolle eller en lille rolle spillet med en overvældende kunstnerisk fantasi, bevægende eller vittigt, rystende eller grinagtigt, ofte så menneskeligt rørende, at man aldrig glemmer det.[42]

Stegelman formidler i kraft af en række kontraster (stor/lille, bevægende/vittig) rigdommen i Schønbergs værk. Generelt kan den auteuristiske analyse med fordel kombineres med analyser af filmens komposition og struktur, dens casting og brug af tekniske virkemidler,[43] redegørelser for skuespillerens liv off-screen[44] eller omstændigheder omkring produktionen og modtagelsen af filmene. Et fint eksempel på den sidste tilgang er Marguerite Engbergs *Filmstjernen Asta Nielsen*.

ANDRE TILGANGE TIL FORSTÅELSEN AF SPILLET – IDEOLOGIKRITISK OG HISTORISK ANALYSE

En anden analysetilgang, som man kan kalde *ideologikritisk,* har ofte fokus på stjerner og på, hvordan et bestemt sæt af ideer, fx om hvad der er maskulint og feminint, fremmes af fremstillingen. Her analyseres spillet ikke for dets kunstneriske værdi, men for dets gengivelse af forhold fra den sociale virkelighed. Det fremstillede vurderes i forhold til om fx etniske og sociale typer fremstilles på en forvrænget måde eller om der mere generelt fremstilles politisk eller moralsk uønskede ideer, implicit eller eksplicit.

En del af vores identitet består i tilhørsforhold til et køn. Vi ser eksempelvis os selv som mænd og oplever det som om nogle mænd er mere mænd end andre – og hvad der definerer det mest værdifulde ved maskulinitet er formentligt påvirkeligt af fremstillinger på film. Hvis vi oplever Clint Eastwood som mere mand end andre mænd, er det ikke uden interesse hvordan hans roller og film kan ses som re-aktioner på ændrede kønsrollemønstre, hvilke holdninger til forskellige kvindetyper han afspejler.[45] På samme vis findes der analyser af offergørelse og hævnmotiver hos kvinder i horrorfilm[46] og af fremstillingen af bestemte mandetyper i bestemte perioder.[47] På dansk foreligger Bodil Marie Thomsens *Filmdivaer* der analyserer fremstillinger af bestemte kvindebilleder hos især Greta Garbo og Marlene Dietrich i en ideologikritisk tradition.

Et muligt problem med mange ideologikritiske analyser er brugen af begreber og strategier fra psykoanalysen der i de seneste år er blevet voldsomt kritiseret,[48] men selv uden revisionen af Freuds metoder kan det argumenteres at psykoanalysen ikke er det rette grundlag for at analysere hvordan fx kønsdiskriminerende ideer fremstilles i film.[49] James Stewarts stjerne-image indeholdt en stor portion følsomhed, ofte parret med handlekraft, men det berettiger ikke nødvendigvis at man kan hævde at fortrængt biseksualitet er en undertone hos ham – med mindre man på forhånd antager at det er til stede i enhver kønsidentitet.[50] I det sidste tilfælde er der tale om en præmis der hævder noget om seksualitetens væsen generelt, uafhængigt af hvordan Stewart spiller. Problemet i påstanden om at der er undertrykt biseksualitet til stede i Stewarts roller (uanset om det måtte vise sig at være til stede eller fraværende i hans liv off-screen), er således at ethvert element ville kunne tjene som signal om noget undertrykt. Det er værd at bemærke at hvis der er et problem i mange af disse tilgange, taler det ikke imod en kritisk stillingtagen til indholdet af film. Sagen er snarere den at det ikke i alle tilfælde giver mening at forklare en egenskab ved film med at den tjener en ideologisk funktion, dvs. tjener til at fastholde en bestemt fordeling af værdier mellem samfundsgrupper. I mange tilfælde giver det bedre mening at forklare tilstedeværelsen af en ide eller et element med at det tjener umiddelbare mål i forhold til tilskueren – fx at usikkerhed og handlekraft er generelle aspekter af menneskelig handlen, men at de hos James Stewart kommer til udtryk samtidig og at det tjener til at vække både medfølelse og beundring for hans figurer. Derfor kan man naturligvis godt analysere hvilke værdier der alt andet lige må formodes at blive fremmet af filmen (på linje med andre ytringer), men så udtaler man sig om den sammenhæng som en film vil indgå i – ikke om de omstændigheder hvorunder filmen blev til.

En tredje tilgang er *historisk* hvor det analyseres hvordan der blev spillet i en bestemt periode og hvorfor. Især er overgangen et sted i 1910ernes stumfilm fra en vægt på "smuk" gestik og positurer til naturalistisk spil, der var tættere på hverdagens, blevet beskrevet indgående. Roberta Pearsons *Eloquent Gestures* er et vigtigt værk, men dets teoretiske afsnit er præget af tanken om at spillet af tilfældige grunde gik fra at være teatralsk (kaldt histrionisk) til at være naturalistisk (kaldt veristisk) spil. Her må man formode at der har været nogle grunde i forhold til publikum, fx at det øgede indtrykket af realisme i fremstillingen. I modsætning hertil beskriver Ben Brewster og Lea Jacobs i *Theatre to Cinema* hvordan stumfilmene benyttede positurer og gestik af funktionelle grunde – til at understrege følelser som ellers blot ville forsvinde i ubemærkethed i store indstillinger. Brewster og Jacobs beskriver blandt andet hvordan en naturalistisk spillestil fordrer at man enten klipper eller arrangerer scenen så et nærbillede understreger en følelse hos figuren og den når at gøre indtryk på tilskueren. Tilsvarende kan findes i analysen af spillestilen i danske stumfilm i Svend Christiansens *Klassisk skuespilkunst*. Værket udmærker sig ved et indgående kendskab til den spillemåde der gik forud for naturalismen hvor spillet skulle understøtte ordene, og gestik og positurer illustrere en følelse på en klar og karakteristisk måde. Christiansen beskriver blandt andet hvordan de bedste skuespillere kunne tilføje "finheder", dvs. små detaljer eller forhold omkring timing, samtidig med at konventionaliseret gestik og positurer benyttedes.[51]

Mit spørgsmål til spillet er hvordan det styrer perceptuelle processer hos tilskueren således at vi får indtryk af følelser hos den fremstillede person. Fordelen ved denne kommunikative tilgangsform er for det første at den supplerer de kunstneriske, vurderende og historiske tilgange jeg har nævnt ovenfor. De nævnte tilgange forudsætter at spillet overhovedet kan kommunikere noget til tilskueren – det er en sådan selvfølgelighed at der normalt ikke spørges til *hvordan*. Den anden fordel er at det bliver muligt at nuancere beskrivelsen af *hvad* der kommunikeres når man har en model til beskrivelse af *hvordan*. Eksempelvis tager mange analyser af spillet udgangspunkt i modsætningen mellem på den ene side den realistiske eller naturalistiske stil og på den anden side den ikke-naturalistiske, ikke-realistiske eller formaliserede stil. Skellet har en umiddelbar værdi i forhold til at beskrive og kategorisere, men det forklarer ikke hvad der opnås ved at benytte en bestemt spillestil. Ved hjælp af en kommunikativ model for hvordan der kommunikeres noget til tilskueren kan man begynde at opstille hypoteser om hvad der opnås ved at fremstille følelser i de enkelte tilfælde. Derved undgår man at måtte sige at funktionen af den ikke-realistiske stil er at pege på og indbyde til refleksion over den realistiske stil. Det gælder alle modsætningspar at de underforstået peger på hinanden, og man må i udgangspunktet formode at ikke-realistisk spil tjener en funktion ud over at pege på sin modsætning.

En spillestil kan lægge vægt på et aspekt af ekspressivitet som også er til stede i virkelighedens adfærd. Der er ingen grund til at formode eksistensen af vandtætte skotter, men det betyder omvendt ikke at dét der virker overbevisende på os i film er en efterligning af den måde vi opfører os på i naturlige sammenhænge. Fx skulle det være kilde til morskab blandt engelske spillere at man aldrig kan møde amerikanere der stammer og tøver, med et konstant flakkende blik – undtagen på film, men dér møder man dem til gengæld ofte.[52] I film kan man forsøge at forklare hvad der kommunikeres i den enkelte stil om følelser og oplevelser hos figuren, og hvilken funktion det tjener i forhold til tilskueren.

Mit første kapitel præsenterer nogle grundlæggende problemstillinger om ikke-verbal kommunikation og forsøger at vise hvordan denne position er forenelig med det skabende, kunstneriske perspektiv som er nødvendigt for at vurdere spillets kunst. Mine to næste kapitler er teoretiske. I andet kapitel diskuterer jeg således problemer ved at se identifikation og forståelse af figurens tænkning og følelser som en funktion af klipning, fx flashback eller point-of-view-klipning, og af at tage metaforen om indre liv alt for bogstaveligt. Kapitel 3 sammenligner forskellige modeller for kommunikation af følelser, en sproglig/kommunikativ og en kognitiv/funktionalistisk. I kapitel 4 overfører jeg nogle principper fra den funktionalistiske model i analysen af en enkelt film, PELLE EROBREREN. Blandt andet vil jeg sammenligne brugen af en amatør og en professionel i måden som de filmtekniske virkemidler benyttes på. I kapitel 5 og 6 undersøger jeg forskellige variationer af ekspressiv adfærd og følelsesfremstilling. Det er her jeg vil introducere skellet mellem realistisk og ikke-realistisk spil. Hvor jeg i store dele af min fremstilling har taget et perceptionspsykologisk perspektiv, dvs. sammenlignet en given udformning af filmen med en model af tilskueren og set spillestil som udtryk for fremstillingen af en bestemt følelsesmæssig oplevelse, vil jeg i kapitel 7 igen tage udgangspunkt i et kunstnerisk perspektiv og se spillestil som en strategi til at opnå et bestemt mål i forhold til tilskueren.

Noter

1. Fx Naremore, *Acting in the Cinema*, p. 24.
2. Dyer, *Stars*, p. 152.
3. Metz, "Filmen: Sprog eller sprogsystem?", p. 55.
4. Christiansen, *Kompendium over skuespillerens teknik*, p. 12.
5. Christiansen, *Klassisk skuespilkunst. Stabile konventioner i skuespilkunsten 1700-1900*, p. 6. Det drejer sig om Magda B. Arnolds der først beskrev affekter eller emotioner som handlingstendenser i Arnolds, *Emotion and Personality*.
6. Geraghty, "Re-examining Stardom: Questions of Texts, Bodies and Performance", p. 185.
7. Christensen og Roos, *Film*, p. 139.
8. Ibid., p. 131; en tanke der over Kant kan føres tilbage til Jarlen af Shaftesbury. Se Dickie, *Introduction to Aesthetics: An Analytic Approach*, p. 12f, 22f.
9. Christensen og Roos, *Film*, p. 141.
10. Dyer, *Stars*, pp. 143-49, skelner mellem en selektiv brug af stjernens image i rollen og et perfekt og et problematisk match.
11. King, "Articulating Stardom", p. 31.
12. Naremore, *Acting in the Cinema*, p. 3 og p. 262ff, en analyse af THE KING OF COMEDY (1983).
13. Cavell, *The World Viewed: Reflections on the Ontology of Film* (rev. udg.), pp. 25-29. Keane, "Dyer Straits: Theoretical Issues in Studies of Film Acting" argumenterer at Cavells tilgang åbner for et væld af filosofiske refleksioner om hvem vi er og hvad det indebærer at være menneske.
14. Deleuze, *The Movement Image*, pp. 87-91.
15. Ibid., p. 95.
16. Shaffer, "Reflections on the Face in Film", p. 7. Han nævner hhv. Ralph Richardson i THE HEIRESS (1949) og Ryan O'Neal i BARRY LYNDON (1975) som eksempler.
17. Scholes og Kellogg, *The Nature of Narrative*, p. 171.
18. Carroll, "Toward a Theory of Point-of-View Editing: Communication, Emotion, and the Movies", p. 132.
19. Gombrich, *Art and Illusion: A Study in the Psychology of Pictorial Representation* (5. udg.), p. 44.

20. På samme måde kan man heller ikke hævde at vi kigger på et todimensionalt lærred; den psykologiske kendsgerning er at vi ser bl.a. personer med følelser. Denne pointe og skellet mellem en materiel og en psykologisk virkelighed blev tidligt fremført af Münsterberg, *The Photoplay*, p. 19.
21. Undtagelserne er Tan, *Emotion and the Structure of Narrative Film;* Grodal, *Moving Pictures*; Tan og Frijda, "Sentiment in Film Viewing".
22. Smith, *Engaging Characters*, p. 21.
23. Hos Aristotle, *Poetics,* p. 43, knyttes karakter til et forsæt, enten godt eller slet.
24. Ekman og Friesen, *Facial Action Coding System (FACS): A Technique For the Measurement of Facial Action.* Bemærk at de nævner en fjerde signaltype, kosmetiske signaler, og at de har tænkt sig disse skel i forhold til ansigtet.
25. Higson, "Film Acting and Independent Cinema", p. 159.
26. Burgoon, m.fl., *Nonverbal Communication*, p. 35.
27. Damasio, *The Feeling of What Happens*, p. 37ff.
28. Se Frijda, "Varieties of Affect: Emotions and Episodes, Moods, and Sentiments".
29. Frijda, *The Emotions*, p. 460f.
30. Carroll, "Film, Emotion, and Genre", p. 21.
31. Frijda, *The Emotions*, p. 94f.
32. Collingwood, "Art as Expression", p. 98.
33. Kunstnere er i Aristoteles' forstand ikke forskellige fra fx læger og tømrere, der også arbejder disciplineret for at opnå bestemte mål. Se Halliwell, "Aristotle", p. 11; Halliwell, *Aristotle's Poetics*.
34. Gad, *Filmen. Dens Midler og Maal*, p. 155.
35. Ibid., p. 16.
36. Stanislavskij, *En skuespillers arbejde med sig selv*, p. 480.
37. Se Strasberg og Morphos, "A Dream of Passion: The Development of the Method".
38. Se Carnicke, "Lee Strasberg's Paradox of the Actor".
39. Se Vertrees, *Selznick's Vision: Gone with the Wind and Hollywood Filmmaking.* For en diskussion af auteurbegrebet i filmanalysen, se Gaut, "Film Authorship and Collaboration" og Livingston, "Cinematic Authorship".
40. Schyberg, *Skuespillerens Kunst*, pp. 187ff, 239.
41. Bemærk at begrebet forvandlingsskuespiller nogle gange bruges i samme betydning som *karakterskuepiller,* men sidstnævnte kan med fordel benyttes også uden at der sker en forvandling af skuespilleren; der er måske blot tilføjet bestemte træk og detaljer eller der er gjort særligt meget ud af den psykologiske analyse af rollen. I USA benyttes termen *character actor* især om den skuespiller der har specialiseret sig i en bestemt type birolle så vi med det samme genkender ansigtet, men i modsætning til stjernerne aldrig kan huske navnet. Denne karakteristik af en character actor, indleder Quinlan, *The Illustrated Directory of Film Character Actors*.
42. Stegelmann, *– og Ib Schønberg*, p. 127.

43. Se Naremore, Acting in the Cinema og især Zucker, *The Idea of the Image: Joseph von Sternberg's Dietrich Films*.
44. Se Davis, *Duke: The Life and Image of John Wayne*.
45. Se Smith, *Clint Eastwood: A Cultural Production*.
46. Clover, *Men, Women, and Chain Saws: Gender in the Modern Horror Film*.
47. Se Studlar, *This Mad Masquerade: Stardom and Masculinity in the Jazz Age* og Cohan, *Masked Men: Masculinity and the Movies in the Fifties*.
48. Se Webster, *Why Freud Was Wrong*; Esterson, *Seductive Mirage*; MacMillan: *Freud Evaluated*; Gellner, *The Psychoanalytic Movement*. For en dansk opsummering af synspunkterne, se Riis, "Når kunsten virker i det ubevidste".
49. Se Carroll, "The Image of Women in Film: A Defense of a Paradigm" og Hammett, "The Ideological Impediment: Epistemology, Feminism, and Film Theory".
50. Se fx Bingham, *Acting Male*.
51. Christiansen, *Klassisk skuespilkunst*, p. 124.
52. Zucker, "Interview with Ian Richardson: Making Friends with the Camera", p. 153.

Kapitel 1

SPILLETS KUNST OG IKKE-VERBAL KOMMUNIKATION AF FØLELSER

Almindeligvis lægger vi stor vægt på én side af spillet, dets evne til at overbevise tilskueren om at ekspressivitet og handlinger netop ikke er spillet. Hvis vi vil fastholde dette fokus der passer på spil der er udformet med henblik på indtryk af realisme hos tilskueren, er det imidlertid nødvendigt at forstå opgaven at overbevise som et skabende arbejde. Det indebærer ikke blot at på forhånd definerede replikker og handlinger skal realiseres, men også at der skal udføres en fortolkning med bestemte opgaver og hensyn in mente. Efter at have diskuteret hvordan man kan forstå spillets hovedopgaver, vil jeg prøve at indkredse hvori spillets bidrag består ved at se på tre skuespilleres fortolkning af en Hamlet-monolog. Som vi skal se er det netop den følelsesmæssige betydning der lægges til i kraft af den ikke-verbale kommunikation.

FORTOLKNING SOM KUNSTEN AT GØRE INDTRYK OG AT VIRKE OVERBEVISENDE

Før jeg bevæger mig til de kommunikative funktioner af spillet, vil jeg diskutere på hvilken baggrund man kan vurdere spillets kunst. Her antager jeg at vurderinger er nødvendige, men også for at kunne fremhæve bestemtes indsats og som et led i påskønnelsen af hvad der gør det svært at spille i en film.

I samme øjeblik man spiller med i en film, indebærer det at man tager en rolle på sig, og i samme øjeblik har man en funktion i den større sammenhæng. Det kan godt være at man ville virke overbevisende i det man gør og siger, hvis man kunne få lov at gå tavs og indesluttet omkring på optagestedet, mens man gør det, men når det kommer ind i en filmsammenhæng ville ens udførsel af rollen næppe fungere i den større sammenhæng. En *rolle* kan netop ses som de krav den større sammenhæng stiller, den funktion spillet har i filmen som et hele. Skuespilleren må i samarbejde med andre, bl.a. instruktører, medspillere og fotografer, fremstille replikker og handlinger så de virker overbevisende og efterlader bestemte indtryk hos tilskueren. Det drejer sig om indtryk der passer ind i filmen. Set fra skuespillerens synspunkt er problemet, eller rettere: opgaven, at han eller hun ikke frit kan vælge sin "måde" at gøre det på. Dette arbejde med at få mange hensyn til at passe sammen under det større hensyn at virke overbevisende og gøre indtryk der passer i filmen, kan man betragte som fortolkningen af rollen. Et særligt opfindsomt eksempel følger.

Læseren af skrevne replikker til et William Shakespeare-stykke vil, alene i kraft af den sproglige betydning og sammenhængen med andre ord, opleve ordene som sagt på en bestemt måde. Tag Shakespeares replikker som de er skrevet i HENRY V (3. akt, scene 3), da titelpersonen, Henrik den Femte, har erobret halvdelen af den franske by Harfleur og forsøger at få borgmesteren overbevist om at alle er bedst tjent med overgivelse af resten. Henrik den Femte forsøger sig her med en række drabelige trusler, blandt andet om total ødelæggelse og om uden tøven ("With conscience wide as hell …") at behandle jomfruerne og de små børn som en plæneklipper behandler græsset; at tage de gamle mænd i skægget og smadre deres hoveder mod murene. Borgmesteren overgiver sig ikke overraskende og undskylder sig med utilstrækkelig hjælp fra sine landsmænd. Henrik den Femtes næste replik lyder: "Open your gates," hvorefter han i Shakespeares tekst fortsætter med en længere kommando: "Come, uncle Exeter, Go you and enter Harfleur; there remain and fortify it strongly 'gainst the French: Use mercy to them all …" Når vi læser Shakespeares tekst oplever vi truslerne i den første replik, på grund af den sproglige betydning, som sagt på en truende og aggressiv måde. Men vi oplever i mere eller mindre grad også den næste replik, ordren til den næstkommanderende, Exeter, sagt på tilsvarende måde, dels fordi borgmesteren tilsyneladende stadig er til stede (jf. "Open your gates"), dels fordi det er vanskeligt at forestille sig et pludseligt sindsskifte efter de grove trusler. Vi forestiller os ordren til Exeter leveret i en myndig tone, sagt af en stærk hærfører, i kraft af truslerne fra før.

Det er imidlertid ikke den måde, replikken spilles på af Kenneth Branagh i hans egen HENRY V (1989). Den første replik, truslerne om skånselsløs vold og ødelæggelse, siges, mens han sidder på sin hest, på en indædt måde, fuld af tilbageholdt aggression. Efter borgmesterens kapitulation rider han tilbage og stiger af hesten. Udeladt er "Open your gates" og ordene til Exeter siges mens han nærmest segnefærdig er steget af hesten. Kun lige akkurat har han overskud til at sige ordene til Exeter, den eneste i nærheden. Alligevel studser vi ikke over at ordene siges af en svækket mand – det er ikke sådan at de ikke lyder overbevisende. Ordene forekommer naturlige i en fortrolig samtale, idet borgmesteren, modstandernes leder, ikke længere er til stede, og der er indlagt en pause, hvor han er redet tilbage og stået af hesten. Man kan sige at den nye sammenhæng, arrangementet og spillet, fremhæver bestemte egenskaber ved ordene; nogle andre end de som optræder i tekstforlæggets sammenhæng.

Man kan sige at ordene får deres betydning i kraft af sammenhængen, men jeg vil vælge den formulering at de opnår deres *virkning* i kraft af sammenhængen. Ordenes betydning, forstået som det sproglige indhold, er den samme begge steder for ellers ville vi ikke kunne genkende dem. I Shakespeares tekst bevirker ordene at vi forestiller os en stærk og målrettet hærfører, men i Branaghs film kommer der også en svag side frem af figuren i kraft af arrangementet (skuespillernes bevægelser foran kameraet). I stedet for kun at fremstille en stærk hærfører, oplever vi Branaghs Henrik den Femte som sårbar – samtidig med at vi beundrer figuren for hans ansvarsfølelse, at han evner at tage vare på sine mænd og se fremad selv på kanten af segnefærdighed. Man kan se en tydelig hensigt bag denne måde at udføre scenen; vi skal bibringes indtrykket af menneskelig sårbarhed og ansvarsfølelse i ét.

Den måde hvorpå spillet og arrangementet er indrettet mod at give et bestemt indtryk af figuren, kan man kalde *fortolkningen*. Når man taler om at en skuespiller fortolker en rolle – og det gør man især i teatersammenhænge – er det i reglen for at anerkende at rollen er skabt af en anden, forfatteren, men nu fremføres i en særlig udgave. Den der fremfører værket, er ikke dets skaber (lige som man taler om fortolkning når en musikalsk komposition af fx Bach fremføres). Men i begrebet fortolkning ligger potentielt også, og mest meningsfuldt i en filmsammenhæng, at der er taget højde for tilskueren: nogle, her skuespilleren, har haft en intention om at opnå en bestemt virkning på tilskueren. Der er ikke tale om en tilfældig, men en målrettet adfærd. I Branaghs tilfælde er spillet lagt an på at give indtrykket af et almindeligt menneske, der kan blive udmattet – men ikke viser det for modstanderne eller sine soldater, kun for sin nærmeste fortrolige. Arrangementet er lagt an på at bringe titelpersonen i en fortrolig situation, væk fra Harfleurs og egne soldaters øjne, således at vi kan få indtryk af hvor stor selvbeherskelse truslerne lige før krævede.

Kunsten at udføre en fortolkning kan ses som den at udføre rollen på en overbevisende måde så den samtidig passer ind i filmens større sammenhæng. At den skal virke overbevisende indebærer at vi som tilskuere ikke skal gennemskue den underliggende strategi og reagere med irritation over forsøget på at imponere os og vække vores sympati. Vi skal helst ikke tænke: Nå, nu vil filmen og skuespilleren have os til at reagere med beundring for den selvopofrende helt. I Branaghs fortolkning udføres arrangementet og spillet på en overbevisende måde, og resultatet er at vi fastholder opmærksomheden på egenskaber ved det fiktive univers – at Henrik den Femte henvender sig til Exeter. At fortolkningen skal passe ind i filmens større sammenhæng indebærer blandt andet at det indtryk som vi efterlades med i den enkelte scene, skal kunne passe ind i filmen som helhed.

Branaghs fortolkning passer på det billede vi i øvrigt får af titelpersonen, samtidig med at han opnår det, der kan siges at være underforstået i scenen i Shakespeares tekst, nemlig beundring for hærføreren. Nu sker det blot af andre grunde: På grund af titelpersonens ansvarsfølelse og selvbeherskelse. Man kan sige at Branagh udnytter en mulighed i teksten til at give et bestemt indtryk af figuren, men omvendt kunne hele replikken være udeladt – det er fx tilfældet i Laurence Oliviers instruktion og spil i HENRY V (1944). I Branaghs tilfælde udelader fortolkningen henvendelsen til borgmesteren ("Open your gates"), men ellers er scenen inkluderet og den giver indtryk af hvilke ofre, krigen i Frankrig kræver af den unge konge. Kunne Branagh fx have ændret i replikkerne for at kunne give et overbevisende indtryk der kan passes ind i filmens større design? Næppe, i hvert fald ikke uden at andre med en vis rimelighed kan hævde at han ikke længere fortolker Shakespeares replikker.

I reglen gives skuespilleren et større råderum for at ændre og forme replikker i forhold til hvad der er lettest at få til at virke overbevisende. Men selv i de film der er mest berømte for at være baseret på improvisationer, kan man som regel finde hensynet til den større sammenhæng et sted i produktions- og arbejdsgangen. Således skulle end ikke John Cassavetes' SHADOWS (1960) bestå af optagede improvisationer. Improvisation skulle være brugt til i første omgang at skrive manuskriptet og i anden til at gøre de scener, der måtte tages om, mere livlige.[1] Improvisationens fare er naturligvis at indtryk der gives tilskueren, omend overbevisende i sig selv, ikke passer ind i den større sammenhæng. Faren er at de er udtryk for reaktioner der passer til spillerens egen person (som man også kan betragte som opdelt i en række roller) snarere end rollens i filmens egen sammenhæng. Omvendt kan netop den virkning udnyttes til at skabe en form for fortrolighed til tilskueren og altså efterlade et sympatisk indtryk. Det er tilfældet da Sidse Babett Knudsen er på kanten til at grine i en scene i Jonas Elmers LET'S GET LOST (1997), men hvis det skete i hver eneste scene, ville ej heller denne strategi formentlig virke.

Her er den afgørende pointe. Det er ikke i sig selv et mål at fremstille handlinger, replikker og følelser på en overbevisende måde, det er kun et middel. Målet er i sidste ende at efterlade bestemte indtryk og vække bestemte følelser hos tilskueren. Det er derfor vigtigt at fastholde skellet mellem på den ene side at spillet skal virke overbevisende og på den anden, at indtrykket fra spillet skal passe ind i en større sammenhæng. Spillets kunst består ikke alene i håndværk i den forstand at man kan gøre som man plejer, men i at kombinere en kunnen med det at træffe strategiske valg under hensyntagen til tilskueren og filmen som et hele. Som det er formuleret af Gene Hackman: "You have to make choices. (...) You're using your craft eventually, but all the craft in the world won't help you make choices."[2] Kunsten at spille består i at have en fornemmelse for hvad der kan opnås ved at spille en replik eller en reaktion på en bestemt måde; hvilket indtryk, der efterlades, og om dette indtryk ikke alene virker overbevisende, men også kan passes sammen med filmens større sammenhæng. Dette er fortolkningens hovedopgaver.

Hvis man vil forstå hvordan amatørspillere i nogle roller i nogle film kan synes mere overbevisende end selv garvede, professionelle spillere, er skellet mellem de to hovedopgaver nøglen. Da instruktøren Thomas Vinterberg i radioudsendelsen *Kronsj* for nogle år siden blev spurgt hvordan han bar sig ad med at instruere amatører med så stort held, svarede han at størstedelen af instruktionen lå i manuskriptet. Efter at hovedpersonen i starten af DRENGEN DER GIK BAGLÆNS (1994) mister sin storebror, behøver amatøren blot at være til stede i de resterende scener for at vække tilskuerens sympati. Planlægningen af dette indtryk befinder sig med andre ord i manuskriptet og i besættelsen af rollen. Som vi senere skal se i en analyse af Bille Augusts PELLE EROBREREN, er det muligt også inde i den enkelte scene at pege på strategier, der adskiller brugen af den professionelle spiller fra amatøren. Spillerens evner til fortolkning og udførelse af en given rolle er med andre ord ofte en integreret del af filmens tilrettelæggelse.

Skellet mellem at virke overbevisende og at gøre det som led i at opnå bestemte virkninger er på flere måder brugbart. Således lader det os vurdere en skuespillers indsats i den enkelte film. Hvis spilleren har fortolket rollen så den ikke passer ind i den større sammenhæng, så er der tale om en mindre værdifuld indsats end den der har taget hensyn til filmens design og stadig virker overbevisende. Det kommer blandt andet til udtryk i en filmanmeldelse, hvor Carl Th. Dreyer i BT (12. maj 1936) skriver om hovedrolleindehaveren i Bernard Deschamps' LA MARMAILLE (1935): "Pierre Larque er god, saa længe det kun gælder om at illudere, men han formaar ikke at gøre Tilskuerne delagtige i den Ensomhedsfølelse, der maa gribe ham, da Børnene som voksne forlader ham."[3] Hvis filmens tilrettelæggelse i øvrigt skal give mening, kræver rollen, som Dreyer gør opmærksom på, ikke blot at spillet er overbevisende i en snæver forstand, men også at det er er i stand til at efterlade bestemte følelsesmæssige virkninger hos tilskueren.

Skellet mellem to hovedopgaver gør os også i stand til at forstå besættelsen af roller, spørgsmålet om *casting*. Lad os vende tilbage til Shakespeares tekster og dramatiske situationer for at se hvilke spillere, der er i stand til at løse de forskellige opgaver. Man får et glimrende billede ved at kigge på Marlon Brando i rollen som Markus Antonius i forhold til John Gielgud som Cassius i Joseph Mankiewicz' filmatisering JULIUS CAESAR (1953). Begges spil er i og for sig overbevisende, men de løser hensynet til den større sammenhæng, at gøre indtryk på tilskueren, på forskellig måde. Dét Gielgud kan er at få ordene til at virke på tilskueren, at gøre ordenes betydning prægnant, i *alle* sine replikker. Han benytter stemmen som virkemiddel, resten af kroppen er i ro, og lader ved hjælp af en skarp artikulation replikkerne påvirke tilskueren. Det samme er ikke tilfældet med Marlon Brando. Brando har én scene, hvor han virkelig formår at gøre indtryk, til gengæld vel nok filmens bedste, lige efter mordet på Cæsar hvor Brando taler til folkemasserne i Rom om hvilken ussel gerning, der er blevet begået. Men kun i denne ene scene er der et match mellem replikkerne og stor følelsesmæssig bevægelse hos Brandos Markus Antonius. I resten af filmen gør hans replikker modsat Gielguds ikke det store indtryk.

Det er vigtigt at huske på at selv om der ofte er sammenfald mellem de to opgaver, at virke overbevisende og at passe ind i filmens større design, så *behøver* der ikke at være det. Således har Leo Braudy bemærket at Alfred Hitchcock ved at lade John Gavin spille rollen som Sam Loomis og lade Anthony Perkins spille rollen som Norman Bates i PSYCHO (1960), sikrer at tilskuerens følelsesmæssige reaktioner kompliceres.[4] Braudy kalder Gavins spil for træagtigt og dårligt i forhold til Perkins' – hvilket bevirker at vi ikke kommer til at holde med Sam Loomis, da han forsøger at finde ud af hvor kæresten, Marion Crane (Janet Leigh), er blevet af, en uvished som massemorderen Bates givetvis kunne hjælpe ham af med.

Spillerens usikkerhed med hensyn til om han eller hun formår at virke overbevisende kan i sig selv blive et instrument i instruktørens eller casterens hænder. Således har Raymond Durgnat argumenteret for at Kim Novaks senere roller var langt mindre interessante end hendes tidlige, idet hun efterhånden opnåede en erfaring og en selvtillid der fik antydningen af skrøbelighed bag facaden til at forsvinde.[5] Dermed forsvandt det efter Durgnats mening mest interessante ved hendes spil. Der er tale om en vigtig pointe, men man skal formentlig passe på med ikke at gøre det eksempel til mønstereksemplet for brugen af skuespillere, end ikke for Hitchcocks vedkommende da han også benyttede meget erfarne skuespillere. Man skal formentlig også passe på med at slutte at Novak selv har været fuldstændig uvidende om brugen af den usikkerhed hun har følt under optagelserne.

IKKE-VERBALE SIGNALER HOS HAMLET
– STEMMENS VIRKEMIDLER

En metode til at undersøge hvad spillet tilføjer rollen er at se på hvad forskellige udførelser af den samme rolle kommunikerer om figurens følelser og sindstilstande. Særligt heldigt er det når spillet har bibeholdt forfatterens ord således at den verbale betydning er den samme – det giver mulighed for at se på forholdet mellem verbal og ikke-verbal betydning. Jeg vil i det følgende sammenligne forskellige fortolkninger af samme tekst, den fra Shakespeares Hamlet kendte monolog, "To be or not to be" fra tredje akt, første scene. Hamlet går og ruger over oplysningen om at faren er slået ihjel af sin bror der også har giftet sig med hans kone; faren kan ikke finde ro og går igen som spøgelse for at bede sønnen om hævn. Nu er han i vildrede om hvad han skal gøre: lytte til spøgelset og tage hævn eller lade moren leve lykkeligt med sin nye mand.

Velvidende, at der eksisterer mange tolkninger af denne tekst, vil jeg forsøge at præcisere monologens sproglige betydning. Man kan inddele monologen i fem dele:

(1) først stilles dilemmaet op; er det mest modigt at leve et meningsløst liv eller at tage sit eget liv;
(2) dernæst skitseres fordelen ved at dø hvorved der bliver gjort en ende på lidelserne;
(3) så markeres dødens risiko; at man ved, hvad man har, men ikke hvad døden indebærer, fx et evigt mareridt;
(4) alle de ulideligheder som vi bærer fordi vi er mere bange for det ukendte land, døden, bliver opregnet;
(5) handling bremses af eftertænksomhed og samvittighed, af refleksion og eftertanke.

Hvis man sammenligner Laurence Oliviers figur i dennes egen HAMLET (1948) med Nicol Williamsons i Tony Richardsons HAMLET (1969), er en række forskelle tydelige. Overordnet virker det som om der er tale om forskellige mennesker. Begge er følelsesmæssigt påvirkede, men Oliviers Hamlet virker sorgfuld og apatisk ved tankerne om døden og livet, hvor Williamsons virker sarkastisk og kynisk. Der er afsky omkring Williamsons læber når han taler nedladende om dels livet, dels egen handlekraft. Modsat virker Olivier helt overvældet af magtesløsheden, og der er så lidt kraft i ham at han end ikke er i stand til at holde på en dolk. Hvor den overvældede Olivier kun langsomt får rejst sig op fra sin halvtliggende stilling, springer Williamson hurtigt op fra liggende stilling som om han hele tiden er kropsligt spændt.

Monologen som en henvendelse til tilskueren er beholdt gennem forskellige tekniske valg. Dele af Oliviers tale er holdt i en indre monolog, og i starten bevæger kameraet sig helt ind mod hans baghoved, hvorefter vi ser nogle slørede billeder som visualiserer hans indre verden. Også lyden virker i samme retning: da han pludselig kommer til at tænke på risikoen ved den evige søvn (at man måske drømmer), sætter underlægningsmusikken ind med pludselige strygere. Anderledes med Williamsons Hamlet. Han ligger afslappet i et nærbillede og filosoferer, men på samme måde som hos Olivier markeres ordene om døden som en evig drøm; han kigger ind i kameraet, og sammen med den afslappede kropsposition gør kamerablikket tilskuerne til hans fortrolige. Hamletfilmen med Olivier benytter scenografien til at kommunikere aspekter af figurens stemning – Olivier er spændt ud mellem himmel og hav i et eksistentielt tomrum der samtidig har konkret betydning som borgtårn. Filmen med Williamson dækker her som generelt omgivelserne i mørke.

Det centrale spørgsmål er her i hvilken forstand man kan tale om forskellige betydninger af det sagte. På én måde er betydningen den samme, og emnet er livet kontra døden. Men der er tale om vidt forskellig opfattelse af dilemmaet, af hvordan det opleves af den enkelte figur. Olivier Hamlet er handlingslammet, apatisk resignerende, men det er Williamsons ikke. Olivier kan kun bevæge sig langsomt mens han på en nærmest såret måde fremsiger teksten, hvorimod Williamson har sin kropslige mobilitet og vokale volumenudsving i behold.

Jeg vil her foregribe en senere definition af tænkning og følelser, der kan ses som *handlingsparathed*. Genstanden for Hamlets opmærksomhed er den samme, men der er tale om forskellige evalueringer af egne handlemuligheder i forhold til såvel livet som døden. Williamson kan fryde sig over dilemmaet og sin manipulation af fjolserne omkring sig på en sarkastisk måde, hvor Olivier tager dilemmaet mere alvorligt og ser sig overvundet af det. Man kan med andre ord skelne mellem figurens opmærksomhed (livet og døden), figurens tænkning (evalueringen af problemets alvorlighed og en mulig eller umulig handlingsmulighed) og følelser, der kan ses som manifestationen af tænkningen i kropslig og vokal handlingsparathed eller mangel på samme, hhv. sarkasme og fortvivlelse.

Denne placering af tænkning som "mellemled" mellem genstanden for opmærksomheden, her verbalt kommunikeret, og den følelsesmæssige reaktion, synligt og hørbart i mimik, positurer, bevægelser og især stemmeføring, giver også mening i forhold til en tredie realisering af samme tekst. I Franco Zeffirellis HAMLET (1990) med Mel Gibson som titelpersonen foranlediges dødstankerne i kraft af synet af sarkofager smykket med liggende skulpturer af de afdøde, skildret i point-of-view-klipning. Gibson bevæger sig rundt i en krypt i borgen og reagerer på synet af dem ved at tale om døden kontra livet. Her kommunikeres genstanden for figurens opmærksomhed ikke kun i kraft af ordene, men også ikke-verbalt, i form af klipningen til sarkofagerne. Samtidig med sammenhængen mellem ordene og blikket, er der en mere direkte sammenhæng mellem ordene og Gibsons adfærd. Øjnene lukkes på et ord som "sleep" og hånden knyttes på "fight." Samtidig med følelsesmæssige udsving gennem teksten (fra kampvilje til fortvivlelse), kan man sige at Gibsons Hamlet er mindre fremsigende en lyrisk tekst end de to andre; han lader sin figur blive motiveret til følelsesudsvingene i kraft af det verbale indhold i teksten, som på sin side er motiveret i genstande omkring ham i krypten. Virkningen kan beskrives sådan, at Gibsons spil illustrerer de enkelte ords følelsesmæssige betydning (snarere end den sproglige betydning), samtidig med at han har indbygget langt flere betoninger der er motiveret følelsesmæssigt. Hans tale er mere opbrudt, med langt flere pauser som knytter der sig en særlig følelse til hver enkelt sætning som først skal nå at forme sig. Forskellen er stor til især Olivier. Olivier ser de enkelte sætninger som helheder der skal udtrykkes, med små pauser og en stemmeføring der leder hen til næste sætning, og det er de store skift mellem grupper af sætninger i forhold til min opdeling ovenfor, der markeres, enten med en reaktion eller betoning, eller blot ved at gå ned i stemmeleje og således starte en række af sætninger forfra.

De vokale virkemidler i realiseringen af disse replikker er især knyttet til stemmeleje og -klang. *Stemmeklang*, den såkaldte klangfarve, afhænger af hulrummene omkring stemmebåndet, især brysthulen, svælget og mundhulen. Når vi hører afsky eller sarkasme i Williamsons stemme er det på grund af en tendens til – eller måske blot antydningen af en tendens til – at trække mundvigene ned og føre tungen fremad og ud af munden, med en bøjet tunge (som for at minimere kontakten med en ildesmagende substans). *Stemmeleje* afhænger af stemmebåndet i sig selv (dets svingningers længde) og kan gøre tonerne høje eller lave, lyse eller mørke. Når vi hører en ømhed for det omtalte hos Olivier, en nærmest kærtegnen af ordene, skyldes det dels at han melodisk bevæger sig opad i stemmeleje, begyndende hver enkelt sætning i en gruppe lidt højere end den forrige, men det skyldes også at klangen kan beskrives som lys og blød, som ligger ordene forrest i munden.

Spørgsmålet er om der er bestemte grunde til at tilskueren oplever fx det høje stemmeleje som udtryk for ømhed. Man kan gætte på en medfødt tendens – det ville forklare hvorfor nyfødte finder en meget lys stemme beroligende og hvorfor forældre finder på at udnytte den for at skabe kontakt med barnet.[6] Stemmelejet kan også benyttes til at en kort pause lægges ind for at gøre sætningen mere forståelig. Således glider stemmelejet opad hos Williamson da han overvejer selvmordet som en ende på sine kvaler ("And by opposing …") for at fuldføre sætningen i et glid nedad (" …end them") hvorved det dystre i løsningen på kvalerne, selvmordet, fremstår prægnant i kraft af mørke toner. Det hurtige fald nedad da død og endelighed kommer på tale så at sige "føles" som en pludselig ende på grund af dette glid. Olivier går også opad på første del af sætningen, men vælger at lade anden del være på et et mere monotont lavt stemmeleje ved at lægge en lille pause ind. Derfor virker det som om dødens endelighed ("end them") har nået at gøre større indtryk på ham og fået ham begravet i tristhed.

Et tredje virkemiddel er *stemmestyrke* (eller volumen), som er et spørgsmål om hvor kraftigt lydene kommer ud af munden. Følelsesudsvingene hos Gibson, især vreden, er kommunikeret ved store udsving i stemmestyrke, og på samme måde giver overgangen fra en hviskende voice-over til almindelig replik hos Olivier en oplevelse af pludselig styrke, understøttet ved musikunderlægningen hvor strygerne pludselig sætter ind (ved tanken om at døden kunne være en evig drømmesøvn med mareridt). Såvel klang, leje og styrke afhænger af lydoptagelsen og -efterarbejdet, og dermed kan de i nogen grad skelnes fra virkemidler der i særlig grad er knyttet til verbal betydning. Betoning, tempo og artikulation er termer der betegner den måde som stemmen opnår virkninger i en relation til ordene. Man kan fx *betone* et ord ved at gå op i stemmeleje, men også ned, ligesom man kan betone noget ved at sige det hurtigt eller langsomt – betoningen er med andre ord en relationel egenskab ved sammenhængen. På samme måde er *artikulation* et spørgsmål om stemmeklang i forhold til ord, den måde ordene lyder på som følge af hulrum over stemmebåndet. Af skift i *tempo* er det især påfaldende at de tre skuespillere vælger at gå op i tempo for at kommunikere overraskelsen i det øjeblik de opdager muligheden for den evige søvn som et langt mareridt ("perchance to dream …").

Forskellene i de tre realiseringer kan ses i de to ord: "after death." De tre reagerer vidt forskelligt efter opremsningen af livets ubærligheder ved tanken om noget efter døden. Laurence Olivier går højt op i stemmeleje på både *after* og *death*, mulig via en meget kort pause mellem de to ord samt et lavere tempo. Det betyder at vi oplever ham som øm og forsigtig i forhold til genstanden, dét der kommer efter døden. Modsat går Nicol Williamson op i stemmestyrke så ordene udtales mere stødende, samtidig med at han rejser sig hurtigt. Det betyder at vi oplever ham som fuld af modstands- og kampvilje, på ingen måde overvundet af sagens alvor. Hos Mel Gibson betones *after* i kraft af lavere tempo og højere stemmestyrke. I kraft af at det næste ord, *death*, ikke betones kommer *after* således til at virke ved sin sproglige betydning og fremhæver skellet mellem to tidsperioder (i modsætning til at fremhæve en følelsesmæssig reaktion på dét at være død). Gibson virker derved optaget af skellet som sådan, snarere end egenskaber ved døden.

Jeg mener ikke at oplevelsen af disse følelser og stemningsudsving er et spørgsmål om en subjektiv fortolkning. Disse følelser er en del af fremstillingen (dét man kalder den repræsentationelle, denotative eller referentielle betydning). I kraft af det menneskelige perceptionsapparat, i det mindste hos den voksne, oplever vi bestemte følelser som en egenskab ved den person der fremstilles (uafhængigt af om vi så i øvrigt kalder personen for en figur eller skuespiller; henvisningen eller indramningen af følelserne kommer i anden række). Dét der er subjektivt er de ord vi så vælger at hæfte på vores oplevelse. Også her er ordet "subjektiv" muligvis lidt misvisende idet jeg forsøger at forklare vores oplevelse. Hvis andre ord og beskrivelser synes bedre i stand til at forklare vores oplevelse, ved at fremhæve andre aspekter og sammenhænge, er det blot min forklaring der er forkert (og præmisserne for min forklaring beror især på kapitlet om tilskuerens forståelse af ekspressivitet).

Der findes mange flere realiseringer af Hamlets berømte monolog, og senere skal jeg blandt andet diskutere en af Kenneth Branaghs. Foreløbig vil jeg blot slå min beskedne pointe fast: ikke-verbal kommunikation har som konsekvens at vi får indtryk af bestemte følelser i fremstillingen.

HVAD VERBAL BETYDNING TILFØJER SPILLET – REPLIKKER

Ord er en væsentlig del af film, inklusive kommunikation af følelser. Ord kan flytte opmærksomheden hen på bestemte egenskaber ved handlingen, egenskaber der ikke umiddelbart falder i øjnene eller måske slet ikke er syns- og hørbare, og man kan kort sige det sådan at ord formår at abstrahere fra den konkrete situation, trække egenskaber ud som ikke har deres egen og afrundede fysiske fremtræden. Uden ord ville vi ikke være i stand til at forstå hvad Hamlets opmærksomhed var rettet mod, at det var forskellige aspekter af dét at eksistere. Jeg vil ikke forsøge nogen generel og systematisk fremstilling af ord i replikker og voice-over, men blot pege på nogle vigtige funktioner i forhold til mit emne.[7]

Evnen til at abstrahere information fra det umiddelbart synlige og hørbare er et særligt problem i genrer hvor en forbrydelse eller en anden datidig begivenhed skal opklares. I detektivgenrer er det nødvendigt at give genstande eller hændelser en anden betydning end den konkrete, for at vi kan følge opklaringen undervejs. Et omdrejningspunkt for historien i Bille Augusts filmatisering af FRØKENS SMILLAS FORNEMMELSE FOR SNE (1997) er opdagelsen af at sporene i sneen ikke blot er udtryk for at nogen har gået her; sporaftrykkene peger ifølge hovedpersonen på panik hos den døde og indirekte på, at der har fundet en forbrydelse sted. I Peter Høegs roman fortælles det af jegfortælleren, altså direkte til læseren og uden at de øvrige personer er involveret. Hvis bogens pointe skulle inkluderes i filmen, må Smillas udlægning af sporene kommunikeres til tilskueren, fx ved hjælp af verbalisering i en replik eller voice-over. Det sidste valg ville svare til romanens, men har den ulempe at det flytter tilskuerens opmærksomhed hen på fortællerens interaktion med tilskueren frem for at fastholde den sceniske handling. I filmen vælger Bille August at lade det mistænksomme ved fodsporene blive kommunikeret ved at lade dem være rettet direkte mod kanten af taget – hvilket er visuelt påfaldende i sig selv – og først i en senere scene lade Smilla i en replik bemærke at sporene også indeholdt information om en panikagtig acceleration i det øjeblik foden sætter af.

I mange detektivfilm benyttes en voice-over, hvor vi på lydsiden hører en af figurerne fortælle. Således fortæller Humphrey Bogart som Philip Marlowe i en voice-over om sine tanker om personerne og deres indbyrdes forhold i Howard Hawks' THE BIG SLEEP (1946). Denne kommunikation er særligt nødvendig idet Marlowes tanker ikke fremgår af replikker; det ville ikke passe til hans figurs karakteristiske indesluttethed at betro sig på denne måde. En anden forklaring er naturligvis at det tilføjer en dimension af datidighed, af at det sete allerede har fundet sted, ligesom det kan skyldes at man har valgt at bibeholde dette træk fra det litterære forlæg. Den betroede makker og dermed replikken i tv-seriens moderne politidetektiv har generelt erstattet behovet for voice-over'en til at sætte ord på sporene, at fortælle hvad der er spor, hvorfor og hvorhen de peger. En påfaldende undtagelse til tv-makkerparret er tv-serien COLUMBO (produceret i flere omgange siden 1971), hvor Peter Falks udlægning af sporene kommunikeres i replikker henvendt til den mistænkte hvilket motiveres som en særlig opklaringsteknik.

Valget af ord og den generelle evne til verbalisering er nært knyttet til fremstillingen af bestemte sociale grupper. Forsøget på at formulere sig blev en naturlig del af den selvbevidste og veluddannede, men rodløse middelklasse der blev skildret på film fra starten af 1960'erne. Således tales der meget, men handles lidt i Michelangelo Antonionis L'AVVENTURA (1960), selvom kæresten er forsvundet og arkitekten Sandro (Marcello Mastroianni) er den nærmeste til at opklare, hvor hun er blevet af. I stedet taler han med veninden om deres følelser for hinanden på en af de hyppige slentreture i storbyen. Et andet eksempel på selvbevidste figurer fremgår af følgende replik fra Ingmar Bergmans VISKNINGAR OCH ROP (1972) hvor Liv Ullman som den ene søster forsøger en verbal tilnærmelse gennem en beskrivelse af sine følelser:

> Her i vores barndomshjem, hvor alt er både fremmed og fortroligt, føler jeg, at jeg er i en drøm. Jeg føler, at der vil ske noget afgørende med os. (…) Kunne vi ikke bruge disse dage til at lære hinanden at kende, komme hinanden nær. Jeg kan ikke holde afstanden og stilheden ud! (pause) Jeg har da ikke såret dig?

Blandt andet i kraft af at hun frem til den sidste sætning ikke kan se søsterens ansigt får det fremsagte et præg af en tale, hvor vi kan lytte til ordene og det sagte uden at vi forventer at samtalen er justeret og følsom for dens andens reaktioner; derfor virker det ikke nødvendigvis kunstigt i sammenhængen at Ullman benytter billeder som fremmedhed, fortrolighed, drømmeagtighed, nærhed, afstande og stilhed til at beskrive forholdet til hjemmet og søsteren.

Modsætningen til denne form for replikker er den undertekst, hvor figurerne ikke er i stand til at sætte ord på deres følelser og forhold. Et fremtrædende eksempel kan ses i Martin Scorseses RAGING BULL (1980), hvor Robert De Niro som Jake LaMotta på brorens spørgsmål om, hvorfor han uafbrudt skændes med sin kone, kigger på sine hænder og svarer: "My hands. They're small. They're girls hands!" I sig selv ikke et svar på brorens spørgsmål, men i sammenhængen forstår vi at hænderne udtrykker figurens mindreværdskomplekser; han bliver umiddelbart opmærksom på sine hænder som en del af årsagen til det liv han fører, men er måske ikke i stand til formulere sig om sin følelse af ikke at være en rigtig mand.

Blikket er en afgørende faktor ved levering af replikker. Dels er det af betydning for hvad der kan siges, som i VISKNINGAR OCH ROP, dels for hvordan vi forstår den sproglige information, hvilke aspekter og egenskaber ved hele situationen vi lægger mærke til. Det er i analysen med andre ord centralt at lægge mærke til på hvilke ord blikket slås ned, op, væk eller låses på den anden. Især i de første sæsoner af tv-serien THE X-FILES (påbegyndt i 1993) kunne man som regel se Gillian Anderson som Dana Scully holde blikket nede på de første sætninger i en replik, for først i sidste del at slå øjnene op på David Duchovny som Fox Mulder. Det gjaldt når de var placeret tæt på hinanden i krydsindstillinger (den almindeligste figur til skildring af dialog; et kamera bag hver af de to spilleres skuldre former et kryds). Virkningen hos tilskueren er den at vi ikke oplever Scullys nærhed som enten truende eller som et forsøg på en erotisk tilnærmelse samtidig med at det nedadvendte blik fastholder opmærksomheden på det sagte; først i det øjeblik der kigges op flyttes vores opmærksomhed over på det hun kigger på (en anledning til et klip til den modsatte indstilling). En instruktør der i særlig grad formår at benytte krydsindstillinger så der opnås særlige virkninger af samtalen og blikkene er Bille August. I DEN GODA VILJAN (1992) lader han således et skifte i en samtale mellem Samuel Fröler som Henrik Bergman og Pernilla August som Anna blive markeret ved at hun bevæger sig væk fra ham, hen at sidde i en stol bag ham. Resultatet er at da Fröler drejer sig på stolen, kommer de til at sidde så begges kroppe og ansigter peger mod venstre – som ser de ikke hinanden. Virkningen er opnået uden at kameraet overskrider den optiske linje mellem de to, men Fröler må nærmest dreje hovedet af led hver gang han kigger på hende.

Generelt bærer replikker præg af at være motiveret som en henvendelse til en anden figur. I den realistiske tradition passer valget af ord og taleform til figurens sociale type og udtrykker et ønske om at påvirke den anden i en eller anden henseende. Det behøver imidlertid ikke altid at være tilfældet. Scenerne med de to mongolske opvaskere i Lars von Triers tv-serie RIGET (1995) minder os om at vi ikke nødvendigvis irriteres over at replikkerne opsummerer handlingstråde, en funktion vi i reglen forbinder med fortællere. "Fortællende" replikker af denne type kan ofte virke umotiverede, men det er ikke tilfældet her. Formentlig er grunden at vi indrammer spillet og ser det i forhold til skuespillerne; vi antager at det vi ser er to amatørskuespillere der forsøger at komme igennem deres replikker. Derfor lægger vi ikke mærke til at replikkerne er "fortællende" – vi forventer ikke at de reflekterer figurer i et univers der eksisterer uafhængigt af tilskueren.

At replikkerne til opvaskerne skulle være eftersynkroniseret af professionelle skuespillere, er en ganske anden sag der illustrerer en generel pointe. Ordenes sproglige betydning er vigtig (i forskellige grader) og for at få den gjort tydelig, kræves der en særlig kunnen. Der må ikke være for mange betoninger der splitter sætningens helhedsbetydning ad, men heller ikke så få at den følelsesmæssige betydning forsvinder, som om dét der tænkes på ikke har gjort indtryk. De enkelte sætninger skal tænkes ind i helheden, gruppen af sætninger, enten skuespillerens egen som i Hamlet-monologen eller andre skuespilleres. Stemmelejet skal formes så det er klart om en tankerække er afsluttet eller om den fortsættes. Disse forhold er forklaret af Stanislavskij i dennes kapitel om de vigtigste regler for scenisk tale, og her giver han blandt andet det råd at gå en anelse op på den sidste stavelse, svarende til et komma, for derved at få tilskueren til at afvente næste sætning.[8] Hvor Laurence Olivier ville leve helt og fuldt op til Stanislavskijs krav om at stemmen skulle kunne anvendes som eneste virkemiddel, er Mel Gibson et eksempel på at også de andre virkemidler kan medvirke til at kommunikere den sproglige betydning gennem følesesudtryk der passer til ordenes betydning, gennem en støtte til stemmen i mimik, andre gange gestik og forskellige bevægelser og positurer. Påvirkningen af tilskueren sker i Gibsons tilfælde i højere grad i kraft af ekspressivitet end i kraft af det der siges, den sproglige betydning i forfatterens ordvalg. Det er også værd at bemærke at de mange forskellige følelser som Gibson bevæger sig igennem, afhængig af hvad Hamlet tænker på, forudsætter et varieret arrangement med flere kameraindstillinger for at de mange skift ikke bliver påfaldende i sig selv og måske kommer til at fremstille en skuespiller der springer omkring på en scene, det vi forstår ved "teatralsk." Hvordan replikker der hos Shakespeare er skrevet som om de finder sted på ét sted, kan lægges ud på forskellige steder der hver især støtter teksten, er netop Franco Zeffirellis udgave et godt eksempel på.

OPSUMMERING

Kunsten at spille i en film er kunsten at kunne virke overbevisende samtidig med at tilskueren efterlades med bestemte indtryk der passer ind i filmen som et hele. Der er ikke alene tale om et håndværk hvis man med dette ord mener en række rutiner der, når de først én gang er lært, kan udføres igen og igen. Der må træffes en række valg med hensyn til hvilke indtryk der kan efterlades så det giver et overbevisende indtryk – under hensyn til den større sammenhæng. Disse valg omkring spillet er ikke kun skuespillerens, men i mange tilfælde et spørgsmål om manuskript, casting, og måder at optage og gengive på, så man kan ikke altid tildele spillet den kunstneriske ophavsret for alle virkninger. Det betyder ikke nødvendigvis at man skal lade være med at vurdere den kunstneriske værdi af spillet i en given film, blot at den er besværlig og måske ikke helt præcis eller sikker, men det gælder mange forhold omkring en kollektiv kunstart.

Mit valg har været at fokusere på den kommunikative funktion af spillet, det særlige som spillet tilføjer, nemlig figurens følelser og tænkning, dennes oplevelse, i kraft af ekspressivitet. Jeg har argumenteret for at dette bidrag finder sted som ikke-verbal kommunikation, og i resten af min fremstilling vil jeg forsøge at præcisere hvordan man kan forstå denne type kommunikation af følelser og tænkning. Jeg har forsøgt her at pege på også vigtigheden af den sprogligt-mundtlige betydning, verbal kommunikation. Ord kan abstrahere fra den konkrete betydning af genstande og situationer, og for så vidt figurens opmærksomhed er rettet mod et abstrakt begreb, fx aspekter af livet, er ord en nødvendig del af kommunikationen. Den ikke-verbale kommunikation synes vigtigere end den verbale når man fokuserer på ekspressivitet, men ikke nødvendigvis når man fokuserer på hvad følelser er rettet mod. I den forstand må opmærksomhed, tænkning og følelser ses i et integreret perspektiv.

Noter

1. Viera, "The Work of John Cassavetes".
2. Gene Hackman cit. in Bernard, *Film and Television Acting*, p. 36. Han pointerer i den udeladte del i citatet, at skuespilleren alene må træffe sine valg; instruktøren kan kun afvise eller godkende dem.
3. Genoptrykt i Schepelern, *Tommen – Carl Th. Dreyers filmjournalistiske virksomhed*.
4. Braudy, *The World in a Frame*, p. 206.
5. Durgnat, *Films and Feelings*, p. 168f.
6. Fernald, "Human Maternal Vocalizations to Infants as Biologically Relevant Signals".
7. Se Kozloff, *Invisible Storytellers* og *Overhearing Film Dialogue*.
8. Stanislavskij, *Skuespillerens ydre teknik*, p. 111.

KAPITEL 2

SUBJEKTIVERENDE TEKNIKKER OG SPILLET

Vi benytter ofte en rumlig metafor for dét at forstå en anden idet vi siger at vi sætter os i den andens sted. Tanken bag metaforen er at vi træder ud af vores eget sted og i stedet tager et nyt hvorfra verden forstås på en ny måde. Det er en besnærende tanke at visse filmteknikker skulle kunne gøre det muligt at sætte tilskueren i figurens sted hvorfra vi kan bevidne private, mentale oplevelser som at drømme, erindre, se osv. Disse teknikker – de mest benyttede er flashback og point-of-view-klipning – kaldes almindeligvis subjektiverende. Spørgsmålet som vil være en rød tråd gennem dette kapitel, er om man kan betragte disse subjektiverende teknikker som isoleret fra spillet eller om ikke spillet er en integreret del af deres virkemåde. Jeg vil argumentere for det sidste: ekspressivitet i spillet kan i sig selv virke subjektiverende, hvorimod flashback og point-of-view-klipning er afhængige af spillet i tilfælde af at de virker subjektiverende.

Man kan sige at vi oplever eksempelvis et flashback som udtryk for at filmen springer tilbage i tid for at fremstille hvad der foregik tidligere, skildret på stort set samme objektive måde som begivenheder i nutiden, eller man kan sige at vi oplever et flashback som udtryk for at en figur erindrer, lige nu og mens flashbackets subjektive indhold fylder lærredet. Jeg skal forsøge at vise at der er en verden til forskel mellem disse to relativt enslydende beskrivelser. Hvorvidt vi bliver i stand til give spillets bidrag til filmoplevelsen den betydning som det fortjener, afhænger i nogen grad af at vi vælger den første og afviser den anden således at man ikke kan sige at alle virkninger er konstrueret via klipning.

Flashbacket der lyver, er særlig illustrativt for min pointe. Hvis det er sådan at vi almindeligvis oplever et flashback som udtryk for at en mental og subjektiv begivenhed udfolder sig, så må det være muligt at "lyve" i et flashback uden videre. Alfred Hitchcock benyttede i STAGE FRIGHT (1950) netop et flashback der løj og fremstillede begivenheder på en måde som de ikke fandt sted, og det mente han senere var en afgørende fejl.[1] Den bedste måde at beskrive oplevelsen af et flashback, i STAGE FRIGHT som i almindelighed, er som en anledning til at gå tilbage og vise den erindrede begivenhed som den faktisk hændte – og ikke som en fremstilling af hvordan hændelsen erindres af figuren. Forskellen i forhold til den mundtlige og skriftlige fortælling er at dén der der ytrer ordene, hele tiden er til stede som en stemme mens begivenhederne udfoldes, og i kraft af at denne har ordet forbinder vi som læsere hele tiden det fremstillede med en persons gengivelse. Det er tilsyneladende ikke tilfældet i filmens flashback. Hvis Hitchcock har ret, er analogien til den litterære fortæller ikke holdbar – det lader sig almindeligvis ikke gøre at lyve i et flashback – hvis det skal lade sig gøre, kræver det en særlig markering.

Hvis man i film vil vise at indholdet af et flashback er udtryk for en subjektiv erindring, kræver det at subjektiviteten er markeret. Det kan fx være at en fortæller indleder eller følger flashbacket på vej, således at nutidens erindrende person er til stede på lydsiden, som voice-over, under fremstillingen af datidens hændelser. Det er fx tilfældet i en del filmatiseringer af Dashiell Hammetts og Raymond Chandlers romaner om detektiverne Sam Spade og Philip Marlowe fra 1940erne, bl.a. Howard Hawks' THE BIG SLEEP (1946). Den subjektive karakter af datidige begivenheder kan også fremhæves ved at flere figurers fremstilling af samme begivenhed inkluderes. Det er tilfældet i Akiro Kurosawas RASHOMON (1953), hvor en retssag kræver at flere får lov at give deres version af hvad der fandt sted. En lignende dramatisering af en forhørts beretning gør sig gældende i Bryan Singers' THE USUAL SUSPECTS (1995); her kræves at vi minder os selv om at visse flashback var dramatiseringer af den afhørte, Kevin Spaceys beretning på en politistation, hjulpet på vej af at vi ser at han allerede har snydt os én gang, med en påtaget halten der forsvinder så snart politiet ikke længere kan se ham. Endelig kan subjektiveringen af flashbackets indhold ske ved en lang række visuelle og auditive afvigelser, der får flashback-fremstillingen til at adskille sig fra nutidsplanets fremstilling. Et eksempel er de korte glimt som i Sidney Lumets THE PAWNBROKER (1975), hvor flashbackene, efterhånden som filmen skrider frem, bliver længere i varighed efterhånden som erindring er blevet mulig gennem en psykologisk erkendelsesproces. Men det korte af det lange er at der kræves en særlig markering hvis et flashback skal fremstå som mere end anledning til at springe i tid.

AT VÆRE GENSTAND FOR OG/ELLER INDEHOLDT I EN ANDEN

Forståelsen af subjektive forhold er i reglen afgørende for forståelse af filmens handling, af hvad der sker. Hvis tilskueren ikke er i stand til at forstå at en indstilling giver udtryk for noget erindret eller noget der ses fra en bestemt figurs synspunkt, så kan tilskueren sidde tilbage uden den viden om hvad figuren har set eller kan huske som er nødvendig for at forstå dennes senere handlinger. Men som vi så ovenfor, er man nødt til at skelne mellem om det er den subjektive akt, erindringen der fremstilles, eller om en erindring blot er en anledning til at fremstille genstandsforhold uafhængigt af figuren. Dette skel foretages ikke almindeligvis, bl.a. fordi filmteoretikere i for høj grad har støttet sig til teorier og modeller der er udviklet med henblik på at forstå litterære forhold.

Visse modeller til forståelse af subjektivitet lægger i sig selv op til forkerte generaliseringer. Det gælder således Edward Branigans anvendelse af fokaliseringsbegrebet i *Narrative Comprehension and Film* fra 1992. Her skelnes mellem et indre og et ydre af figuren og disse to sider analyseres så i forhold til bestemte teknikker. *Fokalisering* betegner det forhold at en personen ikke *fortæller* om sine oplevelser til tilskueren, men muliggør at tilskueren enten kan slutte sig til eller være vidne til en oplevelse.[2] I én af to fokaliseringsmåder, *ekstern fokalisering*, lader filmen os fx se dét personen kigger på, men vi må *slutte* os til oplevelsen:

> Private experiences of a character may be rendered externally or internally. External focalization (...) is semi-subjective in the manner of an eyeline match: we see what Manny looks at, when he looks, but not from his unique spatial position; we must infer that we have seen what he has seen and how he has seen it.[3]

Når filmen fremmer en oplevelse hos tilskueren parallelt med figuren, sker det ved at vise den genstand som Manny ser (hovedpersonen i Hitchcocks THE WRONG MAN (1957)). I den *ikke-fokaliserede* sekvens ville filmen lade det stå hen i det uvisse hvad det er som Manny har set, uden at give os mulighed for at slutte os til oplevelsen.

I intern fokalisering behøver vi ikke at slutte os til den subjektive oplevelse idet vi rent faktisk er *vidner* til oplevelsen. At vi som tilskuere bliver vidner til en privat oplevelse, dvs. en mental begivenhed, skal forstås bogstaveligt:

> In internal focalization, story world and screen are meant to collapse into each other, forming a perfect identity in the name of a character: "Here is exactly what Manny sees: these shapes and colors are in his head," or "Here are his thoughts." The spectator's task is to identify the story world with the mental understanding of a character.[4]

Det er i fremstillingen af indre begivenheder at teknikker som point-of-view-klipning og flashback kommer ind i billedet:

> No character can witness these experiences in another character. Internal focalization ranges from simple perception (e.g., the point-of-view shot) to impressions (e.g., the out-of-focus shot depicting a character who is drunk, dizzy, or drugged), to "deeper thoughts" (e.g., dreams, hallucinations, and memories).[5]

Det er denne tanke om fremstilling af interne begivenheder, af oplevelsen som sådan, jeg finder problematisk og ikke dækkende for den generelle virkemåde af point-of-view-klipning og flashback. I stedet vil jeg forfølge den tanke at tilskueren *altid* må slutte sig til personens oplevelse idet der bygges på signaler i spillet.

Opdelingen i indre og ydre, baggrunden for intern og ekstern fokalisering, tjener til at gøre os begribeligt hvordan bestemte teknikker fungerer, men begrebsliggørelsen sker ved hjælp af en metafor. I fysisk forstand finder perception, erindring, tænkning og følelser sted i hjernen og via nervebanerne i resten af kroppen, og i denne forstand er en oplevelse indre, men derfor behøver man ikke at tage metaforen bogstaveligt i teoretiseringen. Vi har naturligvis ikke fået adgang til de fysiologiske processer i hjernen, hverken i kraft af en scanning eller et kig ned i hjernemassen. En af grundene til at man ikke uden videre kan oversætte point-of-view indstillingen til fremstilling af hvad der bliver set, er at det ikke er til at vide *hvad* figuren har lagt mærke til i indstillingen. Når vi taler om at vi har sét noget, mener vi ikke blot at vi har lagt mærke til genstanden, men lagt mærke til bestemte egenskaber ved den. Vi har fx lagt mærke til dens placering i rummet, dens udseende har efterladt et indtryk, vi er blevet overraskede, forskrækkede, interesserede osv., men vi har sét genstanden med bestemte øjne, farvet af situationen.

Metaforen om at komme "ind i" en anden tjener alene til at lade os begribe hvad det indebærer at forstå en andens oplevelse. Metaforen forklarer ikke nødvendigvis hvordan den tænkning der ligger til grund for forståelsen, forløber. Når metaforen alligevel opleves som forklarende er det måske fordi den sætter noget abstrakt i forhold til en universel, menneskelig kropslig oplevelse. Metaforen om personens krop som en beholder kan ses som udtryk for hvad filosoffen Mark Johnson kalder *billedskematisk tænkning* – en tanke han har udviklet i samarbejde med George Lakoff.[6] Vores egen oplevelse af at tænkning og følelser er *inde* i en krop, projiceres ud på verden i kraft af et abstrakt "billede" (en form uden data), og derved bliver fænomener, især af abstrakt art, begribelige:

> Our encounter with containment and boundedness is one of the most pervasive features of our bodily experience. We are intimately aware of our bodies as three-dimensional containers into which we put certain things (food, water, air) and out of which other things emerge (food and water wastes, air, blood, etc.). From the beginning, we experience constant physical containment in our surroundings (those things that envelop us).[7]

Den generelle fordel ved at bruge containeren, hedder det på næste side, er at man kan fiksere stedet for et fænomen – det er enten indenfor eller udenfor. En yderligere fordel er i vores tilfælde at noget abstrakt som tanker og følelser lader sig begribe ved at det bliver placeret i forhold til noget så konkret som kroppen.

SUBJEKTIVITET EFTER RUMLIGE ELLER FUNKTIONALISTISKE KRITERIER – THE FIRM

I Branigans anvendelse af fokaliseringsbegrebet blev der anvendt et rumligt princip for subjektivitet: placeringen af kameraet var afgørende. Hvis det er placeret der hvor en persons øjne er som i point-of-view-klipning, eller hvis det lader os kigge ind i erindringens kringelkroge i form af et flashback, så er der nødvendigvis tale om subjektivitet. Det forhold at vi genkender noget som point-of-view-klipning eller flashback, betyder at vi fortolker indholdet som en subjektiv fremstilling.[8] Alternativet til denne model er funktionalistisk: hvorvidt de to typer af klipning er subjektiverende kommer an på hvordan de fungerer, hvad de tjener til i den enkelte sammenhæng. I den anden model kan man ikke på forhånd bestemme at disse klippeteknikker er subjektiverende. Jeg vil argumentere for denne model, og i dette afsnit og det næste pege på at det ikke er skellet mellem intern og ekstern fokalisering der lader os gribe de tilfælde hvor der er tale om subjektivitet.

Hvis en skelnen mellem subjektive og semisubjektive indstillinger var holdbar til mere end blot en formel beskrivelse, så måtte det i visse situationer være afgørende for tilskueren om indstillingen har status af intern eller ekstern fokalisering. Om vi har været vidner til en se-oplevelse eller vi blot har kunnet slutte os til den, kan være af yderste vigtighed. Det kan fx betyde døden for en vellidt figur hvis denne ikke har set en potentiel morder snige sig tættere på. Hvis figurens skulder er med i billedet, kan tilskueren altså ikke vide, om morderen er sét, men hvis der derimod er tale om en *point/object-indstilling*[9] dvs. indstillingen af genstanden for figurens blik, er det figurens syn der fremstilles. Med andre ord antages den rumlige placering af kameraet med dette skel at være afgørende for hvilken status indstillingen har.

Det første spørgsmål der melder sig er om tilskueren er i stand til at kortlægge filmens rum med så stor detaljegrad. Generelt er der ingen grund til at tro at kortlægningen af filmens rum er så præcis – hvilket eksistensen af et snydeklip (*cheat cut*) kan ses som udtryk for. Her er fx den relative højdeforskel mellem to personer blevet mindre efter et klip fordi den ene skuespiller nu står på en kasse – mens vi har været opmærksomme på andre forhold:

> More generally, the cheat cut illustrates how hypotheses favor object recognition and narrative factors and how schemata work 'from the top down.' Gross cues for objects and relative spatial position fit more quickly into a pattern of causal inference and a general cognitive map than does exact measurement of the placement of a lamp or the precise distance between figures. (...) It also seems likely that shifts in camera position and lens length across the cut make detailed retrospective comparison of two successive shots very difficult.[10]

Snydeklip peger på, at tilskueren ikke kortlægger filmens rum på en så nøjagtig facon, som Branigans vægt på *unique spatial position* forudsætter. Det vigtigste, pointerer Bordwell, er at opdage de kausale forhold, fx hvem der gør hvad, og denne overordnede aktivitet overtrumfer en kortlægning af rumlige forhold.

Usikkerheden om en indstillings status kan godt fremhæves, men så er der tale om en ganske særlig virkning. Netop som Branigan påpegede kan vi bringes i tvivl om hvorvidt en indstilling svarer til personens blik. Netop sådan fungerer krydsindstillingerne (shot/reverse-shot klipningen) i en scene i Sidney Pollacks THE FIRM (1993). Scenen skildrer hvordan hovedpersonen, den unge advokat Mitch, spillet af Tom Cruise, på en sydhavsø sammen med sin ældre kollega Avery, spillet af Gene Hackman, finder nogle papirer i et forrådsrum i køkkenet og derved opdager at firmaet arbejder for mafiaen. Cruise er gået ind i et rum ved siden af køkkenet ved en fejltagelse og har fundet papirer der afslører en mafia-forbindelse. Papirerne må være forsøgt hemmeligholdt idet værelset har været aflåst. I soveværelset tæt på er Gene Hackman i det samme ved at gøre sig klar til at gå i byen, men netop som han er ved at være færdig, falder Cruises øl til jorden og knuses – på gulvet i rummet med de farlige papirer! Øllet flyder ud på gulvet og ind i køkkenet. Der klippes i det samme til Hackman der kommer gående fra gangen og ind i køkkenet – tilsyneladende vil Cruises figur nu blive afsløret. Klip til Cruise der ikke som frygtet står i døren til det aflåste rum, men bag køkkenbordet. Bag ham er døren til det aflåste rum lukket – der må være sprunget i tid inden vi klippede til Hackman i gangen. Cruise giver nøglerne tilbage til Hackman der spørger "Where's your beer?" Klip tilbage til Cruise der svarer undvigende hvorefter han bevæger sig ud af billedet. I dét

Cruise har bevæget sig ud af billedet *tilter kameraet ned på gulvet* hvor det afslørende øl er flydt ud! Det er som besvarer tilten ned på gulvet det henkastede spørgsmål fra Hackman, "Where's your beer?" Klip til dem begge, set fra siden og på større afstand, på vej ud af køkkenet.

Virkningen af hele scenen er den, at tilskueren ikke ved, om Hackmans figur faktisk så øllet og blot fortier det af taktiske grunde, eller om han slet ikke bemærkede det. Denne tvivl gør de efterfølgende scener særligt spændende. En lignende virkning kunne være skabt af en fortæller i en roman: "Mitch tænkte at Avery *måtte* have set øllet på gulvet."

Umiddelbart synes eksemplet at støtte tanken om at vi lægger vægt på om indstillinger er subjektive eller objektive, og at man kan tale om krydsindstillinger og indstillinger hen over skulderen på personen som semisubjektive, en mellemting hos Branigan. Men eksemplet taler i virkeligheden *imod* tanken om at vi tildeler den rumlige placering af kameraet nogen afgørende vægt når vi forsøger at finde ud af hvad figurerne har set. Hvis det var rigtigt at indstillinger fungerer som Branigan formoder, så burde vi netop ikke have været i tvivl! Krydsindstillingen hen på Tom Cruise repræsenterer i dette tilfælde *ikke* det Hackmans figur ser; der er tale om en kryds- og ikke en point-of-view indstilling. Så ville de signaler, der peger på at han *ikke* har set øllet, have været meget mere afgørende for det indtryk vi sidder tilbage med – vi ville have noteret os at Hackman måtte have bevæget sig væk fra sin position nogenlunde samtidig med tilten idet han jo ikke står og kigger på gulvet i den næste indstillings begyndelse. En sådan logisk slutningsproces foretager vi imidlertid ikke. Vi *frygter* at Hackmans figur har set øllet, og at han har ladet sit blik glide ned på gulvet samtidig med tilten. De modsatrettede signaler er ikke stærke nok til at feje denne frygt af banen.

Branigans forslag til teknikker som krydsindstillinger og indstillinger hen over skulderen var *semisubjektivitet*, og denne term er måske ganske godt i stand til at fange den virkning af tvivl og uvished om hvad der faktisk er set i THE FIRM. Men pointen er at denne virkning ikke på nogen måde er knyttet til den formelle beskrivelse der tager udgangspunkt i rumlige forhold. Som vi snart skal se kan denne virkning af tvivl og uvished også afstedkommes af point-of-view-klipning. Der er med andre ord ingen grund til at knytte virkningen af uvished til et rumligt kriterium. Det rumlige kriterium tjener først og fremmest til at identificere og betegne indstillinger, ikke i forhold til at forklare hvad de bliver anvendt til. Hvis man endelig vil benytte Branigans termer er *projektion* måske tættere på virkningen i scenen fra THE FIRM: en tilsyneladende objektiv skildring af filmuniverset tager farve af personens sindsstemning.[11] På en måde bliver Mitchs frygt for at Avery skal opdage øllet, fremstillet i tilten ned på gulvet.

Den ene faktor, der er udeladt i THE FIRM og som normalt er til stede i både point-of-view-klipning og krydsindstillinger, er signaler fra spillet. Det er den afgørende faktor i vores oplevelse af uvished om hvad Hackmans figur egentlig har set. Ved at gøre signaler i spillet afgørende for betydningen af sete genstande opnår man i øvrigt en model der passer på såvel billed- som lydinformationer. Det er tvivlsomt om det lader sig afgøre hvor en mikrofon har været placeret, men det er ofte muligt at afgøre ud fra spillet om en lyd eller en replik er hørt. Funktionalistiske kriterier, baseret på spillet og den generelle forståelse af personens situation, synes bedre end rumlige kriterier at kunne fange virkningen af subjektivitet i en bestemt sammenhæng.

Om en filmskaber vælger at vise en genstand i en point/object-indstilling eller i en indstilling hen over skulderen, kan i mange tilfælde forklares ud fra egenskaber ved det som skal ses. Hvis genstanden for personens blik kigger tilbage på den seende, kan det være uheldigt at vælge point-of-view, fordi den tilbageskuendes blik kan virke prægnant og forekomme at være rettet mod tilskueren, så her vil filmskaberen vælge en indstilling hen over skulderen. Hvis den seende kigger ud over et landskab uden noget til at fange øjet, vil en indstilling hen over skulderen igen give et forankringspunkt for blikket, nemlig skulderen. Funktionelle principper vil således ofte være afgørende for hvilken type af indstillinger filmen er bedst tjent med.

Funktionelle principper lader os i øvrigt vurdere med hvilken sikkerhed stilistiske valg er truffet. I et afsnit af tv-serien THE X-FILES besøger Dana Scully (Gillian Anderson) Muren i Washington til minde om USAs døde i Vietnam-krigen. En mand hun skulle møde, med evnen til at gøre sig usynlig, forsvinder pludseligt bag hende, efter at hun har kunnet høre ham dér. For at skildre hvordan Scully vender sig om og opdager at han ikke er der mere, benytter filmen subjektivt kamera (en bevægelig point/object-indstilling) hvor kameraet fremstiller hendes søgende blik. Man skal holde sig tilbage med at foreslå bedre løsninger idet de ofte er forsøgt af filmskaberne, men umiddelbart ville en indstilling hen over Scullys skulder have været et bedre valg i denne situation. Subjektivt kamera fremhæver nemlig *ikke* at manden bag hende har gjort sig usynlig, men fremhæver muren i baggrunden som så er ude af fokus som om Scully var svimmel. Tanken har sikkert været at der er stillet skarpt på mellemgrunden, dér hvor manden skulle have været, men her er der naturligvis kun gennemsigtig luft at kigge på. At dømme efter spillet og den forudgående handling lægger Scully ikke mærke til muren, og hun synes heller ikke svimmel, så det trufne valg er med andre ord udtryk for usikkerhed hos den der har placeret kameraet. Hendes oplevelse af at han pludselig forsvinder, er blevet usynlig, ville være bedre gengivet ved at inkludere hende i billedet, så den tomme plads i hendes nærhed ville blive rumligt forankret. Hvis kameraet også havde været placeret over hende, ville vi kun lægge mærke til den tomme asfalt i hendes umiddelbare nærhed, ikke en mur langt væk.

Eksemplet viser at indstillinger i en film, uanset om de beskrives som over-skulderen eller point/object, i sig selv blot gengiver en figurs synsretning, og hvis der skildres noget ekstra, fx hvad figuren ser, afhænger det af sammenhængen og andre valg.

SPILLET FÅR BETYDNING: NOËL CARROLLS TEORI OM POINT-OF-VIEW-KLIPNING

I forrige afsnit forsøgte jeg at imødegå modellen fra Branigan til forståelse af point-of-view-klipning. At hans model, der fokuserer på rumlige principper, ikke er adækvat, behøver imidlertid ikke at betyde at man må nøjes med konkrete analyser, at man altid kun udtaler sig om en enkelt film ad gangen. Følsomhed over for særlige omstændigheder er i sig selv et gode, men bør omvendt heller ikke skygge for at der kan være generelle træk ved fx måden som point-of-view-klipning fungerer på. Det er blot et spørgsmål om at formulere disse træk så de også passer til de lidt skæve tilfælde.

Problemet i teorier om point-of-view-klipning er at den ene del af figuren, ansigtet, har været udeladt af overvejelserne. Det er der sikkert flere grunde til, men én er den vægt et eksperiment af Lev Kuleshov er blevet tillagt. Kuleshov var en russisk instruktør og filmteoretiker, mest kendt for, mens han var ved Moskva Film Studierne, at have foretaget eksperimenter med klipning på blikretninger. Et offscreen-blik blev klippet sammen med et andet billede, hvorved det fremstod som om indholdet i det andet billede blev set af personen. Særligt kendt er eksperimentet der involverer den dengang berømte Ivan Mosjukin – lidt paradoksalt, eftersom det er det eneste af tre eksperimenter, som man ikke har dokumentation for faktisk eksisterede. Omvendt giver fundet af de to andre eksperimenter ikke grund til at tro at det tredje skulle være ren fiktion.[12] Eksperimentet med Mosjukin antages af mange filmteoretikere at vise hvordan betydningen af et ansigtsudtryk er en konsekvens af hvilken sammenhæng det indgår i i kraft af klipning. Eksperimentet bestod af tre sekvenser, der gentog den samme indstilling af et ansigt sammen med tre forskellige indstillinger – af en tallerken med suppe på et bord, en kiste med en død kvinde og en lille pige der leger med en bamse[13] – hvorefter ansigtet synes at udtrykke noget forskelligt, hhv. sult, sorg, medfølelse. Denne virkning, kaldt *Kuleshov-effekten*, er der næppe nogen grund til at stille spørgsmålstegn ved, og kan opsummeres således: Genstanden for personens blik påvirker vores forståelse af personens oplevelse.

Problemet er at man er gået videre og har ment at eksperimentet skulle demonstrere, at skuespillerens ansigt kan være udtryksløst. Som det hedder i én udlægning af eksperimentet: "An actor's inexpressive off-screen glance was intercut with various objects, thus creating the illusion that he was emoting."[14] Denne udlægning undervurderer ganske betydningen af ansigtsudtrykket, ikke blot generelt i point-of-view-klipning, men formentlig også i Kuleshovs eksperiment. Man véd at Kuleshov må have stykket eksperimentet sammen af allerede eksisterende materiale, som han havde adgang til på sin arbejdsplads, idet Ivan Mosjukin på dette tidspunkt var flygtet fra Rusland på grund af Revolutionen.[15] Da der sikkert har været tale om nærbilleder for at etablere et off-screen-blik, har man næppe samtidig kunnet finde ligefrem udtryksløse optagelser af Mosjukin. Hvis Mosjukin – som jeg har set i et par film og ikke ville karakterisere som underspillet – er blevet optaget i nærbilleder til brug i en film, har han efter alt at dømme virket udtryksfuld. Nærbilledet af ansigtet har fra starten været rettet mod en genstand, noget set eller hændt, af betydning for Mosjukins rolle, men så kan det godt være at Kuleshov har søgt og fundet meget generelle ansigtsudtryk, fx en bevæget, eftertænksom eller trist skuespiller. Under alle omstændigheder er det ikke rimeligt at slutte at blot fordi klipning er af betydning, så må spillet være uden betydning. Det er heller ikke rimeligt at slutte at Kuleshov generelt var uinteresseret i spillets betydning.[16]

Efter disse bemærkninger om et eksperiment der har tjent som rationale for at afvise spillets bidrag, er det tid at vende sig mod Noël Carrolls artikel "Toward a Theory of Point-of-View Editing: Communication, Emotion, and the Movies." Her fremstilles en teori, der anerkender begge dele af point-of-view-klipning, såvel ansigtet som det sete. Carroll tildeler spillet to funktioner. For det første peger indstillingen af ansigtet på en følelseskategori (fx vrede, overraskelse, frygt, interesse osv.), for det andet cuer indstillingen tilskueren til at søge efter bestemte egenskaber ved det sete. *Cuing* angiver at måden hvorpå vores tænkning almindeligvis fungerer udnyttes i måden som filmen er udformet. Tilskueren forventer en kausal sammenhæng mellem reaktioner og noget set, og i samme øjeblik tilskueren genkender en type af reaktion i personens ansigt, vil det præge forståelsen af den efterfølgende indstilling, point/object-indstillingen:

> When the point/object shot arrives, the viewer will survey it in terms of those features of the situation that appropriately correspond to the kinds of emotions the point/glance shot makes available. The point glance/shot, in other words, provides a rough guide to what is salient, emotionally speaking, in the point/object shot.[17]

Uden information i skuespillerens ansigt, i point/glance-indstillingen, er det ikke givet hvad personen lægger mærke til i point/object-indstillingen. Betydningen af en set genstand er ikke-entydig, men ansigtsudtrykket kommunikerer i brede baner, guider os henimod, genstandens betydning for personen. Carroll giver et pædagogisk eksempel med en zombie: det er personens afsky udtrykt i ansigtet, der får os til at lægge mærke til de åbne sår på zombiens krop frem for mærket på zombiens bukser.[18] Med andre ord: Dét at den ene indstilling følger efter den anden i point-of-view-klipning, giver mulighed for at styre tilskuerens forståelse af point/object-indstillingen.

Signalerne om en persons følelse kommer ikke alene fra personen selv, men også fra den genstand, som følelsen retter sig mod. Følelser er rettede mod en genstand eller, som det også hedder, de er *intentionelle*.[19] Den genstand som de er rettede mod *specificerer* og *fokuserer* følelsen der blot var peget på i ansigtet:

> My hypothesis is that the function of the point/object shot is to supply the viewer with the cause or object of the character's emotion in order to specify that emotion in a fine-grained way. In point-of-view editing that is devoted to conveying the emotional state of a character, we move from the glance to the target in order to ascertain the particular emotion of the character.[20]

Når der bliver klippet til den sete genstand, bliver følelsen til mere end blot en kategori; den bliver konkret. Som han udtrykker det i et eksempel om frygt der bliver til højdeskræk, når skuespilleren er placeret i stor højde: "The fear etched on Jimmy Stewart's face is not fear *simpliciter*, but vertigo, in the film of the same name."[21]

Jeg skal senere vende tilbage til Carrolls model for hvordan ansigtet kommunikerer en følelse (i kraft af et genkendeligt ansigtsudtryk), men i det store hele er teorien særdeles brugbar. Han opsummerer den således:

> By exploiting certain facts about emotion recognition and about the structure of the emotions, we can hypothesize that character affect is represented in point-of-view editing through reciprocal, functional relationships between the point/glance shot and the point/object shot such that the point/glance shot sets the range of the relevant emotions and guides the reception of the point/object shot, while the point/object shot focuses or specifies the particular emotion represented.[22]

Indstillingen af den sete genstand (point/object) fokuserer/specificerer den type af følelse, som ansigtsudtrykket peger på. Indstillingen af ansigtet (point/glance) cuer tilskueren til at lægge mærke til bestemte egenskaber ved blikkets genstand. Desuden peges der i indstillingen af ansigtet på et relativt snævert område af følelser ved at vi genkender et ansigtsudtryk. Her bygger han på undersøgelser på tværs af kulturer, hvor de samme ansigtsudtryk er blevet genkendt som udtryk for de samme følelser.

Det er indlysende at både genstanden for blikket og signaler i spillet må være betydningsfulde for at bibringe tilskueren en forståelse af personens oplevelse. Men Carrolls fortjeneste er at han forsøger en systematisk beskrivelse af de mekanismer der sigtes til med Kuleshov-effekten. En følelse og dens genstand forbindes i point-of-view-klipning med et ansigtsudtryk/off-screen-blik og dets mål. Der er tale om en underliggende mekanisme, der – som vi skal se nedenfor – er tilstrækkelig generel til at forklare også atypiske variationer.

POINT-OF-VIEW-KLIPNING I ROBERTO ROSSELLINIS VIAGGIO IN ITALIA

En film, der i udpræget grad varierer point-of-view-klipningen og formår at opnå en række forskellige virkninger af grundlæggende samme struktur, point-of-view-klipning, er Roberto Rossellinis VIAGGIO IN ITALIA (1953; REJSE I ITALIEN). Filmen er blevet set som central for en ny type film i efterkrigstiden, den moderne film, og dens position i filmhistorien skyldes udelukkende de franske filmkritikere omkring *Cahiers du Cinéma*, André Bazin, Eric Rohmer, François Truffaut og Jacques Rivette.[23] Således sammenlignede Rivette filmen med Matisses billedkunst og mente at Rossellini opnåede sine virkninger ved også at afvige fra princippet om et centrum, bl.a. ved bevæge sig mellem stabilitet og ustabilitet.[24] Samtidig beklager han, at han ikke mere præcist kan forklare hvordan disse virkninger opnås – det er en sådan forklaring jeg skal forsøge mig med i det følgende (hjulpet af videoen som de franske kritikere ikke havde til rådighed for næranalyser).

Hovedpersonerne er ægteparret Catherine og Alex Baxter, spillet af Ingrid Bergman og George Sanders, der kommer til Napoli for at afhænde en arvet villa. Da de nu tilbringer en masse tid sammen i nye omgivelser, viser en ægteskabelig konflikt sig. De sårer og misforstår på skift hinanden, og selv om de forsøger at tilbringe tid hver for sig, løser det ikke problemet. De bliver enige om en skilsmisse, men – efter at have besøgt Pompeji sammen og tilfældigt havne midt i et religiøst optog – finder de sammen igen i filmens slutning og erklærer at de elsker hinanden.

En af virkningerne af point-of-view-klipning er indtrykket af delt eller ufokuseret opmærksomhed hos Ingrid Bergmans figur, Catherine. Indtrykket er et resultat af at filmen klipper til figurer, grupper eller døde genstande, *selv om de tilsyneladende kun optager hende et kort øjeblik eller slet ikke.* Blikket så at sige hviler på en genstand, mens hun måske tænker på noget andet, men alligevel klippes der til genstanden for hendes blik. Det sker først og fremmest i de scener, hvor hun sidder i bilen, og dét der fremmer indtrykket af at blikkets genstand ikke udgør genstanden for hendes opmærksomhed, er: (i) Tilfældig timing. Bergman ser hele tiden ud gennem bilens vindue, og tidspunktet for klippet til point/object-indstillingen er ikke signaleret ved fx et fæstnet blik. (ii) Ingen reaktion på det sete i Bergmans spil, hverken før eller efter point/object-indstillingen. (iii) Signaler i scenen om at hendes opmærksomhed er på noget andet, oftest konflikten med ægtemanden. På en biltur skælder hun således ud på ham i en replik selv om hun er alene, og i reglen følger skildringen af tilfældigt sete genstande efter et skænderi med manden. Ligeledes associerer hun på museumsbesøg tilsyneladende fra statuer til ham. (iv) Kameraet fastholder ikke enkelte genstande i point/object-indstillingen, men bevæger sig snarere hen over dem. Dette fremhæver synsaktiviteten som sådan frem for de genstande, den er gearet mod at fremstille for vores bevidsthed.

Dét der først og fremmest signalerer at Bergmans figur ikke er fuldt opmærksom på genstanden for hendes blik, trods klippet til genstanden, er spillet. Hendes eneste reaktion er et fæstnet blik, og nogle gange er end ikke dét til stede. Nogle gange er det først i indstillingen af hendes ansigt for anden gang, *efter* at vi har set genstanden, at reaktionen kommer. Således da hun pludselig synes bevæget af et religiøst optog (på vej ud at kigge på nogle huler), hvor en kvinde i skygge kigger på hende – Bergmans figur synes med ét påvirket af synet af den tilfældige kvinde.

I de indtil nu diskuterede eksempler har der kun været en lille ubalance mellem den figurernes opmærksomhed, at dømme efter spillet, og det forhold at en point/object-indstilling tager tilskuerens opmærksomhed. Det at der klippes til en ny indstilling, er i sig selv opmærksomhedskrævende, og især i billederne af mennesker i Napoli (i mindre grad billeder af landskaber), fanger indholdet af indstillingerne vores opmærksomhed. Ubalancen bliver større i filmens slutning hvor point-of-view-klipning har en central placering. Da ægteparret er blevet skilt fra hinanden på grund af et optog på gaden, får dét at de finder sammen igen dem til spontant at erklære hinanden deres kærlighed. På dette højdepunkt i filmen, de har lige fundet sammen og skal til at kysse, klipper filmen til noget der et øjeblik optager deres opmærksomhed – det religiøse optog hvor en tilfældig mand svinger sine krykker over hovedet. Da vi igen klipper til dem, tøver de, for så at kysse. André Bazin hæftede sig netop ved denne indstilling – han mente ikke at ægteparret nødvendigvis lagde mærke til det mirakel der er antydet ved manden med de løftede krykker. I stedet så Bazin det som instruktørens kommentar til filmuniverset.[25] Tolkningen repræsenterer en nærliggende strategi for at give en ellers umotiveret point-of-view-klipning mening; at søge et budskab uden for filmuniverset for at motivere en underlighed. Hele den dramatiske opbygnings virkning er ødelagt hos tilskueren, også selv om det kyssende par hurtigt falder ind i den ømme situation igen.

I stedet for at finde en kilde til underligheden, kan man også forsøge at forklare den som perceptuel virkning. Uklarheden om hvad den sete genstand betyder for hovedpersonen, er den ene og i denne sammenhæng vigtigste funktion af point-of-view-klipningen. Vores opmærksomhed er på tidspunktet for point/object-indstillingen forstærket, og manden med krykkerne optager følgelig hele vores opmærksomhed, men vi finder ikke ud af hvad han betyder for hovedpersonerne, fx ved en replik, da filmen klipper tilbage til dem. Efterfølgende oplever vi ikke deres kærlighedserklæring som overbevisende; den har et skær af påtagethed. Det er dette indtryk af deres kærlige omfavnelse der i første omgang er virkningen hos tilskueren, uanset hvad der så har været af personlige motiver hos Rossellini.

Lige så påfaldende er imidlertid en rumlig forvirring i en anden scene. Da ægteparret først ankommer til den arvede villa og vises rundt, er sekvensen skildret så vi får indtryk af at hovedpersonerne ikke når at se noget. Den rumlige forvirring er mest udtalt da husbestyreren Burton udpeger udsigtsmål på terrassen. Her klippes blandt andet til en point/object-indstilling, selv om Bergmans hoved stadig er i bevægelse. I denne indstilling, der tjener som point/glance-indstilling, er flere personers blikretninger til stede og den manglende synkronicitet mellem deres blikke fremmes af forskellig gestik, og resultatet er at point/glance indstillingen ikke får os til at forme spørgsmålet "hvad ses?" Tilskuerens perception overbelastes, ikke ulig hovedpersonens. Tilsvarende forvirres vi i korte øjeblikke, da Bergman vises rundt på et museum med antikke statuer. Mens vi konstant hører guiden tale off-screen, klipper filmen fra Bergmans blik til, må vi tro, subjektivt kamera, der bevæger sig rundt om statuen – hvorefter hun dukker op igen i billedet. Der var alligevel ikke tale om subjektivt kamera. Øjeblikket efter, som for at undgå at vi vænnes til noget andet, fungerer en indstilling der er signaleret som subjektivt kamera, igen som en sådan.

Rivettes karakteristik af filmen som moderne og hans sammenligning med asymmetriske og ustabile kompositioner hos Matisse er ikke misvisende. Navnlig hvis man med begrebet *moderne film* forstår mere end blot samtidige film, men en særlig type film der beskæftiger sig med psykologiske konsekvenser af det moderne samfund. I Viaggio in Italia skildres skænderierne mellem ægtefællerne så vi ikke forstår baggrunden – at dén der sårer blev såret i forrige scene – idet filmen afviger fra at skildre og opbygge en konflikt på traditionel vis.[26] I stedet følger vi så og får til overflod skildret hovedpersonens reaktioner på tilfældige udflugter. Hvis man som en psykologisk konsekvens af det moderne samfund mener oplevelsen af flygtighed og manglende evne til at relatere til dét der fylder ens opmærksomhed, så er der tale om en moderne film. Der sker en slags decentrering af filmens fokus, og den tjener til at give indtrykket af hvad Niels Jensen har kaldt den moderne films mål, "en følelsesmæssig fattigdom og usikkerhed."[27]

Disse manipulationer af tilskuerens perception af forholdet mellem genstand og den kiggende person, er ikke umiddelbart tydelige og vil heller ikke være det, hvis man blot inspicerer sin bevidsthed for indtryk. I Viaggio in Italia kræver det et fokus på point-of-view-klipningen som sådan, dens underliggende mekanismer skal teoretiseres, for at forstå vores oplevelse. Man kan ikke på fænomenologisk vis antage at genstandene i sig selv indeholder sandheden om vores oplevelse idet der er tale om egenskaber ved vores perception. Man kan heller ikke alene forstå hvad der opnås ved point-of-view-klipningen i denne film ved at se tilskuerens forståelse som baseret på en motiveringsproces. Tanken om at vi søger et motiv for stilistiske valg, fx en slutningsproces a la "sådan er virkeligheden – her *ser* vi heller ikke altid dét der er i vores synsfelt," altså en realistisk motivering, forklarer ikke hvad der sker på et lavere perceptuelt niveau.[28] Der er i første omgang tale om at vi *oplever* genstandene på en bestemt måde, i dette tilfælde som uklare, og i anden omgang, på et højere niveau i tænkningen, kommer så kognitive virkninger som motivering. Det samme gælder fortolkninger hvor vi antager at der ligger et symbol eller budskab gemt i uklarheden; de forklarer ikke *hvordan* virkningen af uvished, desorientering og underlighed er tilvejebragt hos tilskueren.

KAMERAINDSTILLINGER: SUBJEKT- ELLER OBJEKTBESKRIVENDE

Pointen fra de to analyser ovenfor er at man ikke kan antage at en bestemt brug, fx til subjektivering, nødvendigvis følger af hvor kameraet har været placeret i rummet. I almindelighed lader både point/object-indstillinger såvel som indstillinger hen over figurens skulder os se hvad figuren kan have reageret på i indstillinger af ansigtet, point/glance-indstillingen. Men i nogle tilfælde tjener kameraet ikke til at skildre hvad der er blevet set, men *hvordan* det er blevet set, dvs. egenskaber ved synsprocessen fremstilles også. Vi så noget tilsvarende i den indledende diskussion af flashback: også her krævedes der at det erindrede blev markeret på en bestemt måde for at fremstå som om en figur erindrer dem, for ellers kommer flashbacket til at fungere som en anledning til at springe tilbage i tid.

Skellet mellem om den enkelte kameraindstilling tjener til at beskrive det sete i sig selv eller måden det ses på, kan gribes med skellet mellem subjekt- og objektbeskrivende. En sådan forklaring lægger sig i forlængelse af en tanke hos synsteoretikeren David Marr. For at forklare det fænomen at vi kan genkende genstande fra nye vinkler hvorfra vi aldrig før har set dem og under lysforhold hvor de heller ikke nødvendigvis har optrådt før, opstillede Marr den teori at vi mentalt har tredimensionale beskrivelser gemt i hukommelsen, kaldt *objektcentrerede*.[29] Disse er uafhængige af bestemte vinkler og gør at vi kan genkende fra nye vinkler, afstande, lysforhold – forhold der betyder at en genstand aldrig optræder på samme måde to gange på nethinden. Alternativet i Marrs synsteori er todimensionale beskrivelser, kaldt *subjektcentrerede*, dvs. genstanden som set fra en bestemt vinkel på den måde som den må optræde på nethinden. Skellet er blevet anvendt af filmteoretikeren Torben Grodal til at forklare hvordan forskellige indstillinger af den samme scene, den samme kontinuerlige handling, ikke opleves som selvstændige "syn," fordi de tjener til at udbygge tilskuerens objektcentrerede beskrivelse.[30] Den information som vi trækker ud af en indstilling, er ikke nødvendigvis knyttet til den vinkel som muliggør informationen.

Jeg vil her forfølge den tanke at indstillinger i en film, uafhængigt af den rumlige placering "inden i" eller "uden for" en figur, kan fungere såvel objekt- som subjektbeskrivende.[31] Skellet mellem subjekt- og objektbeskrivende kan bedre end dét mellem intern og ekstern fokalisering forklare måden subjektiverende teknikker fungerer på. Det tillader en større overenstemmelse med måden de forskellige greb opleves i bestemte sammenhænge og favoriserer ikke på forhånd nogle som særligt subjektiverende, uafhængigt af spillet og andre stilvalg.

Ofte skyder den kendsgerning at film er fotograferede fra bestemte synspunkter sig i baggrunden. Når vores opmærksomhed således er på egenskaber ved fiktionsuniverset, kan man sige at indstillinger fungerer *objektbeskrivende*. Når det ikke er tilfældet – når en persons, en fotografs eller anden filmskabers mellemkomst er nødvendig for at forstå indstillingen – fungerer den *subjektbeskrivende*. Særlig interessant er dette skel fordi det ikke skelner hårdt mellem om det er en person i fiktionsuniverset, der har afstedkommet fx et rystet kamera, eller en udenfor, fx fotografen. Bevidstheden om at der er en fotograf, et menneske bag kameraet, kan medvirke til indtrykket af realisme, af at begivenheder udfolder sig så spontant at fotografen knap kan følge med, men denne bevidsthed ødelægger ikke nødvendigvis oplevelsen af fiktionsuniverset. Forklaringen kan være at det håndholdte kamera også fungerer objektbeskrivende samtidig med at det tjener til at beskrive måden hvorpå fotografen fanger handlingen. Den ene funktion udelukker ikke den anden. Subjektivitet fra det håndholdt kamera påvirker ikke nødvendigvis vores oplevelse af handlingen i fiktionsuniverset, af hvad figurerne oplever.

Hvis et flashback skal fremstå som en subjektcentreret beskrivelse af noget erindret, kræver det særlige greb. Film kan opnå komiske virkninger ved at lade en mundtlig fortæller få indflydelse på handlingen, men at vi bliver overraskede og griner, i det mindste første gang, peger netop på at vi ikke på forhånd forventer eller oplever flashback som subjektive fremstillinger. Når fx scener i Orson Welles' CITIZEN KANE (1941), hvor alene titelpersonen og hustruen, men *ikke* den erindrende, Leland (Joseph Cotten) har været til stede, ikke opleves som paradoksale, så er det udtryk for at flashback alt andet lige opleves som en objektcentreret fremstilling. Vi oplever i udgangspunktet et flashback som en anledning til at se hvad der faktisk skete. Der er kun tilsyneladende tale om et paradoks, afstedkommet af en forkert model fra teoretikerens side; det opleves ikke som et paradoks med mindre man formår at fastholde sin ide om at flashback bør være subjektivt.

Hvad der opnås ved at vælge en subjektcentreret beskrivelse må komme an på en nærmere analyse. Ét formål kan som i det subjektive kamera være at få os til at slutte, at en persons syn svigter pga. svimmelhed eller hallucinationer, et andet som i det håndholdte kamera at fotografen har måttet skynde sig for at få alt med. Som vi så med FBI-agenten Dana Scully fra THE X-FILES, der med et sløret blik kiggede på muren i Washington, er det ikke altid at subjektivt kamera fremmer tilskuerens forståelse af figurens oplevelse. Omvendt viser THE FIRM og VIAGGIO IN ITALIA hvordan uvished om hvorvidt dét vi ser i en indstilling, uafhængigt af om det er en kryds- eller point/object-indstilling, også svarer til dét en person ser, kan være værd at stræbe efter, enten for at skabe uvished og større spænding eller for at befordre en oplevelse af flygtighed og decentrering.

En bestemt egenskab ved det subjektive kamera, at vi ikke ser den seende, kan udnyttes af andre grunde. Det kan være *personens identitet*, der skal skjules som i en scene af Richard Marquands JAGGED EDGE (1985), hvor et mord bliver skildret med kameraet som morderens blik. En særlig opfindsom brug af subjektivt kamera finder vi i Paul Verhoevens ROBOCOP (1987), hvor en person i en periode er død, og vi ser hospitalet og andre personer med kameraet som den dødes opadvendte blik. Havde vi alternativt fokuseret på den dødes ansigt ville det formentlig være sværere for os at tro på transformeringen til robot – markeret med linier og "sne" i det subjektive kamera som på en computer- eller tv-skærm. Også i Carl Th. Dreyers VAMPYR (1932) og Roman Polanskis MACBETH (1971) kan man på et tidspunkt "se" med den dødes øjne – hhv. fra en kiste og et i luften frit svævende, afhugget hoved! Også her kan man beskrive virkningen som den at animere en død, at give indtryk af at synsprocesser fungerer, samtidig med at vi udefra set får indtryk af den døde som netop død.

Et tredje formål kan være at skjule eller sløre, *om der er én til stede eller ej.* Her antydes det at en indstilling, fordi kameraet bevæger sig eller er underligt placeret, repræsenterer en seende. Et eksempel er Steven Spielbergs JAWS (1975), hvor et bevægeligt kamera under vandet antyder tilstedeværelsen af en seende, nemlig en haj. Noël Carroll har kaldt dét, der svarer til denne funktion for *unassigned camera movement* som han især har fundet i horrorfilmen.[32] Funktionen er den at vi aner, eller rettere frygter, at en kamerabevægelse er udtryk for at personen i billedet, i en situation hvor denne tror sig uset, bliver kigget på og måske nærmet af en mystisk kiggende. At vi er tvivl om der er en til stede eller ej har en uheldig og blokerende virkning i Robert Montgomerys LADY IN THE LAKE (1947) hvor alene replikker og røg fra en cigaret peger på at det er tilfældet – vi ser ikke den seende, hovedpersonen. Også andre faktorer end bevægelse kan antyde et blik, fx en ellers underlig vinkel eller billedkomposition. Det er tilfældet i Alan Pakulas KLUTE (1971), hvor tilskueren først et stykke inde i filmen får vished for, at der oppe på taget – hvorfra vi flere gange har set ned på Jane Fonda gennem ovenlysvinduer – har siddet én og iagttaget hende.

Man kan forestille sig at der måske er belæg for indre/ydre-modellen, når det kommer til verbale udsagn. Fx kan personen tænke højt eller direkte meddele sig til tilskueren som i teknikkerne *indre monolog* og *voice-over.* Her skal man imidlertid huske at disse figurer i kraft af stemmen fra starten er knyttet til et subjekt, den talende.[33] En voice-over i form af en førstepersonsfortæller kommunikerer fra starten at det hørte er afhængig af én der fortæller, og er i denne forstand en subjektcentreret beskrivelse.

NATURLIGE FORUDSÆTNINGER HOS TILSKUEREN

Ovenfor foreslog jeg at forhold ved den måde som synet fungerer på, kan forklare hvorfor det er muligt at indstillinger som man på baggrund af den formelle beskrivelse skulle synes var subjektiverende, ikke behøver at fungere som sådan. Som vi så med VIAGGIO IN ITALIA kan vi opleve den kiggende som åndsfraværende til trods for at der benyttes almindelig point-of-view-klipning. Omvendt, som vi så med THE FIRM, kan også en krydsindstilling antyde se-aktivitet på en måde der ligner det subjektive kamera. Hvis man antager at kameraindstillinger kan give information på samme måde som vores syn, er der ikke noget problem ved skellet mellem subjekt- og objektcentreret indstilling. Men præmissen for denne forklaring er at vi trækker information ud af indstillingerne på grundlæggende samme måde som vi trækker information ud af ikke-medierede syn.

I den omtalte indstilling fra THE X-FILES hvor Gilian Anderson vender sig om og opdager at manden bag hende er væk, fremstilles hendes blik som sløret og søgende. Her er tale om en subjektcentreret gengivelse, hvor måden hun ser på påvirker fremstillingen. Branigan kalder denne type indstilling *perceptual shot*, det gængse danske udtryk er *subjektivt kamera*. Ligeledes er det muligt at mime personens tårer med vand uden på linsen eller for den sags skyld at personen ser dobbelt ved hjælp af optiske tricks.[34] Branigan anskuer *fraværet* af særlige perceptuelle omstændigheder som en fremstilling af, eller et signal om, almindelig bevidsthed.[35] I den almindelige point/object-indstilling er fraværet af fx slør og rystelser således signal om normal bevidsthed. På grund af forpligtelsen til et rumligt kriterium antages indstillingen stadig at være subjektiv hvorefter han ræsonnerer at fraværet af særlige perceptuelle omstændigheder er positivt signal om en særlig betingelse hvorunder genstanden opleves, nemlig almindelig bevidsthed. Min forklaring ovenfor lyder at den almindelige point/object-indstilling ikke beskriver noget ved figuren, men blot fungerer beskrivende i forhold til den sete genstand, uafhængigt af måden og vilkåret hvorunder det ses.

Grunden til at Branigan ser fraværet af subjektiverende træk som udtryk for et signal om normal bevidsthed er formentlig en præmis om at point-of-view-klipning bygger på tillærte og vilkårlige konventioner. Når først vilkårlige konventioner antages at ligge bag, er der ikke langt til at slutte at der er et positivt signal indbygget i at undlade at lade synsprocessen gribe ind i fremstillingen. Der er, påpeger Branigan, intet naturligt ved at klippe fra et off-screen blik og til det sete,[36] og det er lige nøjagtig denne antagelse Carroll modsiger i sin teori. Point-of-view-klipning udnytter en naturlig tendens hos tilskuere til at følge et blik til dets mål.[37] Point-of-view-klipning bygger på strukturen i den måde som vores opmærksomhed skifter mål. Derfor er den ikke alene let tilgængelig på tværs af kulturer, men "almost irresistible" som det hedder hos Carroll sammesteds. Det forklarer ifølge Carroll hvorfor man kan finde eksempler på at de rumlige forhold og blikretninger ikke overholdes i point-of-view-klipningen, uden at det ødelægger forståeligheden.[38]

Siden Branigan benyttede konventionstanken har forskning markant øget forståelsen af det menneskelige syn. Forsøg med at vise indtil da uindviede i medieverdenen en film og andre fotografiske gengivelser, demonstrerer at mennesket uden tillæring kan genkende og forstå visuelle fremstillinger.[39] Også forståelsen af strukturer som point-of-view-klipning og flashback synes, som Carroll har påpeget i sin teori, at bygge på almindelige kognitive færdigheder sammen med erfaringer fra sociale sammenhænge.[40] Undersøgelser der viser at børn ned til tre-fireårsalderen opfatter det at en anden kigger væk eller opad som udtryk for at vedkommende tænker på en indadvendt måde, antyder at slutninger der ligner forståelsen af flashback er universelle menneskelige færdigheder der blot kræver en vis kognitiv udvikling.[41]

Omvendt er det uholdbart at undervurdere betydningen af erhvervet viden og færdigheder, men spørgsmålet kan omformuleres som et spørgsmål om naturligt tilegnet viden og en mere film- eller kulturspecifik viden. Carrolls pointe i den allerede omtalte artikel, siden uddybet i en bog hvor han gør op med de almindelige tilgange til populærkunst, kaldt *massekunsten*, er at den gennem teknikker som point-of-view-klipning og brug af bestemte temaer og narrative strukturer er umiddelbart tilgængelig for mennesker.[42] Den bygger på universelle, kognitive færdigheder hos mennesket i sammenhæng med en viden der tilegnes naturligt gennem omgang med andre. Det betyder naturligvis ikke at nogle genrer og typer ikke bygger på ikke-naturligt tilegnede færdigheder. Avantgardistisk filmkunst synes at kræve en viden og kognitive færdigheder der ikke synes opnået ved mediumspecifik kontakt, men også fra litteratur, billedkunst, osv.[43] Generelt synes film at bygge på viden og færdigheder der tilegnes naturligt på bestemte udviklingstrin. For eksempel afhænger det skræmmende i film og tv-programmer i høj grad af alderen; små børn bliver bange for det farligt udseende, ældre børn også for mere abstrakte trusler.[44] Samtidig beror bestemte virkninger som parodi på snævre kulturelle forudsætninger, at vi kender den film eller den genre der parodieres, og i den udstrækning at en hel genre gør brug af de samme teknikker igen og igen, kan en film som Wes Cravens SCREAM (1997) spille på et udbredt kendskab til genren.[45] Samtidig er det muligt at klippe- og kamerateknikker der i populærfimen anvendes på en let tilgængelig måde, kan anvendes på en måde der kræver en særlig erfaring for at give mening.[46]

Med andre ord er vores forståelse af visuel perception udbygget væsentligt i forhold til starten af 1980erne. Gentagelsen af bestemte indholds- og formmæssige egenskaber i film, fx point-of-view-klipning, kan i mange tilfælde forklares ved en sammenhæng med den måde vores perception, tænkning og følelser naturligt fungerer. Det forklarer ikke hvordan de er kommet ind i filmen; her må man ty til produktionsomstændighederne, perioden, institutionelle og personlige forhold. Men hvis man vil forklare deres virkninger hos tilskueren er det oplagt at søge en sammenhæng mellem på den ene side gentagne indholds- og formmæssige egenskaber og på den anden side egenskaber ved menneskelig tænkning, perception og følelser.

Det er mest tydeligt ved måden vi opdager bevægelse i en film. Her udnyttes dét at øjets nethinde trækker information på bestemte måder. En bevægelse kan i film fremstilles så den ligner virkelighedens. Når filmen er blevet optaget med 24 enkeltbilleder i sekundet, og efterfølgende afspilles med 24 enkeltbilleder i sekundet, så vil vi ikke være i stand til at opdage at der hele tiden er kommet et nyt billede på. Tidligere forklarede man fænomenet med at øjet var *trægt* siden det ikke kunne opdage at der var kommet et nyt billede til, men en bedre forklaring tager udgangspunkt i tanken om synet som en opdagelse og registrering af *varianser* og *invarianser* i synsfeltet.[47] Når vi ikke opdager skiftet fra det ene billede til det næste, men oplever det som om vi ser ét billede med bevægelse, skyldes det at mange elementer er invariante i forhold til det forrige. Filmen er i dette perspektiv en opfindelse der udnytter bestemte egenskaber ved det menneskelige syn til at få filmiske gengivelser til i mange henseender at fremtræde som de ville i virkeligheden. Det er baggrunden for at kameraets indstillinger kan opleves som objektcentrede – og baggrunden for den oplevelse af realisme som klassiske filmteoretikere som Sigfried Kracauer og André Bazin er eksponenter for.

Der er flere fordele ved dette syn på perception af filmbilledet – som man kan kalde *naturalistisk* eller, efter psykologen J.J. Gibson, *økologisk*. Én fordel er at den også forklarer det "hop" vi registrerer i *jumpcut*'et. Det kan synes en smule vilkårligt, at man kan klippe ét enkeltbillede ud af en sammenhæng uden at vi opdager noget, men ikke tre (svarende til 3/24 sekund). Det kan virke mærkeligt at man skal variere vinklen i continuity-klipning, fra en indstilling til den næste, omkring de tyve grader for at vi ser et *klip* og ikke et *hop*. Den bedste forklaring, foreslået af Joseph Anderson, er at perceptionen af varianter og invarianter registrerer bevægelsen før den opdager klippet. Vi oplever det som om motivet gør et spring fordi vi opdager en bevægelse før en finere behandling af synsindtrykkene fortæller os brøkdelen af et sekund senere at der er tale om et klip. I naturlig perception, når vi bevæger os rundt i en tredimensionel verden, er det information fra kroppen, fx om at vi drejer hovedet eller blinker, der undgår at verden "hopper" eller "panorerer" trods øjets mange små bevægelser. Et forsøg viser hvordan vi ser med *hele* kroppen, ikke kun øjnene. Det er således lykkedes forskere at give en forsøgspersons hjerne falsk information fra halsen om en hoveddrejning, hvilket resulterede i at personens øje bevægede sig som forsøgte det at fastholde blikkets genstand ved at kompensere for "bevægelsen."[48] Man kan sige at i kraft af informationen om den falske hoveddrejning blev det oplevet som om den sete genstand bevægede sig med blikfeltet rundt.[49]

Bemærk at denne tanke om at noget er en *naturlig* menneskelig egenskab, fx ved perception, ikke beror på skellet mellem medfødt og tillært, arv og miljø. Naturlige færdigheder forudsætter ofte en bestemt stimulering i miljøet for at kunne udvikles. Blot det at kunne *se* forudsætter tilsyneladende en vedvarende stimulering for at blive opretholdt, det at lære sprog forudsætter at man præsenteres for sproglige ytringer, men begge dele foregår automatisk ved mødet med et bestemt miljø (hvor der er lys og bevægelser, og hvor der tales). Det er måske mest overraskende i forhold til indlæringen af sproget at den foregår automatisk og uvillet hos børn op til syvårsalderen hvorefter den synes at kræve en særlig anstrengelse.[50] Naturlige menneskelige færdigheder kan ses som færdigheder der afhænger både af arv og miljø, dvs. de omstændigheder hvorunder færdigheden udvikles og som færdigheden synes designet i forhold til. For sprogets vedkommende synes den medfødte disposition at være løsningen på at mennesker skal kunne indgå i et højtudviklet kommunikationsfællesskab. At forholdet mellem en færdighed og løsningen af et bestemt problem i mange tilfælde kan være svært at bestemme og delvist vil bygge på gætteri,[51] bør ikke føre filmteoretikeren til at overse de forhold ved filmen der bygger på naturlige, menneskelige færdigheder. Bemærk at *natur* i denne forstand ikke står i modsætning til kulturelle frembringelser. I sig selv kan det at skabe noget uden praktisk nytteværdi, primært for at gøre noget særligt ud af værket, ses og forklares som naturligt for mennesket.[52]

AFRUNDENDE OM SUBJEKTIVERENDE TEKNIKKER

Forståelse i betydningen "adgang til det indre" kommer til kort som andet end en metafor. I det øjeblik filmteoretikeren tager metaforen om indre og ydre bogstaveligt, vil de tilfælde hvor indstillinger eller sekvenser ikke beskriver egenskaber ved synet eller erindringen som sådan, vise teoriens iboende fejl. Når vi siger, at vi kommer ind under huden på filmens personerne, så er det alene en metafor for virkningen, ikke en beskrivelse af hvordan den er skabt. Det skal man holde sig for øje for ikke at komme til systematisk at undervurdere spillets betydning.

Forståelsen af filmens personer kan forklares i en kommunikationsmodel som Noël Carrolls. Her er indstillingen af ansigtet og af det sete tilsammen afgørende. Her beskrives forståelsen af personens oplevelse som en kognitiv proces, som et spørgsmål om naturligt at slutte sig til genstandens betydning for den kiggende. Som vi så med analyserne af THE FIRM og VIAGGIO IN ITALIA er det den mest fleksible model. Det forhold at indstillingerne i point-of-view-klipning og flashback nogle gange fungerer subjektiverende i forhold til figurens oplevelse, andre gange og måske de fleste ikke gør det, kan forklares med skellet mellem den subjekt- og objektbeskrivende indstilling. En præmis for dette skel er at vi på mange måder trækker information ud af kameraets indstilinger på en naturlig måde – dette virker som en rimelig antagelse i lyset af moderne synsteori.

I videre forstand er det et spørgsmål om at flytte udgangspunktet for analysen af subjektiverende teknikker til spillet, eller i hvert fald at inkludere spillet på linje med klipningen. De greb som den traditionelle analyse af subjektiverende teknikker favoriserer, fx flashback eller voice-over, benyttes ikke i nær samme udstrækning som spillet til at bibringe os en forståelse af hvordan figuren oplever sin verden.

Noter

1. Truffaut, *Hitchcock* (rev. udg.), p. 275.
2. Branigan, *Narrative Comprehension and Film*, p. 101.
3. Ibid., p. 103.
4. Ibid., p. 102.
5. Ibid., p. 103.
6. Se Lakoff m.fl., *Metaphors We Live By* og *Philosophy in the Flesh*.
7. Johnson, *The Body in the Mind*, p. 21.
8. Det skal i øvrigt bemærkes at det alene er Branigans anvendelse af fokaliseringsbegrebet som jeg her kritiserer, og denne anvendelse er ikke repræsentativ for hans generelle og nuancerede syn på subjektivitet.
9. Branigan foreslår at point-of-view-klipning inddeles i to typer af indstillinger, point/object og point/glance, svarende til hhv. det sete og nærbilledet af den seende. Ibid., pp. 57f. På dansk foreligger et lignende skel mellem subjektiv indstilling og signalbillede, se Schepelern, *Den fortællende film*, p. 276.
10. Bordwell, *Narration in the Fiction Film*, pp. 117ff.
11. Branigan, *Point-of-View in the Cinema*, pp. 132-38.
12. Se Tsivian, m.fl., "The Rediscovery of a Kuleshov Experiment: A Dossier".
13. Som 68-årig fortalte Kuleshov i et interview at den anden sekvens skulle bestå af en halvnøgen kvinde på en sofa, men som Norman Holland har foreslået er det måske fantasien der her er løbet af med ham. Se Holland, "Film Response from Eye to I: The Kuleshov Experiment", p. 80. Holland kalder eksperimentet en myte, men siden fundet af ét eksperiment og dokumentationen for et andet, så er der næppe belæg for at kalde det tredje en myte. Omvendt er det vigtigt at huske på Kuleshovs eksperimenter som rettet mod pædagogisk brug og at de næppe nogensinde burde været tillagt så stor vægt i filmteoretiske diskussioner som tilfældet er. Se Kristin Thompson i Tsivian, m.fl., "The Rediscovery of a Kuleshov Experiment: A Dossier", p. 359.
14. Naremore, *Acting in the Cinema*, p. 24.
15. Om russiske filmfolks flugt og eksilvirke, se Albéras fremstilling, der herunder også gør rede for Mosjukins vej til exil. Albéra, *Albatros: des russes à Paris, 1919-1929*, p. 76.
16. Kuleshovs tanker om spillet er behandlet i Albéra, *Vers une théorie de l'acteur*.
17. Carroll, "Toward a Theory of Point-of-View Editing", pp. 135f.
18. Ibid., p. 136.

19. Ibid., p. 133.
20. Ibid., p. 134.
21. Ibid., p. 133.
22. Ibid., p. 136.
23. Se især Rivette, "Letter on Rossellini" og Rohmer, "A Land of Miracles".
24. Rivette, "Letter on Rossellini", p. 195.
25. Bazin, "In Defense of Rossellini", p. 100.
26. Se Riis, "Adgangen til karakterens indre liv. En analyse af point-of-view-klipningen i Rossellinis *Rejse i Italien*".
27. Jensen, *Filmkunst*, p. 277. For en diskussion af den moderne film og dens videreudvikling af særlige træk til den postmoderne film, se Schepelern, "Spøgelsets navn – filmen, metakunsten og det postmoderne".
28. I en tidligere analyse af VIAGGIO IN ITALIA, inspireret af den såkaldte neoformalisme, har jeg skelnet mellem to typer af point-of-view-klipning, tematisk og realistisk motiveret. Se Riis, "Adgangen til karakterens indre liv".
29. Marr, *Vision*.
30. Marrs synsteori er anvendt til at forklare hvordan film kan afstedkomme intensiteter, det Barthes kaldte den tredje mening, ved at forstyrre de første trin i processen, Se Grodal, *Moving Pictures*, pp. 52-54. For en dansk introduktion til Marr, se Emmeche, "Synets beregnende natur". For brugen af Marr til forståelse af billedkunsten, bl.a. de forskellige perspektivsystemer, se Willats, *Art and Representation: New Principles in the Analysis of Pictures*.
31. Se Grodal, *Filmoplevelse*, p. 15.
32. Carroll, *The Philosophy of Horror*, p. 155.
33. Branigan mener, at besvarelsen af spørgsmålet om hvorvidt der altid er en fortæller i film (som der uomtvisteligt altid er i litteratur), afhænger af om man vælger en rationalistisk eller empiristisk model. Hvis man vælger den empiristiske model, er der kun fortællere hvor man kan se eller høre dem, men hvis man vælger en rationalistisk, er der fortællere hvis filmen er struktureret – hvad den jo altid er, ligesom i øvrigt malerier og skuespil er det. Se Branigan, *Point-of-View in the Cinema*, p. 168-174. For det modsatte synspunkt, at film grundlæggende ikke er fortællende, men dramatiske, se Tybjerg, "Filmfortælling og filmdrama".
34. Se Branigan, *Point-of-View in the Cinema*, p. 80.
35. Ibid., p. 108.
36. Ibid., p. 73-74.
37. Carroll, "Toward a Theory of Point-of-View Editing", p. 129.
38. Ibid., p. 130.
39. Se Messaris, Visual "Literacy": Image, Mind, and Reality.
40. Se også Carroll, "Film, Attention, and Communication".
41. Cit. in Willats, *Art and Representation*, p. 256.
42. Carroll, *A Philosophy of Mass Art*, p. 196.

43. Se Peterson, *Dreams of Chaos, Visions of Order: Understanding the American Avantgarde Cinema* der skelner mellem tre typer af især procedural viden, knyttet til minimalisme
44. Cantor, "Children's Fright Reactions to Television and Films".
45. Se Haastrup, "Scream – an Intertextual Tale".
46. Se Bordwell, "Convention, Construction, and Cinematic Vision".
47. Se Anderson, *The Reality of Illusion: An Ecological Approach to Cognitive Film Theory* for en længere fremstilling af økologisk perceptionsteoris relevans for film. Termen stammer fra Gibson, *The Ecological Approach to Perception* der tog udgangspunkt i at menneskets syn er resultatet af favoriseringen af et bestemt formål, at det skal kunne befordre handling i og med omgivelserne.
48. Lennerstrand, m.fl., "Properties of eye movements induced by activation of neck muscle proprioceptors".
49. Anderson referer til et tidligere, lignende forsøg, hvor der også manipuleres med information fra kroppen og synet, se kapitel 4, "Some Problems Reconsidered," pp. 54-79, hvor han også afviser tidligere teorier om øjets træghed og *phi*-fænomenet som gyldige forklaringer på hvorfor vi ser en række enkeltbilleder som levende, bevægelige, billeder. For diskussionen af hvorfor nogle klip er usynlige og andre resulterer i et jumpcut, se kap. 6, "Continuity," pp. 90-110, in *Reality of Illusion*.
50. Se Pinker, *The Language Instinct* og *Words and Rules*.
51. Se Buss, m.fl., "Adaptations, Exaptations, and Spandrels".
52. Se Dissanayake, *Homo Aestheticus: Where Art Comes From and Why* og *Art and Intimacy: How the Arts Began*.

Kapitel 3

FORSTÅELSE AF FØLELSER I FILM: FORM ELLER FUNKTION?

Dette kapitel handler om ekspressivitet, dvs. indtrykket af følelser eller følelsesmæssig aktivitet hos den i filmen fremstillede person, figuren. Målet er at opstille en model der tager højde for nuancer i spillet, men også tager højde for betydningen af sammenhængen og omstændighederne.

Indledningsvis vil jeg sætte en funktionalistisk model for ekspressivitet op imod Noël Carrolls lingvistiske. Hos Carroll foregår forståelsen af ekspressivitet ved at udtrykket genkendes – vi forbinder et udtryk med en kategori af følelser på fundamentalt samme vis som vi forbinder et verbalt udtryk med et indhold. Det sker via genkendelse af *formen*. Hos psykologen Nico Frijda er ekspressivitet en funktion af at figuren har ændret sit forhold til sine omgivelser. Man kan sige at Frijdas model fokuserer på *funktionen* af ekspressivitet i den enkelte sammenhæng, fx hvilke handlinger det gør den ekspressive parat til. Afslutningsvis vil jeg se på hvordan man kan forklare betydningen af sammenhængen, dvs. de særlige omstændigheder hvori ekspressivitet indgår. Jeg vil her foreslå en model, også taget fra Frijda, hvor følelser defineres i kraft af handlingsrelevante komponenter af den situation som de retter sig mod.

CARROLLS LINGVISTISKE MODEL FOR KOMMUNIKATION AF FØLELSER

I den allerede omtalte teori om point-of-view-klipning (1993) forsøger Noël Carroll at forklare, hvad der gør film så let tilgængelig, dvs. til hvad han kalder massekunst, og mener at en af grundene er at film benytter sig af en klippeform som point-of-view-klipning. Denne klippeform udnytter universelle og biologiske slutningsprocedurer hos mennesket. Det drejer sig dels om en medfødt tendens til at følge en andens blik til dets mål, dels om nogle ansigtsudtryk, der er universelt forståelige, på tværs af kulturelle skel. Point-of-view-klipning udnytter begge evner hos tilskueren og kommunikerer således figurens følelser i forhold til et bestemt objekt.

Forbindelsen mellem en følelse og dens objekt bliver udnyttet i point-of-view-klipningens to indstillinger af et ansigt og et set objekt:

> By exploiting certain facts about emotion recognition and about the structure of the emotions, we can hypothesize that character affect is represented in point-of-view editing through reciprocal, functional relationships between the point/glance shot and the point/object shot such that the point/glance shot sets the range of the relevant emotions and guides the reception of the point/object shot, while the point/object shot focuses or specifies the particular emotion represented.[1]

Indstillingen af ansigtet (point/glance) har altså funktionerne (i) at pege på en kategori af følelser og (ii) at cue tilskueren til at bemærke bestemte egenskaber ved objektet. Indstillingen af det sete objekt (point/object) har én funktion, (iii) at fokusere/specificere den kategori af følelser, som ansigtsudtrykket peger på. Tilsammen kan man tale om tre funktioner af point-of-view-klipning i forhold til styring af tilskuerens perceptuelle tænkning: udpegning af en kategori af følelser, cuing til bestemte egenskaber ved det sete, fokusering eller specificering af følelseskategorien så den bliver konkret. Jeg vil her vende mig mod den første funktion, ansigtsudtrykkets udpegning af en kategori af følelser.

Carroll bygger på undersøgelser, der tyder på, at visse følelser ikke alene er kommunikérbare på tværs af forskellige kulturer i kraft af samme ansigtsudtryk (p.136), men også medfødte, idet de anvendes af blinde børn (p.138). Han henviser til undersøgelser af hhv. Ekman og Izard, og arrangerer en række følelser parvist for at signalere, at man kan benytte flere ord om fundamentalt samme kategori:

> This is not to say that every imaginable emotion can be transculturally recognized, but only that there is a great deal of convergen-

ce across basic ranges of affect, including interest/excitement, enjoyment/joy, surprise/startle, distress/anguish, disgust/contempt, anger/rage, shame/humiliation, and fear/terror.[2]

Spørgsmålet er imidlertid, om forskellige undersøgelser lader sig slå sammen på denne måde. Carrolls tanke er, at hver følelses ansigtsudtryk kan genkendes og skelnes fra de andre, dvs. at et bestemt udtryk svarer til en bestemt kategori af følelser.

Judee Burgoon m.fl. har lavet en sammenligning af tre fremtrædende psykologers emotionskategorier der anses som grundlæggende:[3]

Izard	Tomkins	Ekman
Anger	Anger	Anger
Fear	Fear	Fear
Surprise	Surprise	Surprise
Interest	Interest	
Joy	Joy	Happiness
Sadness	Distress	Sadness
Disgust		Disgust/contempt
Contempt	Contempt	
Shame	Shame	
Shyness		
Guilt		

Nogle steder ligner afvigelsen et spørgsmål om valg af ord, fx *joy* kontra *happiness;* en anden afvigelse handler om hvorvidt noget er en underkategori eller en selvstændig emotion, fx *contempt* kontra *disgust*.

Fire kategorier hos Izard og Tomkins adskiller sig fra Ekmans i mere end blot ordvalg, nemlig *interesse, skam, generthed, skyld* og *utilpashed*. Disse fire indgår hos Carroll på linie med Ekmans kategorier, men her sker der formentlig en sammenblanding af forskellige kriterier. Hos Ekman er de grundlæggende kategorier bestemt af hvilke ansigtsudtryk der i undersøgelser har vist sig genkendelige på tværs af kulturer. At Ekmans undersøgelser af ansigtets udtryks- og genkendelighedsmuligheder er systematiske kunne give anledning til at tro at der rent faktisk *ikke* eksisterer ansigtsudtryk for interesse, skam, generthed og skyld når han nu ikke inkluderer dem. Men uoverensstemmelsen mellem Ekman og de to andre om hvilke følelser, der er genkendelige i ansigtet og derfor defineres som grundlæggende følelser, kan forklares i forhold til hvad der menes med ansigtsudtryk.

Det er tydeligt at Ekman alene baserer sine kategorier på *muskulære* udtryk hvor Izard indregner *blikket*. Kun ved at indregne blikkets signalmuligheder lader det sig forklare hvordan skam, skyld og generthed er genkendelige. Umiddelbart er det svært at komme i tanke om muskulære udtryk, der følger skam, generthed og skyld, og de kan da også bedst ses som en del af en generel tendens til at ville undgå at påkalde sig opmærksomhed eller til at sende signaler om underkastelse, en bestemt type adfærd der også kan findes hos dyr der slår blikket ned eller væk.[4] Hvis man inkluderer blikkets bevægelser som en del af ansigtsudtrykket, er det muligt at komme i tanke om en bestemt type adfærd der følger i det mindste generthed og skam. Personen *ser* ned eller væk. For *interesse* gælder, at man netop *ser* på det objekt som man interesserer sig for, at man fastholder blikket og opmærksomheden på den genstand som man interesserer sig for.

Izard skelner mellem emotioner på grundlag af deres funktioner. Skammen forårsages af handlinger der skønnes at gøre *jeget mindre værd i forhold til andre*, hvorimod skyld er resultatet af handlinger, hvor *jeget skader andre*.[5] Funktionskriteriet har imidlertid ikke noget med iagttagelig adfærd i ansigtet at gøre, men kan kun begribes ved at se adfærd i forhold til situation. Derfor undrer det, at Noël Carroll inkluderer, jf. citatet ovenfor, Izards kategorier på linie med Ekmans. Ikke alene vil vi have svært ved at skelne mellem skam, skyld og generthed indbyrdes, men *alene* dét at en anden ser væk eller ned er næppe tilstrækkeligt til at få os på sporet af blot én af disse tre emotioner. Der kan være så mange andre grunde til at en anden ændrer synsretning. I en køkkenscene af Vittorio De Sicas UMBERTO D (1953) ser tjenestepigen Maria (Maria Pia Casilio) ned på sin mave uden at nogen tilskuere kan komme til at forbinde dette nedadvendte blik med skam eller skyld til trods for at hun er gravid. Det nedadvendte blik signalerer blot opmærksomhed mod det lille barn i maven, og da hun lidt senere, mens hun maler kaffebønner, begynder at græde, forbinder vi gråden med graviditeten, og vi slutter at hun er ked af det fordi hun ikke ved hvad hun skal stille op, fordi hun er usikker på hvem faren er og risikerer at blive fyret når graviditeten opdages. Det er end ikke nærliggende at det nedadvendte blik i denne scene identificeres med følelser af skam, skyld og generthed. I en anden scene hvor Maria fortæller Umberto om graviditeten og muligheden for at der kan være to fædre, ser hun ned, og her kommunikerer det nedadvendte blik netop skam. Forskellen er at der her er en anden person til stede. Det er ikke urimeligt at formode at følelser som skam, skyld og generthed i reglen forudsætter at der er en anden til stede.

Med en følelse som Tomkins' "utilpashed" er det også svært at komme i tanke om et bestemt ansigtsudtryk der kan pege på følelsen. Kategorien indgår hos Carroll som "distress/excitement", hvilket umiddelbart lyder som forskellige følelser. Det virker mere oplagt at dele Carrolls kategori op i to forskellige: utilpashed og veloplagthed der begge er kropslige aktiveringer, men opleves som henholdsvis negativt og positivt ladede. En karakteristik som denne af hvad der lader os identificere utilpashed, lyder sandsynlig: Vokalt peger højere styrke og tempo, nervøs grinen, længere pauser og afbrydelser i samtalen på utilpashed og visuelt følges samme følelse af, at den utilpasse kigger væk, smiler tvungent og kun giver lille feedback i form af fx nik.[6] Det interessante er den komplekse karakter af disse signaler i mellemmenneskelige sammenhænge. Flere kanaler signalerer samtidig og signalerne har en dynamisk karakter hvor feedback fra en anden justerer en persons adfærd.

Det overordnede problem for Carroll er hvorvidt et ansigtsudtryk peger på en følelseskategori i kraft af en genkendelse af formen. Problemet er at Carroll ser spilsignaler som meget statiske fordi de skal være genkendelige. Tilskueren *genkender* ansigtsudtryk og forbinder udtrykkene med hver deres følelser. Grunden til at jeg har valgt at kalde hans model for lingvistisk er at et bestemt udtryk forbindes med et bestemt indhold gennem en *kode*. Den grundlæggende tanke er at et smil repræsenterer glæde hos den smilende på samme måde som x repræsenterer y. Som vi skal se er der undersøgelser der tyder på at det er muligt at genkende ansigtsudtryk på tværs af kulturer, at vi uanset hvilken kultur vi er opvokset i forbinder bestemte udtryk med samme følelser. Men det siger ingenting om hvorfor bestemte udtryk forbindes med samme følelser – det behøver ikke at ske via en genkendelse af et udtryk for et indhold. Et bestemt udtryk kan således betyde andet end en traditionel glæde. Jack Nicholsons store smil til den lille dreng, der i starten af Tim Burtons BATMAN (1989) lige har mistet sine forældre, kommunikerer ikke glæde ved synet af den lille dreng, men snarere en nedgørelse af drengen (der senere bliver til Batman). Der er i sammenhængen tale om en hånlatter hvor Nicholsons figur frydes ved andres ulykke og smerte – skadefryd. Det er parallelt med at man kan græde af lykke og peger på vanskeligheden ved at sætte lighedstegn mellem en bestemt adfærd i ansigtet og en bestemt følelse.

Det er yderligere problematisk at slutte at denne begrænsede mængde følelseskategorier udgør hele den mængde af følelser der kan skildres i film. Denne undervurdering af udtryksmulighederne i film kommer til udtryk hos Carroll på denne måde:

> That is, the point/glance shot is a device designed to activate our recognitional capacities in such a way that we identify the global emotional state of the relevant character. That this recognitional capacity is keyed to very basic emotional ranges is not a liability to postulating its activation with respect to movies since the emotions portrayed in movies are standardly quite basic.[7]

Her forudsætter Carroll fejlagtigt at kommunikationen af figurens følelser er en konsekvens af genkendelige ansigtsudtryk. Da relativt få ansigtsudtryk er genkendelige, er han nødt til at slutte at skildringen af følelser er simpel. Hvis man vælger en anden model for ekspressivitet er slutningen også unødvendig. Man kan så analysere sig frem til kompleksiteten af følelser på en måde som jeg mener stemmer bedre overens med den almindelige oplevelse.

Et grundlæggende problem ved Carrolls brug af den universalistiske genkendelsesmodel er en potentiel *nivellering af ekspressive forskelle*. Forskellige, konkrete ansigtsudtryk, der kan opsummeres til fx frygt, betyder det samme ifølge Carroll. Ansigtsudtrykkene betyder "frygt" og derudover er det op til den genstand som frygten retter sig mod, at specificere hvilken type frygt der er tale om. I realiteten er dette en kolossal undervurdering af filmspillets kommunikative muligheder. Det reducerer skuespillerens arbejde til en reproduktion af medfødte ansigtsudtryk og uanset hvordan de udføres, så peges der på samme følelseskategori. Det bør være muligt at anerkende skuespilleren som en skabende kunstner frem for blot én der reproducerer medfødte udtryk, og det bør være muligt at anerkende betydningen af fx timing og brugen af pauser.

Samtidig sker der en undervurdering af den konkrete situations betydning trods Carrolls tanke om følelsers rettethed, deres intentionalitet. Som vi så i forbindelse med Marias skam i UMBERTO D., er en situation mere sammensat end som så. Carrolls teori er gearet til point/object- og point/glance-indstillingen, men generelt kan man ikke sige, at en følelses genstand udgøres af genstanden for figurens blik. Genstanden for Marias skam er ikke Umberto; han er snarere anledningen i den scene hvor hun fortæller at hun ikke ved hvem der er faren til barnet. Når hun undviger Umbertos blik, er det en indrømmelse af at sådan bør hun ikke handle. Det nedadvendte blik er i denne situation udtryk for at hun oplever sig som mindreværdig i kraft af flerheden af seksuelle forhold. Man kan sige at betydningen af den enkelte situation, herunder viden om de enkelte figurer og deres relationer, er større end Carroll lægger op til.

EKSPRESSIVITET SOM RELATIONEL AKTIVITET

Den model som jeg har kaldt lingvistisk bygger på en bestemt opfattelse af følelsers rolle: at de tjener til at kommunikere den enkeltes følelser til andre. Det er naturligvis også tilfældet med ekspressivitet i film, men her er netop tale om en kunstig brug og ofte gør skuespillerne sig store anstrengelser for at den kommunikative hensigt ikke skal være for tydelig. De forsøger at få ekspressivitet til at følge af den situation som følelserne indgår i inde i filmens handling. Her er det nemlig ikke indlysende at ekspressivitet er et spørgsmål om at meddele til andre figurer hvad den enkelte figur føler. I stedet kan ekspressivitet i film i reglen beskrives på det samme grundlag som ekspressivitet og følelser generelt: de tjener til at vi forholder os til omgivelserne med bestemte anliggender in mente, på netop den måde som vi kalder følelsesmæssig idet den ikke primært er styret af viljen.

I sin *The Emotions* fra 1986, argumenterer Frijda imod at vi generelt beskriver følelsers og emotioners rolle som den at kommunikere noget til andre. Den kommunikative opfattelse finder Frijda implicit hos Darwin og eksplicit hos Izard og Tomkins, og vi kan genfinde den i Carrolls eksempler med ekspressivitet i naturen som en advarsel til artsfællerne. Tanken i den kommunikative opfattelse af følelsers rolle er at de tjener til at fortælle andre hvordan vi føler; det ville fx forklare hvorfor bestemte ansigtsudtryk er forståelige på tværs af kulturer. Det store problem for den kommunikative model er ifølge Frijda inkonsekvensen mellem et udtryk og dets betydningsindhold. Den sammenhæng mellem bestemte udtryk og bestemte emotioner/følelser som mange undersøgelser har peget på, kan ikke tages som udtryk for en stabil udtryks-indholdsforbindelse idet et bestemt udtryk kan pege på forskellige følelser, og den samme emotion/følelse kan udtrykkes på forskellige måder. Den samme adfærd, fx gråd, optræder i glæde, vrede og sorg; grinen optræder i nervøsitet såvel som fornøjelse; smil i både forlegenhed og venlighed.[8] Han mener at det er udtryk for at vi har bestemte grundlæggende måder at reagere eller handle på i forhold til omgivelserne, måder som det giver mening for os at reagere på og som vi opfatter som fx tvingende, ønskelige eller mulige i bestemte situationer, hvorimod de ord vi anvender om ekspressivitet ikke nødvendigvis alene betegner adfærden, men også situationen.

Endnu en grund til at afvise den kommunikative opfattelse af ekspressivitet er ifølge Frijda den *uægte* ekspressivitet. Almindeligvis taler man her om *emblemer* eller *grimasser* for ansigtet, *vokale emblemer* for stemmen og *gestik* eller *illustrationer* for armene og hænderne for at karakterisere det at udtrykkene er konstrueret ad viljens vej, voluntært.[9] Den kommunikative model forklarer ikke, hvordan og hvorfor vi oplever et så stort skel mellem fx det villede smil og det spontane, styret af det autonome nervesystem. Uanset at Frijda anerkender tanken om ekspressivitet som universelt forståelig og medfødt – han peger bl.a. på, at ekspressivitet er styret af de nedre, såkaldt primitive regioner i hjernen, uafhængigt af de viljestyrende[10] – så afviser han den kommunikative model som generel forklaring, idet den i for høj grad fokuserer på strukturelle ligheder og ikke tager højde for den præcise udførelse og manifestation. Som vi så i forrige afsnit involverer vores lynhurtige skel mellem det veloplagte og det utilpasse smil flere kanaler og en dynamisk sammenhæng. Vi vurderer fx om kropsholdningen passer med smilets udførelse eller om et smil falmer for hurtigt som følge af andres adfærd. Bemærk at vores oplevelse mellem de ægte og de uægte, af viljen styrede ansigtsudtryk, kan forekomme vel hårdt, som et enten-eller frem for grader – det passer ikke med den almindelige erfaring at det er muligt at *ville* være afslappet, således at man kan smile oprigtigt, og bemærk også at denne styring er fundamentet i Stanislavskijs tanker om spil. Bemærk også at visse muskler ligger uden for viljens kontrol; det er tilfældet med hjertet, men det skulle også være tilfældet med en muskelgruppe omkring øjnene, aktiveret i det ægte smil.[11] I hovedsagen er det formentlig bedre at tale om grader snarere end selvstændige kategorier, ægte og uægte ekspressivitet, idet ekspressivitet i sammenhænge med andre mennesker formentlig altid vil være formede af det vi vil opnå i sammenhængen.

Den alternative model, formuleret klarest af Nico Frijda, ser følelser og ekspressivitet som udtryk for *relationel aktivitet*. Det indebærer at følelser er udtryk for at vi forholder os til omgivelserne, ikke kun med intellektet, men som en organisme, med kroppen som et hele. I dette perspektiv er de kommunikative funktioner af ekspressivitet, at andre får mulighed for at se eller høre hvordan vi føler eller oplever en situation, udelukkende en bivirkning, og *ikke* det overordnede mål for ekspressivitet.[12] Ganske vist har smil og gråd kommunikative mål, enten at knytte forbindelse til andre eller få dem til at hjælpe én i en presset situation, men disse to "kommunikative" – eller, som han kalder dem, *interaktive* – typer af ekspressiv adfærd kan stadig beskrives som underkategorier af relationel aktivitet. Hos Frijda er ekspressivitet knyttet sammen med tænkning. Det betyder at individet som følge af sin tænkning, opfattelsen og fortolkningen af sin situation (i) vælger mellem flere alternative handlingsforløb, (ii) varierer sin reaktion i forhold til omstændighederne, i tilfælde af vrede fx en verbal markering snarere end egentlig kampvilje, og (iii) får feedback undervejs i et forløb.[13] Følelser indgår således i hvad Frijda kalder *fleksible programmer*, modsat fx den måde vi nyser: når først programmet er sat i gang lader det sig ikke ændre før handlingen er udført.

Frijda mener ikke at nogle ansigtsudtryk kan anskues som mere "originale" end andre idet de blot er udtryk for en bestemt type relationel aktivitet.[14] Som eksempel giver han *vrede*. Opspilede øjne, sammenpressede læber, frontalitet og rankhed er udtryk for at man markerer vreden som en hård *indignation*, dvs. parathed til at blive set og gøre indtryk. Omvendt er sammenpressede øjne, blottede tænder og en mere sidelæns kropsposition udtryk for selvbeskyttelse og dermed parathed til kamp. Ganske vist kan begge typer af adfærd opsummeres under én generel hat og Frijda foreslår da også en begrænset mængde relationsmåder hvor både indignation og kampvilje ville falde ind under den *agonistiske*.[15] Men da vreden manifesterer sig som to forskellige handlingstendenser i situationen, er der forskellig information om jegets forhold til sine omgivelser indeholdt i de to typer af ekspressivitet, indignation og kampvilje.

Frijda definerer relationel aktivitet som *activity that establishes or modifies a relationship between the subject and some object or the environment at large.*[16] Det centrale er her at omgivelserne i sig selv ikke bliver ændret, men det er jegets *forhold* til dem der bliver det. Netop dét adskiller ekspressivitet fra instrumentel adfærd hvor omgivelserne faktisk bliver ændret som følge af en målrettet handling.[17] Ekspressivitet er i udgangspunktet blot udtryk for at forholdet mellem jeget og omgivelserne er ændret og det manifesteres som relationel aktivitet:

> Emotions, then, can be defined as modes of relational action readiness, either in the form of tendencies to establish, maintain, or disrupt a relationship with the environment or in the form of mode of relational readiness as such.[18]

Det afgørende er her at en følelse ændrer forholdet til omgivelserne med henblik på handling. Frijda skelner mellem to typer relationel aktivitet, dels *handlingstendens*, dvs. parathed til en bestemt handling, eller blot *parathed som sådan*. Med parathed som sådan er der tale om at emotioner/følelser der ikke traditionelt regnes som grundlæggende, inkluderes: bl.a. apati, uinteresserethed, ophidselse og spændthed, forvirring og hæmmethed. Med handlingstendens er der tale om parathed til en bestemt handling, fx parathed til at blive set og hørt i indignationen.

EN SAMMENLIGNING AF ANSIGTSUDTRYK FRA FORSKELLIGE KULTURER

En analyse kan bedst eksemplificere forskellene mellem de to modeller for forståelse af ekspressivitet, den lingvistisk baserede med en

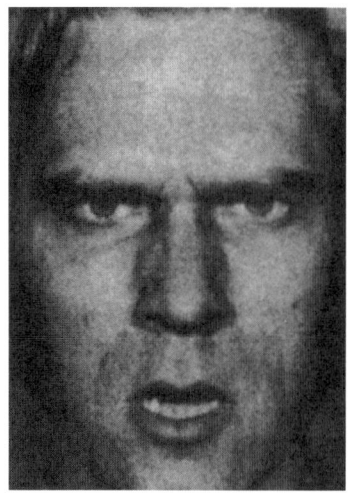 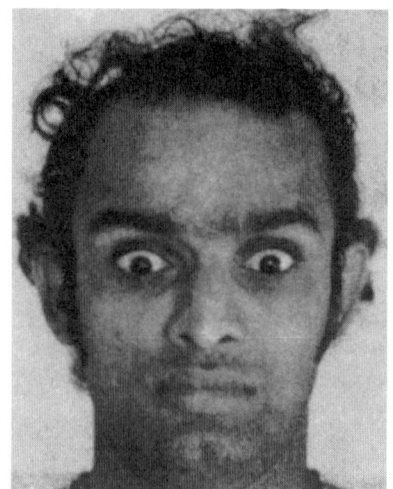

fig. 3.1 fig. 3.2

kommunikativ opfattelse af følelser, og den relationelle med en funktionel opfattelse af følelser. Jeg vil sammenligne to sæt af ansigtsudtryk der ikke er identiske, men påhæftet næsten synonyme følelsestermer. Modstillingen stammer fra Richard Schechners *Performance Theory*. Her sammenlignes de mest kendte ansigtsudtryk inden for de tværkulturelle undersøgelser af forståelsen af følelsesudtryk, Ekman og Friesens (herefter kaldt Ekmans), med ansigtsudtryk der stammer fra en over to tusind år gammel beskrivelse af mimik og gestik, Natyasastra. Denne benyttes i en særlig form for danse-drama fra det sydlige Indien, kaldt Kathakali.[19]

Hvis man sammenligner Ekmans udtryk for *vrede* (fig. 3.1) med natyasastra-udtrykket for *vrede/vold* (fig. 3.2), minder fotografierne om Frijdas diskussion af forskellen mellem indignation og kampvilje. Ekmans vrede svarer stort set til selvbeskyttelsen og kampviljen med de små øjne, det koncentrerede blik og de blottede tænder. Frijda tolker de blottede tænder som en parathed til at bide, en tendens der kan genfindes hos fx små børn der er vrede.[20] I modsætning hertil er natyasastra-udtrykket for vrede mere opadsøgende og har opspilede øjne og lukket mund, hvad der umiddelbart ligner indignation. Imidlertid skal man være påpasselig med at tolke udtrykket specifikt som indignation. Det er påfaldende at den også kan bruges i forbindelse med vold der ikke som indignation kun er verbal og foranlediget af forulempelsen eller uretfærdigheden mod en anden. Ikke desto

fig. 3.3 fig. 3.4

mindre kan den grundlæggende relationelle tendens i natyasastra-udtrykket, at puste sig op, tolkes som udtryk for det samme som indignation: at en anden skal imponeres af ens reaktion. Noël Carroll inkluderede i sin liste over genkendelige ansigtsudtryk en følelse som *raseri* ved siden af vrede, og man kan netop forestille sig, at raseri manifesterer sig ved at skulle skræmme en anden, dvs. som interaktiv ekspressivitet. Selvbeskyttelsen i Ekmans vrede er direkte relationel og sigter primært på jeget, beskyttelse i forhold til noget tætplaceret, jf. øjnenes lukning og muligheden for at bide.

Hvis man sammenligner *glæde*, er det muligt at finde tilsvarende forskelle. Ekmans glæde (fig. 3.3) er vendt direkte mod beskueren, og man fristes til at beskrive det som imødekommenhed. Derimod er natyasastra-udtrykket for glæde (fig. 3.4), trods grundlæggende samme adfærd omkring munden, mere sammensat. Blikket er på en genstand, samtidig med at den kropslige orientering peger en anden vej. Det er nærliggende at beskrive udtrykket som en blanding af interesseret tilnærmelse og genert tilbageholdenhed, fx som en flirt. Natyasastra-udtrykket glæde udtrykker ved hjælp af en lille variation, kropsorienteringen, med andre ord noget helt andet end Ekmans. Samme forskel kan man iagttage ved at sammenligne Ekmans udtryk for *frygt* (fig. 3.5) med natyasastra-udtrykket for *frygt/skyld* (fig. 3.6). Hos natyasastra illustreres Frijdas pointe fra før om at samme type adfærd kan deles af vidt forskellige følelser. Frygt retter sig mod at

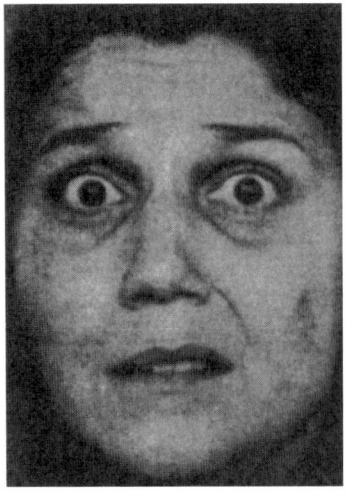 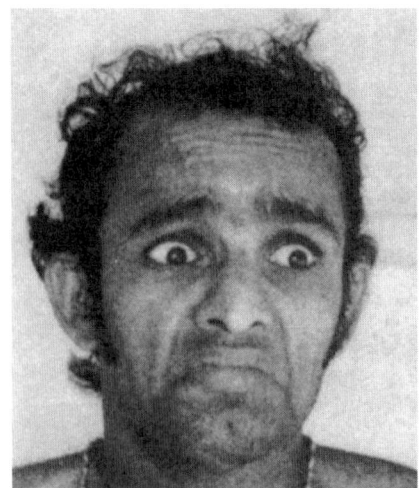

fig. 3.5   fig. 3.6

undgå en risikabel situation, hvor skyld er en erkendelse af at have skadet andre, men i natyasastra-spillet deler de to følelser den samme grundlæggende tendens til at gøre sig mindre over for en anden. Ikke desto mindre går samme grundlæggende træk igen i både Ekmans og natyasastra-udtrykket: øjnene er opspilede.

Man kunne indvende at Ekmans ansigtsudtryk som Carroll bygger på, blot er fremstillinger af det centrale, medfødte træk, frem for manifestationer i en konkret situation. Dette argument holder imidlertid ikke. En ekspressiv adfærd er *altid* manifestationer i en konkret situation. Minimale variationer i den enkelte skuespillers adfærd vil få en særlig signalværdi. Et godt eksempel er Ekmans udtryk for *afsky* (fig. 3.7). I samme øjeblik man sammenligner det med natyasastra-udtrykket for samme følelse (fig. 3.8) bliver det klart, at natyasastra-udtrykket er det mest "rene" eller "grundlæggende" udtryk for afsky. Ekmans udtryk for afsky signalerer snarere *foragt*. I kraft af de åbne, men sammenknebne øjne som i selvbeskyttelsen i forbindelse med kampvilje kommer Ekmans udtryk i modsætning til natyasastra-udtrykket til at signalere en fjendtlig og aggressiv tendens. I natyasastra-udtrykket forbindes mundens adfærd, som Frijda tolker som et forsøg på at minimere kontaktfladen med noget ildesmagende i munden, derimod ikke med en synlig genstand.[21] I det perspektiv er det ikke overraskende at Ekmans seks grundlæggende følelseskategorier er blevet foreslået reduceret til fem idet både afsky og foragt kan

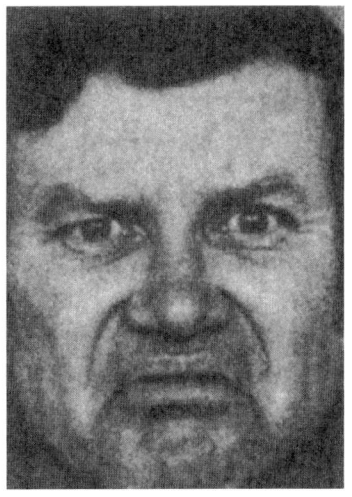
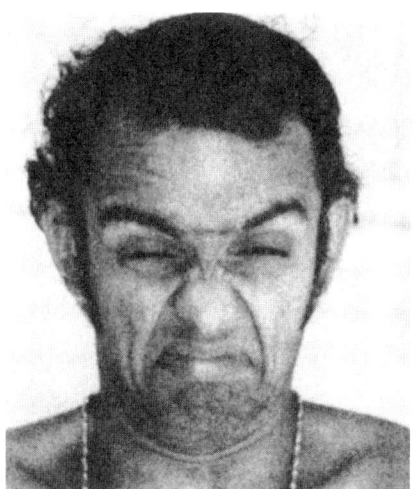

fig. 3.7 fig. 3.8

ses som underkategorier af vrede.²² Men denne tanke om sammenlægninger får man kun hvis man kigger på Ekmans fremstilling af afsky – som burde have heddet foragt – ikke hvis man kigger på kathakli-spillets, hvor der ikke er nogen "vred" tendens i afskyen.

Hvis man analyserer informationen i ansigtsudtrykkene er der næppe grundlag for at se det ene sæt som udtryk for universelle udtryk og det andet som en afskygning, forvanskning eller dialekt. For et enkelt udtryk, afsky, kan man tværtimod kalde natyasastra-udtrykket mere "universelt" i den forstand at det indeholder afskyens tendens, men ikke vredens, og modsat indeholder Ekmans smil kun glæde og ikke en yderligere tendens til tilbageholdenhed, fx i en flirt eller en lurendrejeragtig drillen. For det andet er det heller ikke klart hvorfor vreden som kampvilje skulle være mere universel end vreden som indignation.

Det er klart at på et bestemt niveau er forståelse af ekspressivitet betinget af viden og erfaringer. Blot dét at have overværet et kathakali-drama benytte natyasastra-udtrykkene vil tilføje en baggrundsviden, og forståelsen vil være noget mere nuanceret hvis man er opvokset med denne spilletradition som den dominerende i kulturen, eller selv er en udøver af den. Men det er vigtigt at pointere at "forståelse" her betyder at man bedre er i stand til at vurdere kvaliteten af udførelsen samt opleve sammenhængen med historien og engagere sig i den. De informationer der er iboende kvaliteter ved udtrykkene, fx om der er tale om en indigneret vrede eller aggressiv vilje til fysisk angreb, er lette at trække ud af det enkelte ansigtsudtryk uanset hvordan man så i øvrigt forholder sig til det i henhold til egen smag eller særlige erfaringer. Det er rigtigt at se ansigtsudtryk og anden ikke-verbal kommunikation af følelser som universel, men grunden er ikke den helt rigtige. Ét sæt af udtryk er ikke mere repræsentative for alle menneskers ekspressivitet end et andet – men de enkelte udtryk kan være mere eller mindre repræsentative for et bestemt forhold til omgivelserne i kraft af den handlingstendens eller parathed der er indeholdt i dem.

FØLELSERS KOGNITIVE INDHOLD OG SYMBOLSKE VÆRDI – ÄNGLAGÅRD

I det følgende vil jeg prøve at redegøre for den måde betydningen af ekspressivitet bliver nuanceret og præciseret i kraft af sammenhængen. Som vi tidligere så, hævdede Carroll at kun en begrænset mængde af følelser kan blive kommunikeret i film, i det mindste de populære af slagsen. Denne model var problematisk af flere grunde, men den har den fordel at den ser ekspressivitet som rettet mod en genstand. Hos Carroll blev genstanden udgjort af indholdet af point/object-indstillingen, dvs. den sete genstand der dernæst nuancerer den følelse der blev peget på i ansigtsudtrykket. Denne model vil jeg udbygge ved at se begrebet genstand i en bredere forstand, fx som en hændelse eller situation.

Almindeligvis tænker vi på følelser (eller emotioner om man vil) som defineret i kraft af kropslige fænomener. Det er naturligvis rigtigt for så vidt de involverer det autonome nervesystem, men dette perspektiv udelukker naturligvis ikke at følelser også er kognitive. Tænk på en følelse som jalousi. Jalousi er en term der er *kognitivt defineret* ved det kognitive indhold, dét der karakteriserer den situation som følelsen er rettet mod, i dette tilfælde at en rival nyder noget der tilkommer én selv. I tilfælde af jalousi kan man forholde sig på flere og fundamentalt forskellige måder: man kan blive vred og ville slå rivalen af banen, man kan blive ked af det eller man kan hengive sig til en passiv længsel efter situationens ophør.[23] Man kan naturligvis også forholde sig skiftevis på den ene eller anden eller tredje måde –

afhængigt af om man retter opmærksomheden mod den ene eller anden eller tredje egenskab ved situationen. Hvis man oplever situationens videre begivenhedsforløb som åbent, vil man kunne mobilisere kræfter på en måde der i situationen kan manifesteres som kampberedthed, indignation eller fx sarkasme. Hvis man oplever det videre handlingsforløb som lukket, vil man formentlig fokusere på kæresten som tabt og blive sorgfuld, måske rastløs i de øjeblikke hvor man ønsker at kunne få ham eller hende tilbage. En tredje reaktionstype, en passiv længsel efter situationens ophør, kan kognitivt kobles sammen med opmærksomhed mod situationen som allerede afsluttet. Der er med andre ord mere end én type følelsesmæssig reaktion forbundet med en følelsesterm som jalousi; vi kan reagere med vrede, sorg, passiv længsel afhængigt af hvilket element vi i sammenhængen fokuserer på.

Når vi ser film, bearbejder vi signaler fra spillet med en erfaring om typiske konflikter og anliggender i mellemmenneskelige forhold som fx jalousi. At det faktisk er sådan kan man se af det forhold at en populær film som Victor Flemings GONE WITH THE WIND (1939) fremstiller jalousi hos Vivien Leigh i hovedrollen som Scarlett O'Hara. I kraft af Leighs signaler om interesse for Leslie Howards figur Ashley Wilkes opleves hendes reaktioner der i sig selv peger på sårethed eller måske irritation som udtryk for jalousi mod Olivia De Havillands figur Melanie. Der er netop ikke et særligt ansigtsudtryk der i sig selv lader os identificere jalousi. Grunden til at vi forstår hendes adfærd som udtryk for jalousi må være at vi forbinder hendes ekspressivitet til et bestemt anliggende, forelskelse i Ashley. Med andre ord passer Carrolls påstand om at populærfilm ikke er i stand til at kommunikere følelser på en nuanceret måde fordi så relativt få kategorier af følelser kan knyttes direkte til en følelse, ikke med dette eksempel. Selv om Carroll ikke nævner et særligt ansigtsudtryk for jalousi lader denne følelse sig uden videre kommunikere i indbegrebet af en populær og lettilgængelig film, GONE WITH THE WIND.

Hvis man definerer følelser kognitivt, kan alle de følelser som vi har termer for kommunikeres i film. Det er en vigtig erkendelse eftersom det er en udbredt fordom at film ikke er i stand til at kommunikere følelser på nuanceret vis à la romanen. Det er formentlig sådan at de mest ambivalente og komplicerede følelser almindeligvis ikke skildres i en genre som actionfilm, men det betyder ikke at det er en umulighed for mediet, ej heller at mange populære film ikke går ind i en kompliceret psykologisk skildring. Omvendt er det i øvrigt heller ikke sådan at kunstfilm nødvendigvis er karakteriseret ved nuanceret skildring af følelser. Skildringen af hovedpersonens følelsesliv i Werner Herzogs COBRA VERDE (1988) kan ikke karakteriseres som nuanceret. Vi får indtryk af en mand, spillet af Klaus Kinski, der er besat af opbygningen af sin slaveeksport, men opnår aldrig nogen fornemmelse af hvorfor. Andre film som fx VIAGGIO IN ITALIA er karakteriseret ved at det ofte er svært at forbinde ekspressive signaler med et kognitivt indhold; noget antydes som forbundet med hovedpersonens reaktioner, men andre signaler peger i modsat retning.

For blot at tydeliggøre hvad det kognitive indhold af en i filmen fremstillet følelse kan bestå af, og hvor mange aspekter der er til stede i den mest elementære forståelse af filmens handling, vil jeg analysere en scene fra Colin Nutleys ÄNGLAGÅRD (1992). Helena Bergström spiller Fanny Zander, arvingen til gården i titlen. Hun kommer fra byen og har taget rejsen for at se hvad det er hun har arvet. Egnens rige gårdejer, Axel Flogfält, spillet af Sven Wollter, vil gerne lægge jorden og skoven til sin egen gård og kommer derfor forbi for at byde på arven, lige efter at hendes advokat er taget af sted. I analysen af det kognitive indhold kan man med fordel benytte de forskellige komponenter som Nico Frijda foreslår; særligt befordrende er kontekstkomponenterne som Frijda også kalder *handlingsrelevante*.[24] Tilsammen udgør de forskellige komponenter den *situationelle betydning*, dvs. vores forståelse af ekspressivitet i en sammenhæng.

I begyndelsen af scenen er Wollters figur veloplagt og smilende, for senere at blive irriteret og tage vredt af sted. Hun er afventende igennem scenen, smiler, som ved hun allerede hvor det bærer henad, og sender samtidig små signaler til ham om ikke at komme nærmere. En af en række komponenter i scenen er *fravær* eller *nærvær* af følelsens objekt. Wollters irritation på Bergström er påvirket af, at hun er nærværende, hvilket forklarer hans forsøg på at beherske sig. *Sikkerhed* og *usikkerhed* knytter sig til udfaldet af en begivenhed. Wollter er usikker på begivenhedens udfald, dvs. om hun accepterer hans købstilbud, og derfor er han spændt, hvorimod hun formår at fremstå fornøjet fordi hun ikke har nogen grund til usikkerhed. *Åbenhed* karakteriserer i hvilken grad målet er tilgængeligt, hvorimod *lukkethed* er forbundet med det utilgængelige, målet der ikke lader sig opnå. Da

Wollter forlader gården er målet ikke ganske utilgængeligt; han kan stadig nå at erhverve sig gården hvis hun ombestemmer sig. Resignation og fortvivlelse er termer der knytter sig til det mål der er utilgængeligt via et handlingsforløb. *Intentionalitet* knytter sig til oplevelsen af hvem der forårsager en begivenhed, enten en anden eller jeget. Wollters vrede er rettet mod Bergström snarere end sig selv (som i fx selvhad), idet han oplever det, som om hun er årsag til en konflikt mellem dem. Endnu en komponent er i hvilken grad noget er *ændret* i forhold til en tidligere tilstand der var bedre end den nuværende (det gælder fx nostalgi og sorg) eller en tilstand man havde håbet på og forventet, men ikke skulle blive (skuffelse). I denne scene er der ikke nogen ændring i forhold til tidligere; det er den første samtale mellem Wollter og Bergströms figurer. En afgørende komponent er i hvilken grad subjektet oplever selv at *beherske* et handlingsforløb. Wollter behersker i modsætning til Bergström *ikke* udfaldet af situationen. Dette er med til, at hun ser konflikten som udfordrende hvor han er nervøs. En komponent, der ligner beherskelse, er *modificerbarhed*, dvs. hvorvidt situationen eller begivenhederne lader sig ændre af andre – den er ikke i fokus her; der indgår ikke nogen udefra i situationen.

Evaluering af *objekt eller begivenhed* skelner mellem om følelsers positive eller negative værdi knytter sig til en person/genstand (fx had, beundring, kærlighed) eller udfaldet af en begivenhed (fx vrede, fornøjethed). Bergströms følelser er her et resultat af begivenheden, af den besøgendes handling, men allerede i næste scene kan hun reagere med irritation ved det blotte syn af Wollter uden at vi vil søge en forklaring i noget han gør – vi er nu klar over deres forhold. *Fokalitet* betegner graden af tilknytning til en veldefineret og ganske bestemt begivenhed eller objekt (følelsestermer som tristhed, frygt og fornøjethed), hvorimod *globalitet* karakteriserer følelser, der retter sig mod omverdenen som sådan, uden skel (depression, nervøsitet, lyksalighed). Følelserne i scenen er fokale, rettet mod gården og de enkeltes handlinger. *Fremmedhed* knytter sig til objekter og begivenheder som man ikke ved hvad man skal stille op med (interesse og nysgerrighed) i modsætning til *kendthed* (tryghed, foragt og kedsomhed). I dette tilfælde er de fremmede for hinanden; det er signaleret at det er første møde, og vi oplever dem derfor som på vagt over for hinanden selv om hun skjuler det bedre end han.

Der er med andre ord mange komponenter der tilsammen udgør det kognitive indhold, den situationelle betydning, af en følelse. Mange af de komponenter jeg har redegjort for i forbindelse med scenen fra *Änglagård* er det normalt irrelevant at bringe ind i en analyse; de er underforståede i kraft af en kort beskrivelse af figurerne og handlingen. Men det man ikke forstår i kraft af den korte og overordnede beskrivelse er at den situationelle betydning realiseres i samspillet mellem på den ene side overordnet viden, opnået gennem erfaringer fra vores eget liv i almindelighed, og på den anden side den ekspressivitet vi ser udfoldet i spillet. Det er i kraft af den af Wollter fremstillede nervøsitet at vi bliver klar over at figuren ikke oplever det som om han behersker udfaldet af tilnærmelsen. Men uden en viden om figuren at trække på, fx at han er en stor mand på egnen og hun blot en tilflytter, så ville hans nervøsitet og usikkerhed ikke være den samme. Vores forståelse af figurens følelser er med andre ord resultatet af såvel den isolerede ekspressivitet i spillet såvel som viden om og forventninger til figuren i øvrigt. At han i egen selvforståelse er betydningsfuld og hun blot en mindreværdig tilflytter, kommer netop til udtryk gennem forsøget på at virke munter og kontant på samme tid.

Fordelen ved følelsestermer er at de sammenfatter et forløb med forskellige aktører og anliggender, inklusive aktørernes vurdering af egen rolle, i en grovskitse til situationel betydning. Det er særligt tydeligt med følelser der ligger tæt op ad hinanden, men opleves forskelligt fordi de handlingsrelevante komponenter ikke er de samme. I *skam* oplever man sig selv som mindre værd i andres øjne på grund af noget man selv har gjort, men i *skyld* har man skadet en anden og det er derfor man føler sig mindre værd. I *forlegenheden* er man selv offeret; man er blevet gjort mindre værd i andres øjne ligesom i skam, men denne gang er det en anden der har forårsaget situationen, fx ved en utidig ros. Følelsestermer adskiller således følelser der synes meget lig hinanden, og i kropslig forstand formentlig ligner hinanden, men som oplevelsesmæssigt er meget forskellige. Følelsestermer fanger ikke kun aktørforhold, men også om hvorvidt det kognitive indhold er rettet mod en person eller en begivenhed. Det er fx tilfældet med *had* og *vrede*; hadet er uafhængigt af den enkelte situation, men afhængig af personen, hvorimod vrede kan rette sig mod selv elskede personer og i det tilfælde være forårsaget af en bestemt begivenhed. Pointen er at i en film forstår vi mange af disse forhold ved at følge handlingen, holde øje med ekspressivitet og holde det op imod hvad vi forventer og tror på baggrund af tidligere scener med personerne eller fx egne erfaringer med den type person eller situation.

Ved at rette opmærksomheden på det kognitive indhold af følelser får man også mulighed for en ny ramme til forståelse af symbolske kvaliteter i film. En genstand kan opnå en betydning der er følelsesmæssigt større end dens denotative betydning, og et eksempel på det gives her af André Bazin (i min egen oversættelse):

> Den klassiske analytiske montage, afledt fra Griffith, adskilte virkeligheden i en række indstillinger som ikke var andet end opfattelser, logiske eller subjektive, af hændelsen. En figur, en fange i sin celle, afventer at hans bøddel skal komme for at hente ham. Han stirrer ængsteligt på døren. I det øjeblik bøddelen træder ind, vil instruktøren ikke undlade at klippe til et nærbillede af dørhåndtaget der langsomt drejes. Dette nærbillede er psykologisk motiveret af fangens ekstreme opmærksomhed på dette tegn på hans nød.[25]

I den betydningsteori der stammer fra Charles S. Peirce ville dørhåndtaget almindeligvis blive betegnet som et *indeks* på grund af drejningens kausale og rumlige forbindelse til dét det gælder for, bøddelens ankomst. Indekset skelnes her fra et *symbol* som "gælder for" i kraft af en konvention som i sproget, eller en vanemæssig eller medfødt afhængighed.[26] Men Bazins pointe er netop at dørhåndtaget bliver et billede på hans nød (fortvivlelse eller pine som også fanger den originale betydning af détresse), på grund af dets *langsomme* drejning. I det korte øjeblik før døren går op tjener dørhåndtaget som symbol i den oprindelige betydning af ordet symbol; det bringer hele hans situation sammen i ét.[27]

Bazins eksempel med den dødsdømte fange illustrerer hvordan vores opmærksomhed og hele forståelse af den pinefulde situations mange kognitive komponenter kan bringes sammen i et dørhåndtag. I Bazins eksempel er fangen fortvivlet, men netop ikke apatisk og resignerende. Resignation kunne kommunikeres af spilleren ved *ikke* at kigge på døren, en blot stirren tomt frem for sig eller længselsfuldt ud af vinduet. Men ved at fangens opmærksomhed er på døren kommunikeres usikkerhed (om hvem der vil træde ind) og lukkethed (idet han ikke selv behersker begivenhedsforløbet), ikke finalitet. Man kan sige, at tilskueren ligesom fangen foretager en kognitiv analyse af situationen, cuet af fangens ekspressivitet også med mulighed for at se begivenhederne fra en mere alvidende vinkel. Hvis filmen krydsklippede til et redningshold der er på vej til cellen, ville en komponent som modificerbarhed øges i tilskuerens bevidsthed, mens fangen ville være uvidende. Med en viden om et redningshold på vej, ville vores følelsesmæssige fokus ændres i forhold til fangen. Vi ville begynde at håbe, hvor fangen er fortvivlet, og vi ville også være mere på vagt over for signaler hos fangen om opgivelse og resignation – vi ville måske blive bange for om fangen begår selvmord for at gøre en ende på pinslen. Vores oplevelse ændres med andre ord i forhold til hvilket aspekt og hvilken komponent der er i fokus.

Når vi taler om symboler, mener vi ikke nødvendigvis det forhold at noget kan stå i stedet for noget andet fordi vi har vedtaget det. Vi tænker i mange tilfælde også på nogle følelsesmæssige værdier der er fremstillet på en måde som ikke umiddelbart lader sig gribe med ét ord, men er situationsbundet. Det er blandt andet dette forhold der gribes med tanken om kognitivt indhold og situationel betydning. I en vis forstand er alle situationer forskellige; selv om vi oplever at nogle situationer gentager sig, så er den nøjagtige profil af de forskellige handlingsrelevante komponenter næppe identisk med den situation vi er blevet mindet om. Desuden gælder at følelsestermer er gearet til at fange gentagne og typiske profiler af handlingsforløb; de typiske aktører og reaktioner som det har været påkrævet at kunne tale om. Følelsestermer er netop ikke gearet til at kunne håndtere alle de kombinationsmuligheder man kunne tænke sig af de komponenter jeg nævnte i analysen af ÄNGLAGÅRD. Det er blandt andet dét vi mener når vi siger at situationens rigdom ikke lader sig beskrive med ét ord – forholdet personer imellem er ikke summen af deres fælles fortid; der er formentlig en række modsatrettede følelser der når som helst kan komme frem i bevidstheden og forme forholdet.

I mange tilfælde har vi mest lyst til at sige at tingene føles og fornemmes på bestemte måder, hvorimod følelsestermer har det med at skære disse kvaliteter bort i reduktionen til et typisk handlingsforløb med veldefinerede anliggender. I disse tilfælde griber vi ofte til brugen af metaforer. Det er vigtigt her at huske Frijdas beskrivelse af følelsesmæssig aktivitet som relationel aktivitet hvorved forholdet til omgivelserne ændres. Dét forholdet ændres til behøver ikke at være vigtigt; det er i mange tilfælde selve processen som vi føler og oplever den, mens vi ser filmen, der er det interessante. Vores forhold til Travis Bickle (Robert De Niro) ændres da han i Martin Scorseses TAXI DRIVER (1976) på en første date tager Betsy (Cybill Shepherd) med til en pornofilm. Der indtræder en form for kulde som når én, vi havde regnet for en nær ven, pludselig viser sig at være en snyder af den ene eller anden art. Kulde betegner bedre end følelsestermer den fornemmelse af tomhed, af at noget der før var nu ikke er mere, hvorimod en følelsesterm som skuffelse bedst betegner de tilfælde hvor vi er blevet stillet noget specifik i udsigt. Metaforerne *tomhed* og *kulde* griber kvaliteter ved den relationelle aktivitet der pågår og som opleves.

DET KOGNITIV-ØKOLOGISKE ALTERNATIV TIL SPROGLIGT BASEREDE MODELLER FOR KOMMUNIKATION

Ekspressivitet er udtryk for en forholden sig til omgivelserne, med kroppen og organismen som et hele, og den "tænkning" der er involveret i skuespillerens ekspressivitet kan "trækkes ud" af tilskueren. Dette er den model som er ved at tegne sig til forståelse af ekspressivitet i spillet. Vi trækker denne information ud af spillet på automatisk vis, som et resultat af ubevidste perceptionsprocesser, fordi vi slutter os til eller opdager hvilken funktion den relationelle aktivitet tjener i den givne sammenhæng. Sproget, det talte og skrevne ord, er ofte blevet set som modellen for andre typer af kommunikation, og det er fristende også at sætte lighedstegn mellem en bestemt udtryksform og en bestemt kategori af følelser, men som vi tidligere så er sprogmodellen ofte utilstrækkelig, og det teoretiske alternativ er derfor mere tiltrækkende i en række henseender.

Ovenfor har jeg antaget at eftersom der i første omgang er en form for rationale i ekspressivitet, så kan rationalet trækkes ud igen som information af tilskueren. Det betyder selvsagt ikke at man for at forstå ekspressivitet er nødt til at kende dens iboende funktioner, endsige være bevidst om den i en teoretisk forstand. Det er først når man bliver gjort opmærksom på sammenhængen mellem sammenknebne øjne og beskyttelse af dem, at man kan se beskyttelsen som funktion og bliver bevidst om den. Alligevel er chancen for at vi tager fejl hvis andre truer os, lille. At opdage andres intentioner og handlingsparathed er, kan vi formode, en af de vigtigste opgaver som syn og hørelse løser. Denne evne til at trække information ud af ekspressivitet bliver til en del af vores perceptuelle redskab ved at vi vokser op mellem andre mennesker og lærer at skelne på stadigt finere måder i den information der er indeholdt i andres adfærd. Vi behøver ikke at være bevidste om at det foregår; det er en opgave som synet og hørelsen automatisk klarer for os. Dette kan filmskabere så i anden omgang udnytte til at kommunikere følelser og oplevelser i filmuniverset på nuanceret vis.

Denne funktionalistiske forklaring kan ikke forklare alt. Afskyen giver funktionel mening som en tendens til at ville minimere smagskontakten med en substans på tungen, ved at runde den, og afslutningsvist støde den ildesmagende substans ud af mundhulen, men dette funktionelle forhold er ikke nødvendigvis involveret i forståelsen af afskyen på film. Når vi oplever Nicol Williamsons Hamlet, jf. forrige kapitel, som sarkastisk er det på grund af vokale signaler – vi opdager rundingen på tungen fordi den har konsekvens for stemmens klang. Rundingen på tungen er ikke noget vi og ej heller Williamson nødvendigvis er bevidste om, men nok så væsentligt: tendensen til at minimere smagskontakten og støde noget ud af munden tjener ingen funktion da der ikke er noget i mundhulen. Også hvis vi finder noget moralsk frastødende reagerer vi som om vi skulle støde noget ud af munden blot ved tanken om dét. Smagsoplevelsen fungerer her som *primær metafor*.[28] Det bliver muligt at forestille sig og opleve noget som afskyeligt, fx moralsk afskyeligt, netop i kraft af at der igangsættes bestemte sansemotoriske aktiviteter, hvorefter vi så opfører os som om vi støder det moralsk afskyelige ud af munden. Det gør vi fordi tænkning er forbundet med, og ikke fuldstændigt adskilt fra, sansemotorik.

Man kan ikke fremkomme med en udtømmende forklaring på hvordan ekspressive informationer opdages uden at antage at vores egne erfaringer og oplevelser står til rådighed. Undersøgelser af hjerneskadede viser at der er en nær sammenhæng mellem dét selv at kunne reagere med en bestemt følelse og dét at kunne opdage den hos andre.[29] Det betyder ikke nødvendigvis at man mentalt sætter sig i den andens sted. Filosoffen Fred Dretske har argumenteret for at forståelse af en andens oplevelse kræver et minimum af kendskab til egenskaber ved en oplevelse. Hvis man véd hvordan det føles at noget er 18 grader varmt, kan man sætte sig ind i oplevelsen hos en parasit der hæfter sig på en vært ved netop denne temperatur – trods biologiske forskelle i øvrigt.[30] I dette perspektiv tjener erfaringer til at forstå andres sindstilstande, men det er netop som et redskab til at forstå den anden – det er ikke sådan at blot fordi vi som tilskuere har haft forskellige erfaringer, så må vi nødvendigvis have forskellige oplevelser af spillets ekspressivitet. Figuren er i centrum og vi forsøger at forstå hvad en given ekspressivitet eller handling er udtryk for ved at trække på vores egne erfaringer i bredeste forstand, blandt andet scenerne der gik forud i filmen og begivenheder i tilskuerens fortid.

I den model jeg her har opstillet, har perceptionsapparatet som mål at udtrykke en bestemt information om omgivelserne. Perception af verden består ikke kun i at kunne gengive flader, kanter og bevægelser i omgivelserne, men også i at kunne gengive andres intentioner. Man kan kalde opdagelsen af forskellige egenskaber ved verden for perception af *affordances*, det omgivelserne tilbyder af relevans for handling.[31] En sten bliver ikke nødvendigvis kategoriseret i kraft af et ord eller prædikat, men kan blive perciperet og oplevet for det den tilbyder, fx kasteskyts, en siddemulighed osv. I dette perspektiv er andres intentioner som de røbes via deres ekspressivitet en vigtig, i mange tilfælde afgørende, egenskab ved verden. Ikke blot data fra andre, men også ens samlede videns- og erfaringsmængde øger evnen til at gøre lige nøjagtig dét: opdage intentioner i omgivelserne. Der eksisterer et bestemt mål, at repræsentere andres intentioner, og en række kognitive kræfter tjener dette mål, inklusive hukommelsen.[32] Til fordel for et sådan særligt modul ved menneskelig perception, med det mål at repræsentere andres intentioner, tæller at en bestemt gruppe mennesker, autister, synes at mangle netop dette modul uden at det i øvrigt medfører færre kognitive færdigheder generelt.[33]

Bemærk at dette er et alternativ til hvad man kunne kalde en *regelbaseret model*. Med regelbaseret model tænkes på at informationer fra filmen for at kunne blive forstået må blive oversat ved hjælp af en form for kode, hvad enten denne betragtes som tillært eller naturlig. Tanken er klarest udtrykt i et tidligt skrift af Søren Kjørup:

Hvor f.eks. en persons følelser skal karakteriseres, sker dette kun i undtagelsestilfælde ved at de grafiske konfigurationer på lærredet takket være semantiske regler bringes til at have indholdet "vrede" eller "forelskelse" (eller hvad det nu kan være), altså til direkte at denotere disse indhold. I stedet sker det oftest ved at de grafiske konfigurationer på lærredet denoterer en person med et bestemt udseende, og dette udseende bringes så i anden omgang ved hjælp af semantiske regler til at have indholdet "vrede" eller "forelskelse", hvilket vil sige at disse indhold konnoteres.[34]

På et første niveau denoteres figuren eller skuespilleren i kraft af dennes udseende. På et andet niveau, afhængigt af det første, konnoteres fx vrede.

Dette skel har jeg ikke hævdet – tværtimod har jeg peget på at i nogle tilfælde perciperes ekspressivitet før vi er blevet klar over hvad vi reagerer på. I det mindste hvis vi tænker på det spring som vi oplever ved jump-cuts, brøkdelen af et sekund før vi opdager at der blot er tale om en ny kameraindstilling, som en form for ekspressivitet. Ekspressivitet i spillet har tilsyneladende en form for fortrinsret i vores opmærksomhed og bevidsthedsliv, og det forklarer hvorfor vi oplever filmen som opmærksomhedskrævende og engagerende trods dét at vi véd at vi blot ser en skuespiller. Der er efter alt at dømme tale om en perceptuelt styret proces hvor viden om den sande status af den der udfører ekspressivitet ikke behøver at være udslagsgivende. Det er først hvis spillet er uoverbevisende og dilettantisk at vi begynder at fokusere på hvad vi véd, nemlig at en skuespiller blot spiller fx bange.

Som vi så i diskussionen af Carrolls model er det vanskeligt at forbinde et bestemt udtryk i ikke-sproglig kommunikation med et bestemt indhold på en konsekvent måde. Denne forbindelse er lige nøjagtigt hvad en regelbaseret model kræver. Der er naturligvis systematiske forbindelser mellem en bestemt formgivning af filmen og et bestemt indtryk hos tilskueren – ellers ville kommunikation næppe være mulig – men det betyder ikke at tilskuerens forståelse i sig selv finder sted ved hjælp af regler. Dette er i for høj grad at bygge filmisk kommunikation på samme model som sproglig kommunikation hvor der er regler blandt udøverne. Hvad mere er: der findes et mere fleksibelt og dynamisk alternativ i den kognitiv-økologiske model.

Bemærk også at indvendingen om at der gælder særlige regler for to-dimensional kommunikation af følelser, i modsætning til virkelighedens i tre, ikke er holdbar. Der er tale om en perceptuel proces hvorved vi trækker information fra nethinden, og her spiller den nøjagtige vinkling og størrelse, om der er tale om en tre- eller todimensional kilde, ikke nogen større rolle for perceptionen af egenskaber ved det gengivne.[35] Hvis man formoder at der er et særligt modul der har til formål at repræsentere handlingsrelevant information om omgivelserne, ikke blot deres fysiske egenskaber og proportioner, men også hvad man kan vente sig af dem og hvilke intentioner der er til stede hos en anden, så er der tale om kognition snarere end regler.

AFRUNDENDE OM FREMSTILLINGEN AF FØLELSER

I en vis forstand er der tale om symbolsk fremstilling når spillernes ekspressivitet på lærredet gælder for deres følelser. Men der er ingen grund til at formode at en lingvistisk model, hvor man ser tilskuerens forståelse som en simpel genkendelse eller regelbaseret afkodning, forklarer forståelsen. Jeg har forsøgt at opstille hvad jeg har kaldt et kognitiv-økologisk alternativ ved hjælp af tanker i kognitionspsykologien og hos J.J. Gibson. Især har jeg lagt vægt på at vores forståelse af spillets ekspressivitet er et resultat af tænkning hvor der gælder bestemte principper, nemlig funktionalistiske.

Det er uheldigt at en stor del af filmteorien har været baseret på sproglige modeller for kommunikation. Vi så i første kapitel, at sproget er i stand til at fastholde abstrakte egenskaber ved verden og kommunikere dem igen; i dette kapitel, at følelsestermer opsummerer bestemte egenskaber ved følelser. Men den visuelle og auditive kunst bygger ikke nødvendigvis på sproget; der er tale om en selvstændig kommunikationsform. Det er spørgsmålet om man ikke havde været bedre tjent med at lytte til kunsthistorikken E.H. Gombrich der allerede i 1965 advarede mod at se symboler i kunsten som noget mystisk, som noget der var et spørgsmål om en særlig symbolsk og svært tilgængelig logik. Han mente i stedet at man skulle se symboler i billedkunsten og metaforer i sproget som byggende på de samme psykologiske principper.[36] Han advarer samme sted mod forestillingen om uendelig betydningsrigdom i tegn, mod at man associerer og søger de dunkle bibetydninger – en tradition han finder påbegyndt i den tyske romantik,[37] og som vi i dag kan finde i skrifter der går under betegnelsen dekonstruktivistiske. De ord og metaforer som jeg har beskrevet det kognitive indhold af følelser med, er mere eller mindre præcise, men det kan ikke tages som udtryk for at ekspressivitet kan betyde hvad som helst. Vi skal handle og agere i forhold til omgivelserne med bestemte anliggender in mente, og vi har så at sige ikke råd til at overse de informationer der er i andres ekspressivitet. Det lægger en naturlig grænse for flertydighed i film, i det mindste mens vi sidder og følger handlingen.

I den relationelle model ses ekspressivitet som en integration af tænkning og følelser, som udtryk for at subjektet forholder sig kognitivt og handlingsmæssigt til sine omgivelser. Den relationelle model har kort sagt et mere helhedsorienteret perspektiv på ekspressivitet, idet den søger efter et formål med ekspressiviteten i en given situation, hvor den lingvistiske alene søger at matche ansigtsudtryk med en lille mængde følelseskategorier. Ekspressivitet indeholder vigtig information om hvordan andres forhold til omgivelserne er ved at blive ændret, og i det perspektiv kan det ikke undre at vi er så gode til at trække information ud af spillet. At perceptionsmekanismer lader os udføre denne opgave så relativt let, er ikke mere mærkeligt end at det gør os i stand til at bedømme hvilken genstand en flade i synsfeltet tilhører, hvor langt der er hen til genstanden osv. Men hverken de ekspressive eller rumlige informationer hæfter vi nødvendigvis ord på, sådan som jeg har været nødt til her. Ord er ikke nødvendige for at opleve følelser i filmens univers.

Noter

1. Carroll, "Toward a Theory of Point-of-View Editing", p. 136.
2. Ibid., p. 132.
3. Burgoon, m.fl., *Nonverbal Communication*, p. 342.
4. Frijda, *The Emotions*, p. 27.
5. Burgoon, m.fl., *Nonverbal Communication*, p. 338.
6. Ibid., pp. 331f.
7. Carroll, "Toward a Theory of Point-of-View Editing", p. 132.

8. Frijda, *The Emotions*, p. 66.
9. Ibid., p. 61.
10. Ibid., pp. 67ff.
11. Se Damasio, *Descartes' Error: Emotion, Reason, and the Human Brain*, p. 141.
12. Frijda, *The Emotions*, p. 60.
13. Ibid., pp. 82f.
14. Ibid., pp. 20f.
15. Ibid., p. 88.
16. Ibid., p. 13.
17. Ibid., pp. 94f.
18. Ibid., p. 71.
19. Se Zarrilli, *Kathakali Dance-Drama: Where Gods and Demons Come to Play*.
20. Frijda, *The Emotions*, p. 20.
21. Ibid., p. 11.
22. Oatley, "Plans and the Communicative Function of Emotions: A Cognitive Theory", p. 359.
23. Frijda, *The Emotions*, p. 73.
24. Ibid., pp. 208-14.
25. Bazin, "Le réalisme cinématographique et l'école italienne de la libération", p. 23, min oversættelse. Bazin antog at den analytiske montages brug af nærbilleder måtte slutte, derfor datidsformen, med fremkomsten sekvensindstillinger som i Orson Welles' CITIZEN KANE (1942) hvor handlingen dækkes i én indstilling, men sådan skulle det som bekendt ikke gå.
26. Peirce, "Logic as Semiotic: The Theory of Signs", pp. 12ff, p. 18. I mange fremstillinger af Peirces symbolteori udelades spørgsmålet om medfødt afhængighed – en tanke der er kompatibel med de naturlige forudsætninger som jeg tidligere skitserede, fx hvornår noget gælder for bevægelse snarere end et hop.
27. Peirce peger i sin fremstilling netop på at hans begrebsliggørelse bringer ordet symbol tættere på dets oprindelige betydning, at kaste sammen. Ibid., p. 18.
28. Se Lakoff og Johnson, *Philosophy in the Flesh*, pp. 45-60.
29. Scott, m.fl., "Impaired Auditory Recognition of Fear and Anger Following Bilateral Amygdala Lesions".
30. Dretske, *Naturalizing the Mind*, pp. 82ff.
31. Gibson, *The Ecological Approach to Perception*, p. 140.
32. En definition af kognition ("tænkning"), til forskel fra sansning og interne informationsstrømme i øvrigt, lyder at en minimal grad af hukommelse er involveret, til gengæld behøver bevidsthed ikke at være det. Således er fx den pludselige smerte i benet ikke resultatet af kognition, men ubevidste perceptuelle processer er det. Frijda, "Emotions Require Cognitions, Even if Simple Ones", p. 206.
33. Se Plotkin, *Evolution in Mind: An Introduction to Evolutionary Psychology*, p. 213.

34. Kjørup, *Filmsemiologi*, p. 206.
35. Se afvisningen af Umberto Ecos tanke om grafiske konventioner i Grodal, *Moving Pictures*, pp. 75ff.
36. Gombrich, "The Use of Art for the Study of Symbols", p. 438.
37. Ibid., p. 454.

Kapitel 4

EKSPRESSIVITET I PELLE EROBREREN

I dette kapitel vil jeg vise hvordan man på forskellige niveauer kan analysere kommunikationen af de fremstillede personers tænkning og følelser. I nogen grad kan niveauerne siges at svare til forskellige tidspunkter i skabelsesprocessen: manuskript, optagelse, redigering, men en skelnen mellem forskellige niveauer er især værdifuld som analytisk instrument. Jeg har valgt Bille Augusts Pelle Erobreren (1987) fordi den i sin brug af spillet, den erfarne Max von Sydow som Lasse over for den på dette tidspunkt elleveårige og utrænede Pelle Hvenegaard i titelrollen som Pelle, fordeler kommunikative opgaver i forhold til spillernes kunnen og ekspressive muligheder.

Pelle Erobreren foregår i slutningen af det 19. århundrede på Bornholm og har som hovedpersoner drengen Pelle (Pelle Hvenegaard) og hans midaldrende far, Lasse (Max von Sydow). De kommer til Bornholm fra Sverige med høje forventninger til en ny tilværelse i tjeneste på Stengården, men begge skuffes. Filmen skildrer hvordan Pelle modnes og bliver i stand til at tage vare på sig selv indtil han rejser alene fra gården to år senere. Pelle oplever hvordan det er at være søn af røgteren, der har mindst status på gården – Lasse er for svag til at sætte sig i respekt. Rundt om dem udspiller forskellige skæbner sig.

Bille August har beskrevet filmen som "…en fortælling om, hvordan Pelle suger til sig af den næring, der findes i faderens kærlighed, og hvordan han udvikles til det harmoniske og stærke menneske, som han jo trods alt er."[1] Filmen veksler mellem at skildre Pelle sammen med faren eller i konflikt med især jævnaldrende, men den tager sig også tid til at skildre en række andre skæbner på Stengården, ofte med Pelle i iagttagerens rolle. Det er denne struktur der realiserer Augusts intentioner. For dén der vil genopfriske historien, vil jeg henvise til referatet og segmenteringen bagest og i øvrigt blot bemærke at filmen blev Bille Augusts internationale gennembrud.[2]

AMATØRER OG PROFESSIONELLE SKUESPILLERE

Der er forskel på om bestemte opgaver klares af spillet eller af klipningen. Man kan udnytte Kuleshov-effekten (se kapitel 2) ved at klippe reaktioner i ansigtet sammen med omhyggeligt opbyggede situationer, og man kan omvendt lade skuespillere selv opbygge et forløb og styre timing'en af de forskellige signaler. I dette kapitel vil jeg antage at der er en sammenhæng mellem spillerens erfaring og de opgaver der løses af skuespilleren selv. Jeg vil benytte ordet amatør om en børneskuespiller, Pelle Hvenegaard, ud fra den betragtning at spillekunsten på dette tidspunkt endnu ikke var Hvenegaards erhverv og ud fra antagelsen om at nogle færdigheder der især har med fornemmelsen for tilskueren at gøre, endnu ikke besiddes.

Tilbage til stumfilmens dage har der hos instruktører været en bevidsthed om at der er fordele og ulemper ved at benytte amatører eller, som man måske skulle kalde dem, utrænede eller ikke-uddannede skuespillere. Den russiske instruktør og skuespiller Vsevolod Pudovkin gjorde sig en række iagttagelser om netop det emne.[3] Han noterede sig at amatøren først og fremmest tillod en større realisme, så man ikke som på teatret behøvede at lade en dreng blive spillet af en voksen skuespiller, men han bemærkede også at amatøren kunne tjene som et eksempel til efterfølgelse af den uddannede og trænede spiller. Pudovkin tillagde det afgørende vægt at instruktøren formår at gøre betingelserne under optagelsen realistiske. Han fortæller at han i filmen DEZERTIR (1932) roste en amatør for dennes lidt usikre spil med det resultat at spilleren ikke kunne skjule sin stolthed og netop dét blev anvendt i filmen, som reaktion på at spillerens figur, en ungkommunist, vinder en afstemning. I filmen PROSTOJ SLUCHA (1933) ville han have et genert smil frem i den færdige film. Han bad drengen der spillede rollen om at gå med på et eksperiment for at få et smil frem – drengen skulle gribe fat om sine knæhaser og blive der indtil Pudovkin sagde til, for så at rette sig op med et smil. Der er forskel på et lettet smil og et genert smil og for at få det sidste frem, instruerede han drengen i at der skulle være absolut tavshed under optagelsen. Da drengen så rettede sig op, brød han selv denne regel og stillede drengen et spørgsmål – og drengen, der ikke vidste om han skulle svare eller overholde tavshedsbudet, blev lettere usikker i sit smil. Resultatet svarede nøjagtigt, siger Pudovkin, til ønsket om et genert smil. Den for trænede spillere almindelige metode, at finde frem til et udtryk gennem prøver, mekanisk gentagende såvel som skabende og eksperimenterende, er umulig i forbindelse med amatørspillere, hævder Pudovkin.

Pudovkins diskussion peger ikke alene på en særlig håndtering af amatørens spil, men rejser implicit spørgsmålet om hvem der har fortjenesten af hvad der opnås med filmens forskellige midler. Spørgsmålet er centralt i film idet mange mennesker (fotografen, komponisten, klipperen, spilleren, instruktøren, manuskriptforfatteren) bidrager med løsninger til den enkelte film og til at vi oplever de fremstillede personer som ekspressive. Spørgsmålet kan i mange tilfælde bedst afgøres ved en historisk analyse af omstændighederne under den enkelte films produktion, men det er oplagt også at søge efter generelle forbindelser mellem en bestemt type spiller og fremstillingen af ekspressivitet. Hvis vi accepterer at det alt andet lige vil gøre en forskel om en skuespiller spiller med i sin film nr. 70 som Max von Sydow eller sin første film som Pelle Hvenegaard, så er det forventeligt at der er systematiske forbindelser mellem skuespilleren og måden ekspressivitet vises. Det er den type forbindelser jeg vil søge efter i PELLE EROBREREN.

Det rationale der i denne sammenhæng er interessant er den mellem filmens dynamiske "kræfter:"

> Describing the narrative discourse of film must involve cutting up the filmic text so that its dynamic forces are exposed. (…) I believe film's narrative discourse can best be described as the interrelation of three different levels that interrelate and express narrative information: the pro-filmic, the enframed image, and the process of editing. I do not claim that they function in isolation, nor do I construct a hierachy of importance, although I will show that some levels perform some tasks more economically than others.[4]

Det er en lignende tankegang om det mest økonomiske niveau for forskellige opgaver jeg vil forfølge i min analyse af PELLE EROBREREN.

Jeg vil fokusere på bestemte niveauer i denne tredeling mellem det der sker foran kameraet, den *profilmiske* begivenhed, selve indramningen og optagelsen, den *filmiske*, og efterarbejdet under klipning og lydarbejdet, den *postfilmiske*.

Det er ikke nødvendigvis interessant om fx en underlig gang eller en underlig replikbehandling er skabt på det ene eller andet niveau, men i visse tilfælde kan det være betingelsen for en forklaring. Hvis den mærkeligt talende mand i de drømmeagtige sekvenser i den anden sæson af David Lynchs tv-serie TWIN PEAKS (1991) er optaget "baglæns" hvorefter de spilles forlæns i den færdige film, så har vi fået en forklaring på hvordan dette udtryk kan opnås. Det ville ikke blot være svært at udtale ordene "talende baglæns" så resultatet bliver lige så uforståeligt som "snælgab ednelat" afspillet i modsat retning af optagelsen af dem, men det ville være tæt på fysisk umuligt. Det gælder også fx måden tyngden flyttes fra ét ben til et andet i den lille dværgs sære gang. En forklaring der hævder at virkningen er opnået alene på det profilmiske niveau er ikke sandsynlig; det er nødvendigt at medtænke filmiske og postfilmiske virkemidler.

Det samme gælder den modsatte vej. Hvis man hævder at dét indtryk af følelser som Max von Sydows spil efterlader om figuren Lasse (eller Lassefar, som Pelle kalder ham) kunne være opnået med andre midler, fx klipning, så enten overser man klipningens begrænsninger, eller også har man ikke en model for ekspressivitet der tillader én at anerkende de små nuancer og detaljer i ekspressivitet. Med hjælp fra de foregående kapitler kan man bedre underbygge konklusioner om spillet. Den model som Carroll foreslog, at signaler fra spillet indgår i en integreret kommunikation med virkemidlerne i øvrigt, er det ene udgangspunkt. Det andet udgangspunkt er tanken om at følelser tjener en funktion i forhold til omgivelserne og at tilskuerens bearbejdning og "udtræk" af information i ekspressivitet sker med dette in mente. Ved hjælp af Frijdas teori om følelser er det muligt at opdage og redegøre for nuancer og detaljer i spillet, og ved hjælp af Carrolls model er det muligt at beskrive sammenhængen med filmens midler i øvrigt.

MAX VON SYDOW OG PRINCIPPER FOR LASSES EKSPRESSIVITET

Som titlen på Peter Cowies biografi, *Max von Sydow. Från Det sjunde inseglet till Pelle Erövraren* peger på så strækker anerkendelsen af film som von Sydow har spillet med i sig helt tilbage til Bergmans tidlige film. Han debuterede i Alf Sjøbergs BARA EN MOR (1949) som titelrollens ærekære ungdomskæreste, for så at spille en nysgerrig og naiv bondeknøs i samme instruktørs Strindberg-filmatisering, FRÖKEN JULIE (1951). Han fik sit gennembrud i rollerne for Ingmar Bergman, ofte som figurer der var karakteriseret ved vaghed eller tvivlrådighed, selv i roller som i JUNGFRUKÄLLAN (1960), hvor han hævner mordet på sin datter, og med den stærkt sminkede hypnotisør Vogler i ANSIKTET (1958) som den måske mest markante undtagelse på vaghed og tvivlrådighed. Hans lange ansigt understøtter sammen med den høje magre krop at han er martret i sindet.

Hans dybe stemme kan forlene hans figurer med autoritet når der tales langsomt og højstemt som i Bergmans DET SJUNDE INSEGLET (1957), men det er ikke en nødvendighed – prøv blot at sammenligne med de hurtige og lidet prægnante replikker i BARA EN MOR. Heller ikke i birollen som en svensker med nazisympatier i Jørn Jeppesens danske SPION 503 (1958) efterlader han noget særligt indtryk. Man kan sige at det først er i det øjeblik at Sydow kombinerer sin høje skikkelse og dybe stemme med følelsesmæssig aktivitet, at hans autoritet slår igennem. Det er spillet og den fremstillede ekspressivitet der gør at Max von Sydow efterlader stærke indtryk, ikke iboende træk ved fx stemmen.

Generelt kan man sige at hans dybe stemme gør indtryk uanset om den kontrasteres af figurens vage eller stærke karakter. Han er skræmmende som den nynazistiske Oktober i Michael Andersons THE QUILLER MEMORANDUM (1966) og som den høflige og behagelige, men dræbende Joubert – med en stemmeføring ikke ulig Antonius Block i DET SJUNDE INSEGLET – i Sidney Pollacks THREE DAYS OF THE CONDOR (1975). Hvis hans beslutsomhed overdrives og karikeres kan han virke morsom som i Hans Alfredsons ÄGGET ÄR LÖST! (1975), men hans særlige flair kan man sige er den oprigtige vrede på vegne af en tredjepart, indignationen. Det kommunikeres ofte ved at strække nakken som søger han opad, og hvis intentionen er at virke

fig. 4.1

fig. 4.2

fig. 4.3

fig. 4.4

skræmmende vred kombineres den knejsende nakke med et direkte og intenst blik som THE QUILLER MEMORANDUM og sidst i Jan Troells HAMSUN (1996), ellers med et nedadvendt blik som i retssalen i Scott Hicks SNOW FALLING ON CEDARS (1999).

Bille August har om sin rolle som instruktør for von Sydow sagt at "man behøver blot at sige ganske få ting. Han ved præcis hvad det er man mener, og han vil ikke vide mere, og så skal man ikke gå ind og skabe irritation."[5] Uanset hvilken instruktion han har fået, er det markant at opgaven med at kommunikere Lasses følelser i PELLE EROBREREN og gøre indtryk på tilskueren i høj grad løses af Sydow selv på det profilmiske niveau. Det kan ses i en række markante valg der lader opgaver omkring kommunikationen af Lasses følelser blive varetaget i spillet.

fig. 4.5

For det første sker det ved at de forskellige faser i Lasses ekspressivitet ændrer sig uafhængigt af klipningen og i de enkelte faser indeholder flere intentioner. Et særligt illustrativt eksempel er, da han forærer Pelle en kniv på dennes fødselsdag. Scenen er skildret i en række krydsindstillinger, hvor Pelle forsøger at finde sin gave og dernæst pakker den op, nærmest uden at kigge på Lasse; hans aktivering retter sig mod udpakningen. Lasse forsøger at signalere afslappethed i kraft af stemmen, men da Pelle generelt ikke kigger på ham, end ikke ænser ham, behøver han ikke at passe på sine øvrige kropslige signaler. Lasse forsøger at give Pelle et indtryk af afslappethed i sin stemme, men kommer samtidig til at afgive signaler om stor spændthed dér, hvor Pelle ikke er opmærksom, i kroppen og ansigtet. Der kommunikeres med andre ord to modsatte signaler hos Lasse.

Figurerne 4.1-4.5 illustrerer ekspressive variationer i dette forløb. Pelle ligger stadig og sover, da Lasse lister sig ind, kysser ham og rusker ham vågen, hvorefter han fortæller Pelle, at han hellere må klæde sig på (fig. 4.1). Her signalerer han fornøjethed i kraft af smilet, og stor aktivering i kraft af armene, hvor den ene albue svinger en smule foran ham og hatten viftes. Dernæst forsøger han at virke overrasket (fig. 4.2) over lommens størrelse på Pelles bukser for at få ham til at kigge dér, og foreslår skuffet, at det bare er papir, da Pelle hiver noget op. Mens Pelle pakker gaven ud, benytter Sydow igen den højre, frie arm ekspressivt, idet han tager en knyttet hånd op til munden, samtidig med at munden vibrerer i spændthed (fig. 4.3). Da gaven er pakket op, og Pelle er kommet med et tilfreds udbrud, lyser Lasse op i et stort smil og tager hånden ned til knæet igen (fig. 4.4).

Endelig tager han en dyb indånding, hvorved skuldrene falder en smule ned, for dernæst at henvende sig "ærligt" til Pelle (uden at foregive afslappethed) i en lykønskning (fig. 4.5). Intensiteten i denne scene når sit højeste, da gaven er lige ved at være åbnet – den vibrerende mund og hånden foran munden kan bedst tolkes som en bevægethed tæt på gråd. Frijda mener, at gråd bl.a. kan være en *overgivelse*,[6] og det giver en mening i denne situation. Pelles modtagelse af gaven er uden for Lasses egen kontrol, og spændtheden bliver ganske enkelt for stor for ham, da Pelles reaktion på gaven er *så* tæt på.

For det andet benytter Max von Sydow flere kanaler samtidigt. Fødselsdagen ovenfor illustrerer dette, men et andet eksempel er da han er inde hos fru Kongstrup (Astrid Villaume), Stengårdens på dette tidspunkt magtfulde frue, for at bede om hjælp til at udrede trådene omkring Pelles slagsmål med præstens søn. Også her vipper han både med albuen og hatten, men i kraft af stemmen og situationen specificeres følelsen her som frygt. Han stammer, kigger ned og tøver. Frygten tager vokal form som en intention om ikke at blive bemærket – til trods for at han sidder lige foran hende, og til trods for at aktiveringen i kraft af gestikken peger på at han vil noget og presser sig selv for at få det frem. Der er med andre ord flere intentioner til stede samtidig. At han egentlig ikke tør bede fruen om hjælp, som den laveste i gårdens hierarki og hun som den højeste, er vi blevet opmærksomme på da han forsøger at undgå overhovedet at træde ind i stuen, og vi bliver mindre fokuserede på hvad det er hos hende der afstedkommer frygt; det er et træk af undseelighed ved hans karakter, respekten for andres status, hvilket også understreges ved Pelles ligefremhed i scenen.

For det tredje er den tidslige dimension af ekspressivitet styret i spillet. Denne styring af figurens ekspressivitet i forhold til samtidige begivenheder omkring Lasse kommer særligt frem i den *forsinkede* eller *manglende reaktion*. Da forholdet til enkefru Olsen (Karen Wegener), som han kalder hende – alle andre kalder hende madam Olsen fordi manden er ude at sejle – er ved at blive etableret, i drømme har hun fået tegn om at manden er død, konstaterer hun afslutningsvist at hun vel skal have et kys. På dette tidspunkt ved vi at Lasse længe har ønsket sig et forhold til en kvinde, at leve sammen med én og nyde alderdommen med hende, og har sat sine forventninger højt op og næsten ikke turde tro på det. Derfor forekommer det ikke underligt at Max von Sydow holder en lang pause før han stille bekræfter og giver hende et kys. Han reagerer ikke i starten, som om det først skal gå op for ham, hvad det egentlig er, hun siger. Forsinkelsen understreger det kognitive indhold af følelsen – tilskueren cues til at erindre de drømme han tidligere har formuleret over for Pelle.

Anderledes da tjenestepigen på Stengården, Karna, bringer nogle tæpper ind i røgterkammeret dén aften hvor deres rømning er planlagt. Her reagerer von Sydow end ikke. Han kigger åndsfraværende på hendes ankomst, som om det ikke går op for ham hvad hun siger eller hvad hun laver dér og filmen understreger dette ved at undlade at klippe til hende. Her kommunikeres en manglende sammenhæng mellem hans tænkning og begivenhederne omkring ham; hans opmærksomhed er andre steder. Denne kommunikation af at opmærksomheden er på andre egenskaber end det umiddelbart foran Lasse kan også blive fokuseret af et enkelt ord. Således da landvæsenseleven (Morten Jørgensen) truer med at pudse forvalteren på ham. På "forvalteren på dig!" flakker Sydows blik væk fra spilleren over for ham, hen mod hovedhuset, og derved opdager vi at han reagerer på, afskrækkes af, udsigten til de højere magters vrede.

For det fjerde har Max von Sydows ansigtsudtryk ofte en unik eller opfindsom karakter. Et særligt ansigtsudtryk eller rettere, en adfærd i ansigtet, kommunikerer en intens negativ følelse hos Lasse. Det er den åbnede, horisontalt tilbagetrukne mund. Hvis man sammenligner udtrykket med Ekmans ansigtsudtryk, har mundbevægelsen en minimal lighed med frygt (fig. 3.5) i sin tendens til tilbagetrækning, men den er på ingen måde forvekslelig. Afhængig af i hvilken situation det benyttes kan man tale om *skam*, *skyld* eller *selvmedlidenhed* (men i ingen af situationerne passer *frygt*). Ansigtudtrykket benyttes, da Lasse, lige ankommet fra Sverige, er blevet afvist på havnen af de kommende arbejdsgivere (fig. 4.6) som for gammel. Det benyttes da Lasse hører at bådsmand Olsen – den mand som alle, navnlig han selv og madam Olsen havde troet druknet – er vendt tilbage. På samme måde da han henimod slutningen fortæller Pelle, at han er blevet for gammel til at flygte (fig. 4.7). Øverste del af ansigtet er forskelligt (se igen fig. 4.6 og 4.7), men i alle tilfælde kan denne relationelle funktion af mundbevægelsen bedst tolkes som et forsøg på at straffe sig selv: han forsøger at bide sig i læben. I en fjerde og sammenlignelig scene bider Lasse rent faktisk sig selv i læben; det er, da han skal tilbage til Pelle efter ikke at have holdt sit løfte om at straffe landvæsenseleven med en gang prygl.

fig. 4.6   fig. 4.7

Denne biden-sig-selv-i-læben eksemplificerer problemet med valg af følelsestermer. Man kan vælge termen efter hvilket aspekt af situationen, man fokuserer på. Hvis man fokuserer på, at Lasses handling har forringet hans værdi i andres øjne (som da han opdager, at han har haft et forhold til en gift kvinde), kan man tale om *skam*. Hvis man fokuserer på handlingens konsekvens for andre (at Lasse skader Pelle ved ikke at turde rejse fra Stengården), kan man tale om *skyld*. Yderligere kan man tale om en følelse som *selvmedlidenhed*, hvis man fokuserer på Lasses efterfølgende handlinger, hvor han forsøger at dulme smerterne med alkohol (på havnen og efter bådsmand Olsens hjemkomst) eller en opiumindsprøjtning (han har gjort klar, men finder skovbær i stedet for en sprøjte i kufferten efter elevens ydmygelse af ham). Hvis man alene fokuserer på øjeblikket, hvor Lasse synes at ville bide sig i læben, er det mest nærliggende at tale om skam eller skyld ud fra mundbevægelsen.

Alligevel må denne usikkerhed eller grad af tilfældighed ikke lede os til at tro at følelsens kognitive indhold ikke er specificeret. Hvilken af følelsestermerne man vælger, gør ikke den store forskel da Lasses handlinger under alle omstændigheder er forbundet til dét at være far for Pelle, og han er opmærksom på forholdet mellem de to. Dette kognitive indhold, i kraft af at tilskueren har fulgt de to og kender deres relation og især Pelles forventninger til faren, er en del af vores forståelse i det øjeblik Lasse forsøger at straffe sig ved at bide, eller ved en tendens til at bide. Følelsestermer udvælger under alle omstændigheder bestemte egenskaber ved en situation på bekostning af andre, og skærer dem væk på en måde som ikke sker mens vi ser filmen. Det gælder således at ved at fokusere på årsagen frem for selve ekspressiviteten kan man vælge en fjerde emotionsterm og ikke kun skyld, skam eller selvmedlidenhed. Da Lasse vender sig grædende omkring og forklarer Pelle at han er for gammel til at rømme fra Stengården, den aften hvor rejsen er planlagt, er Lasses følelse også *sorg* over at måtte skilles fra Pelle, over at måtte indrømme at han ikke mere er i stand til at tage vare på sønnen (fig. 4.7). Mundbevægelsen understreger blot ét aspekt, at Lasse har lyst til at straffe sig selv for det, men sorgen over at måtte skilles fra sin søn er dominerende.

PRINCIPPER FOR PELLES EKSPRESSIVITET

Fordelen ved reaktioner i nærbilledet er at det lader sig gøre at konstruere signaler i spillet med stor omhyggelighed. Spilleren skal kun koncentrere sig om en enkelt ting ad gangen, instruktøren kan sørge for at de forskellige reaktioner bliver forskellige, og klipperen kan siden gøre timingen rigtig (det er disse opgaver som Max von Sydow i vid udstrækning selv løste). I det store hele kan man sige, at Pelles ekspressivitet bygger på et af to principper i spillet, enten en egentlig handling eller en enkelt type reaktion i ansigtet, og jeg vil forsøge at vise hvordan Pelles reaktioner igennem hele filmen kan opsummeres til bestemte typer. Disse relativt få reaktionstyper peger ikke på bestemte følelser, men snarere bestemte måder at relatere til omverdenen på, og det er så den givne situation der specificerer følelsernes kognitive indhold.

Min gennemgang af den relationelle aktivitet i Pelles spil kan virke en smule skematisk, så det er vigtigt at understrege to forhold der undgår dette mens vi ser filmen. For det første indgår ansigtsudtrykkene i en sammenhæng som er opmærksomhedskrævende. En indstilling der i sig selv hurtigt ville være tømt for information bliver opmærksomhedskrævende i sammenhængen. For det andet er det heller ikke ganske ligegyldigt at der er tale om en køn dreng som i sig selv måske udløser beskyttende tendenser hos tilskueren. Jeg skal i et senere kapitel vende tilbage til tilskuerens følelser, fx tendensen til omsorg for et barn med store brune øjne, men her er det nok at konstatere at filmholdet ifølge Bille August prøvefilmede flere tusinde drenge for at finde én som "kameraet elsker" (og i tillæg kunne spille og vedblive at arbejde koncentreret og disciplineret).[7] Filmen så at sige udnytter at det er lettere at bekymre sig for hvad en lille dreng oplever, og at det virker ekstra ondt når han ydmyges af stærkere personer på gården. Filmens brug af ham som én som begivenheder reflekteres hos og gennem hvis følsomme sind de får en særlig betydning, ligner François Truffauts LES QUATRE CENT COUPS (1959). Denne gør også brug af teknikker som afskærmning af ansigtet med armene for at fremhæve øjnene der kigger ud på verden,[8] som når Pelle kigger drømmende ud på vandet i starten af filmen.

1. *Overraskelse og forvirring kommunikeres ved hjælp af øget indtagelse af synsdata.* Især i første halvdel af filmen reagerer Pelle med en form for overraskelse, idet en række situationer er ukendte for ham. I den senere del af filmen reagerer han i højere grad med en form for aggressivitet, først og fremmest over for sine jævnaldrende, men også som små forsøg på at hævde sig over for faren. Dette skal ses som en del af hans modningsproces, hvor han bliver i stand til at klare sig selv for til sidst at drage alene ud i verden. I de situationer, hvor Pelle bliver overrasket eller forvirret, reagerer han med især opspilede øjne og et flakkende blik, der bedst kan ses som en hurtig parathed til forøget indtagelse af synsdata i en måske farlig situation. Flere gange følges de meget åbne øjne med en åben mund, og her kan man tale om overraskelse eller forskrækkelse, afhængig af situationen. Da Fru Kongstrup (Astrid Villaume) forsøger at benytte Pelle som gidsel for at få sin cognac fra manden, og spærrer døren, så Pelle ikke kan komme ud, reagerer han med en sådan overraskelse. Da han går i en fælde, som de øvrige drenge fra skolen har lagt for ham for at tvinge ham ud på nogle isflager, reagerer han med opspærrede øjne og en lidt åben mund (fig. 4.8). Det samme sker, da masten knækker, og Nils' (Lars Simonsen) livline forsvinder i bølgerne, og da den aldrende skolelærer (John Wittig) falder død om på katederet, efter at Pelle har rørt ham på skulderen (her tager han sig også for munden). Da han opdager den kastrerede Kongstrup (Axel Strøbye) indsmurt i blod, er der en tendens til samme overraskelse, men da Karna i det samme holder ham for øjnene for at afskærme ham for synet, er det ikke til at afgøre.

Den situationelle betydning i overraskelsen kendetegner sig ved en *uventet ændring, hvis rumlige placering er kendt, men mulige konsekvenser for egne anliggender ukendt.* Med andre ord véd Pelle i disse situationer, hvor det potentielt farlige objekt er placeret, men han kender endnu ikke konsekvenserne af ændringen.

fig. 4.8

fig. 4.9

Forvirring hos Pelle adskiller sig på to måder: dels kender han *ikke den rumlige placering af det vigtige objekt, dels benyttes ikke point-of-view-klipning*. Når man kan sige at forvirringen især er kendetegnet ved en rumlig forvirring, skyldes det ikke alene at blikket farer i forskellige retninger i nærbilledet, men også at der klippes ud til et totalbillede uden at der er tale om en point/object-indstilling (den egentlige point-of-view indstilling). Der sker altså en rumlig forvirring af tilskueren, idet signalet fra point/glance-indstillingen (signalbilledet af et blik off-screen) alligevel ikke følges af point/object-indstillingen. Pelle skildres som forvirret, da Rud (Troels Asmussen) dukker op og hjælper med køerne, og da skolebørnene pludselig opgiver den koncentrede oplæsning og råber "bæææ" for at genere læreren. Her reagerer han med at spærre øjnene op og kigge sig om i forskellige retninger i en åben indstilling, hvor der er mange bevægelser foran, ved siden af og bagved Pelle (fig. 4.9). Samtidig reagerer Pelle på en automatiseret, ikke-overvejet måde i disse to scener. Da Rud (Troels Asmussen) råber fra et sted bag køerne, at han bare skal slå på bagbenene vågner han brat op og slår, uden at overveje om han jager i forkert retning, ud efter en ko. I skolestuen reagerer han ligeledes ved at begynde selv at råbe efter den indledende forvirring. I begge tilfælde er der tale om en efterlignelsesadfærd som Pelle øjeblikkeligt går i gang med da den første forvirring har lagt sig.

2. *Frygt kommunikeres som en handlingstendens eller ved hjælp af stemmen.* En bestemt scene ligner på flere måder forvirringen, blot med de undtagelser, at filmen dels signalerer at en anden har intenderet forvirringen af Pelle, dels at Pelle appellerer om hjælp med en skræmt,

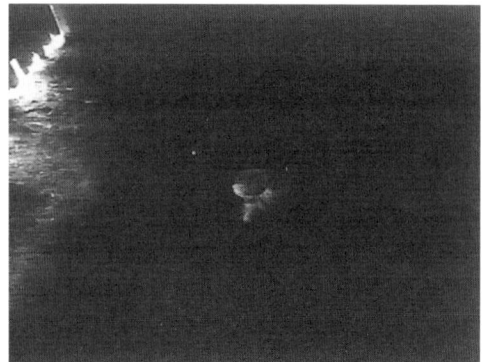

fig. 4.10 fig. 4.11

lys stemme (høje toner). Det er, da landvæsenseleven (Morten Jørgensen) har lokket Pelle ind i laden, lukket porten og gemt sig. På samme måde som i forvirringen sendes signaler om en point/glance-indstilling (fig. 4.10), hvorefter der klippes til et totalbillede med Pelle i fugleperspektiv (fig. 4.11). Her bidrager indstillingen til at animere rummet på en anden måde end i skolestuen. Vi hører mange off-screen-lyde, men kan ikke se deres kilder; der klippes til en gren der blæser ind under porten, og kameraet bevæger sig, som følger det en fugl som vi kun kan høre, men ikke se. Indstillingen ovenfra har dels den funktion at gøre opmærksom på rummet på alle sider af Pelle som for at foregribe, at der kommer nogen ind i indstillingen, men samtidig forekommer indstillingen så afvigende at tilskueren må lade den mulighed at der er tale om en point/object-indstilling, stå åben. Indstillingen kan være motiveret i at én kigger fra dette punkt. Da filmen i den forrige scene har signaleret at eleven har en plan med at lokke Pelle ind i laden slutter tilskueren, at forvaltereleven vil Pelle noget ondt. Især da han ikke kommer frem trods Pelles kalden på hjælp.

Pelle reagerer med frygt andre steder, men ingen steder med de horisontalt tilbagetrukne mundvige og den særlige panderynken der karakteriserer Ekmans ansigtsudtryk for frygt (fig. 3.5). Ofte kommunikeres frygten i stedet som en handlingstendens uden nogen skildring af hans ansigt. Det gælder, da vi ser ham, omringet af drengene ved havet, dreje sig hurtigt omkring som for at finde en vej og flygte, og det gælder, da han sammen med faren gemmer sig under hestevognen, idet Ruds aggressive mor, kaldet Soen (Lena Pia Bernhardson) afslører hvem der er årsag til Sines (Sofie Gråbøl) graviditet. Den samme undgåelse gør sig delvist gældende da Pelle prøver at komme væk fra eleven med pisken – i scenen der fortsætter den, hvor han bliver lokket ind i laden – men forhindres da nogle mænd har trukket hans bukser ned om hælene. Da han blot bliver liggende på brostenene er det udtryk for resignation og magtesløshed og total overgivelse. Hans eneste mulighed er at græde og håbe på medfølelse hos de omkringstående.

3. *Skam og underkastelse kommunikeres ved hjælp af et nedadvendt blik eller skjult ansigt.* De steder hvor Pelle gemmer sit ansigt er først og fremmest knyttet til ydmygelser af Lasse. Deres selvfølelse og oplevelse af egen værdi er knyttet sammen, så hvis Lasse ydmyges oplever Pelle en enorm skuffelse, men også skam over sin far. Det sker første gang, da Lasse afvises på havnen af de bornholmske arbejdsgivere (se igen fig. 4.6). Anden gang det sker, er da Lasse underkaster sig eleven i stalden, efter at eleven har truet med at pudse forvalteren på ham. Tredie gang er da Pelle ligger på stranden og er vidne til bådsmand Olsens ankomst. Alle tre steder reagerer Pelle ved at gemme ansigtet, hhv. ind mod Lasses skulder, ned i en pude i røgterværelset fulgt af gråd, og ned i jorden på stranden, afskærmet med hånden. Alle tre steder er karakteriseret ved at Pelles forventninger til Lasse er opbygget umiddelbart forinden; Lasse har talt om Danmark, om at han nok skal give eleven prygl, om samlivet med enkefru Olsen. Den relationelle betydning er et forsøg på at lukke verden ude, men også – i kraft af forbindelsen til jegets værdi – at skjule det der forbindes med jegets ansigt udadtil, ansigtet.

4. *Abstrakt tænkning kommunikeres gennem et "tomt" blik.* Dette fænomen er diskuteret i kapitel 2 som et eksempel på, at figurens opmærksomhed ikke er på blikkets konkrete indhold, men på en "indre" oplevelse, ofte specificeret i kraft af fx flashback eller -forward. Også i PELLE EROBREREN markeres det abstraherede blik ved hjælp af et nærbillede af Pelle der kigger off-screen. I nogle situationer kommunikeres emnet for Pelles opmærksomhed i stedet gennem auditive signaler. Det er tilfældet med fru Kongstrups natlige gråd, som Pelle ligger søvnløs til inde i røgterværelset ved siden af Lasse. I andre situationer kommunikeres emnet for hans opmærksomhed på en mindre specifik måde. Det gælder f.eks., da han dagdrømmer om at rejse væk. Her kommunikeres drømmen om den store verden gennem

fig. 4.12   fig. 4.13

en genstand på billedsiden kombineret med et bestemt musiktema. Da vi ser Pelle lægge sig i bakkerne og pjække fra skolen (fig. 4.12), har vi i baggrunden lige set et skib som er mage til dét der var i baggrunden, da Pelle og Erik (Björn Granath) første gang aftalte at rejse ud. Eller emnet for Pelles opmærksomhed kommunikeres efterfølgende gennem en replik. Da Pelle ligger på halmloftet med opadvendt blik og et øjeblik efter ruller om på maven, kommunikeres indholdet af hans tanker gennem replikken til den nu invaliderede Erik. En tredje metode til at specificere genstanden for Pelles opmærksomhed er en foregående handling som han reagerer på. Det er således tilfældet da Pelle ruller om på ryggen og tavst udfører et lille sejrsritual efter at have ligget i skjul og iagttaget Eriks ydmygelse af landvæsenseleven der er kommet for at bede folkene lade være at larme og spille musik.

5. *Afmagt kommunikeres gennem gråd eller desperate handlinger.* I gråden får ansigtet en interaktiv signalfunktion; det ophører med at skulle relatere subjektet direkte til omgivelser, fx gennem indtagelse af synsdata, og i stedet ændres forholdet til en intention om at andre handler, griber ind. Gråden og de medfølgende, næsten lukkede øjne har det til fælles med det skjulte ansigt at verden lukkes ude. Således ligger Pelle blot passivt og græder efter forvalterelevens piskning, dermed kommunikeres hans afmagt og i kraft af gråden virker det endnu mere ondt at de omkringstående blot griner af ham, oplever ham som en hest der piskes frem, ansporet af denne elevens lille "practical joke."

Andre af Pelles grådsituationer følges imidlertid ikke af forsøget på at lukke verden ude, at skjule sit ansigt. Især i to situationer er Pelle i stand til stadig at handle trods grådens signal om afmagt, og begge giver relationel mening som forsøg på at påføre andre skyldfølelse. Det er mest tydeligt da han mobbes af drengene fra skolestuen nede ved havet, kaldes med øgenavne der hentyder til farens affære med madam Olsen, og han reagerer ved at løbe forbi dem og springe ud på isflagerne i havet. Denne handlings relationelle funktion for Pelle kan bedst ses som et forsøg på at straffe de mobbende drenge. Pelle forsøger at påføre drengene skyldfølelse ved at springe i havet og forsøge at drukne sig (en af de andre drenge bjærger ham imidlertid). I en anden situation er han vidne til Lasses nedtur efter at have mistet enkefru Olsen hvis mand er kommet hjem fra havet så hun ikke mere er enke. Først vil Lasse i fuldskab hænge sig, men Pelle fjerner rebet, dernæst vil han give forvalteren tørt på, men Pelle overmander ham og får ham ned at ligge. Under hele denne sekvens græder Pelle (fig. 4.13) som på grund af erkendelsen af umuligheden af at faren beskytter ham; han er end ikke i stand til at tage vare på sig selv.

6. *Fattethed og selvbeherskelse kommunikeres gennem et fæstnet blik og spændte ansigtsmuskler.* Især i den første del af historien har Pelle ikke særlig stor selvbeherskelse. Han skjuler ikke sin overraskelse og forvirring, men er fuldstændig opslugt af begivenhederne omkring sig og kommunikerer ingen opmærksomhed mod sine egne ekspressive signaler. I den sidste del af filmen, da han er ved at være modnet af begivenhederne omkring sig, er han i stand til at skjule sin smertefølelse. Det sker da forvalteren og læreren straffer ham for hhv. at stjæle æg og være næsvis. I begge tilfælde presser Pelle læberne sammen ad viljens vej som for at forhindre smertesytringer og fæstner blikket foran sig.

Pelles sindsliv og modning af ydmygelserne omkring ham på Stengårdens stærkt hierarkiske magtstruktur er reflekteret i hans eget forhold til Rud (Troels Asmussen), hans bedste ven. Det er påfaldende at han i en situation hvor han har lokket Rud til at blive pisket med brændenælder – ikke ulig parallellen hvor han blev pisket af landvæsenseleven – i bytte for en mønt. Her må han opgive og løber væk, som på kanten til at græde, før han har slået Rud det aftalte antal gange. Årsagen er muligvis tabet af mønten eller dét at Rud demonstrerer større selvbeherskelse (rækker tunge osv.), men kan også skyldes at han indser, at han er i gang med at behandle en person af lavere status på samme måde som han selv og faren er blevet behandlet.

Følelsens kognitive indhold er ikke specificeret, og det kan ses som en indbygget tvetydighed at vi oplever ham som bevæget af både sin egen handlings ondskab, at han skammer sig over at have lokket sin bedste ven i denne ydmygende situation, og nederlagsfølelse over at have mistet den beundrede mønt.

I det ovenstående har jeg især lagt vægt på ansigtsudtryk og den relationelle aktivitet heri, men i situationer hvor Pelle er aggressiv, skildres hele kroppen i et totalbillede. Det er tilfældet da han sparker i sandet, fordi Rud ikke vil komme tilbage til ham efter at være blevet ydmyget af præsten (Nis Bank Mikkelsen) til en bibelhøring. Også stemmen bruges til at kommunikere aggressive følelser. Det sker fx da han brillerer over sin egen viden i forhold til den analfabetiske far, især i kraft af betoning: "Kan du ikke *den?* Den kunne jeg allerede efter at have set den *en* gang!" om bogstavet *f* til faren. Overordnet er det tydeligt at Pelles ekspressivitet i større grad end Lasses er afhængig af kamera- og klippetekniske valg. Pelles reaktion består typisk af én fase; han reagerer på én måde i indstillingen, og på intet tidspunkt har jeg kunnet finde eksempler på større ekspressive variationer i den samme indstilling.

SYNSVINKLER OG FØLELSERS KOGNITIVE INDHOLD – FRU KONGSTRUPS ULYKKE

At det er muligt at kommunikere følelser på en nuanceret måde skyldes ikke alene at det kognitive indhold speciferes af dét de retter sig mod, men også at spillet indeholder information om den relationelle aktivitet hos figuren. Den præcise sammenhæng mellem forskellige niveauer i filmen, hvilke opgaver der overlades til spillet og hvilke til klipningen, afhænger blandt andet af spillerens forudsætninger. Men spillet er vigtigt i begge tilfælde og indeholder information om relationel aktivitet hos den fremstillede person og som tilskuere kan vi slet ikke lade være med at trække denne information ud.

Et andet spørgsmål om sammenhængen mellem spillet og de tekniske virkemidler flytter fokus væk fra mikroplanet, de enkelte indstillinger, og ud til større sammenhænge, længere forløb. Dette er spørgsmålet om *synsvinkler*. Formelt indebærer synsvinkler at tilskueren oplever en sekvens med de samme informationer tilgængelige som en eller flere af de fremstillede personer, men denne formelle beskrivelse yder ikke kvaliteten af informationerne retfærdighed. Det er ikke alle informationer der nødvendigvis gør at vi oplever en figur som *hysterisk* eller *ulykkelig* og en anden som *forstyrret* eller *kynisk*. Det kræver ekspressivitet. Synsvinkler cuer tilskueren til at se ekspressivitet i et vurderende perspektiv der gør at vi ikke er tvivl om hvorvidt beskrivelsen *hysterisk* eller *ulykkelig* er mest passende selv om der måske ikke er forskel set indefra.

Valget af synsvinkler kan med fordel ses i forhold til en følelsesmæssig reaktion hos figuren, og man kan skelne mellem (i) selve reaktionen, (ii) den umiddelbart foregående situation, konflikten eller årsagen, og (iii) en indledende fase der bibringer tilskueren en større forståelse af konflikten og reaktionen. En skildring af forløbet frem til en følelsesmæssig reaktion er afgørende for tilskuerens forståelse af følelsens kognitive indhold. Som pointeret hos Carroll (se kapitel 2) bygger forståelsen af ekspressivitet i høj grad på, at objektet for en følelse, det den retter sig mod, kommunikeres. Som især Frijda lagde vægt på (kapitel 3) skal objektet for en følelse ikke forstås i snæver forstand; en følelses objekt kan også udgøres af en begivenhed eller en situation, altså et længere forløb. I særlig grad gælder det en kognitivt defineret følelse som jalousi, hvor adfærden i sig selv aldrig kan pege på jalousi, men højest på fx vrede eller sorg som reaktioner.

Betydningen af den indledende fase fremgår af en sammenligning mellem Pelle og fru Kongstrup (Astrid Villaume). Hvor vi altid følger Pelle gennem tre følelsesmæssige faser, så isoleres fru Kongstrups reaktion ofte fra den indledende fase og selve konflikten. Særlig markant er det, når hun græder om natten, uden at tilskueren får adgang til information om årsagen – først senere slutter vi at det har skyldtes mandens utroskab. I andre scener skildres også konflikten, som da Pelle har løbet et ærinde og købt en flaske cognac til fru Kongstrup. Vi ser Pelle komme ind gennem porten og hører, at fruen venter ham. Da han kommer ind i stuehuset, er kun hr. Kongstrup (Axel Strøbye) til stede. Pelle bliver lokket til at overdrage hr. Kongstrup cognacflasken, idet Pelle loves, at den vil blive viderebragt. I det samme træder fru Kongstrup ind i stuen til de to, og nu nægter hr. Kongstrup at give flasken til hende. Fru Kongstrup går resolut hen til døren og spærrer den: Pelle får ikke lov til at gå før hun har fået flasken ("De skal vide, at du tager ting fra mig!"). Roligt hælder hr. Kongstrup flaskens indhold ud i en potteplante, mens han holder den grædefærdige hustru væk med den anden hånd.

Fordi scenen skildres fra Pelles synsvinkel forekommer hendes reaktion, at ville bruge Pelle som gidsel, nærmest hysterisk. Før hun kommer ind i scenen, er der en rolig stemning mellem hr. Kongstrup og Pelle. De taler sagte sammen, Pelle betror hr. Kongstrup sit hemmelige ærinde og bliver til gengæld kaldt en god dreng. Dette fortrolige forhold bliver så afbrudt med, at fru Kongstrup pludselig er til stede og pludselig har spærret Pelles udgang. Dernæst er hun hurtigt væk igen, og det fortrolige forhold mellem Pelle og hr. Kongstrup genetableres. Pelle stryges kærligt på hovedet og får lov til at beholde byttepengene, hvilket stadig optager hans opmærksomhed i næste scene (der foregår om aftenen med Lasse mere optaget af den dyre cognac der gik til spilde). Tilskueren bliver med andre ord gennem Pelle cuet til at se fru Kongstrups adfærd som en *forstyrrelse*.

Eksemplet viser, hvor vigtig synsvinklen er i den indledende fase før en reaktion. Fru Kongstrups reaktion ville formentlig ikke virke hysterisk eller voldsom, hvis filmen i stedet havde skildret hendes aftale med Pelle og bagefter skildret hendes venten og hendes forventninger om at skulle møde Pelle og få flasken. Så ville hendes reaktion, dørspærringen, måske nærmere virke behersket og gøre indtryk som hendes eneste sanktionsmulighed og pege på, at hun må være undertrykt af hr. Kongstrup. Filmen undlader at skildre den indledende fase til fru Kongstrups reaktion, men vælger til gengæld den indledende fase til den pludselige forstyrrelse som hun repræsenterer for Pelle og hr. Kongstrup.

Rationalet bag en skjulen af Kongstrups synsvinkel så problemerne med ægtemanden kun anes i historiens baggrund er at hendes skuffelse og dybe sårethed virker desto større *senere*. Da det går op for hende at det er Kongstrup der har gjort hendes niece, Sine, gravid, og at det er grunden til Sines pludselige afrejse, skildres den indledende fase frem til konflikten fra hendes synsvinkel. Der er tale om et greb hvorved fru Kongstrups reaktion på Sines graviditet får hvad man kunne kalde en *pludselig kognitiv dybde*. Når man kan tale om pludselig dybde skyldes det, at vi genkender hendes reaktion fra tidligere, nemlig den natlige gråd. Hvis de foregående nætters gråd (hvor vi ikke kendte grunden) er reaktioner på lige så store svigt fra ægtemanden som denne graviditet er udtryk for, må hun virkelig være ulykkelig.

Fru Kongstrups skuffelse over Sines graviditet er forståelig, fordi den indledende fase er så grundigt skildret. Kort før Sine ankommer til gården, beklager hun sin ensomhed til Pelle og fortæller, at hun elsker sin mand. Dernæst skildres, hvordan hun liver op efter niecens ankomst, og det skildres, hvordan hun er fornøjet over, at manden bliver hjemme og tilbringer tid med familien i haven. Endelig skildres hendes accept af, at den elskede niece vil rejse, trods dét at niecen ikke vil sige hvorfor (umiddelbart efter, at tilskueren har set Sine og Kongstrup afklædte efter samlejet). Da så Ruds mor ude i gården, kort før Sines afrejse, afslører Sines graviditet, og at det er Kongstrup, der er far til Sines barn (hun så dem afklædte), skildres i første omgang blot, at fru Kongstrup har stået ved vinduet (point/object-indstilling) – men vi ser ikke hendes reaktion gennem vinduet. Om natten hører vi den genkommende høje gråd for så at se hende fattet og behersket næste morgen. En beherskelse, som bliver kommenteret af en imponeret Lasse. Vi ser hende tage godt imod ægtemanden, da denne lidt trist kommer hjem efter at have kørt Sine ind til byen.

Om natten skildres hendes hævn og løsning på problemet: hun kastrerer sin mand. Hele denne sekvens, der omhandler Sine, bliver ganske vist ikke fortalt ud i ét, da den så let kunne løbe med opmærksomheden fra Pelles trods alt mindre tragiske oplevelser. Det er så at sige undgået at vi pludselig gør fru Kongstrup til hovedperson. Vi ser små scener fra Pelle og Lasses historier der således stadig forbliver i centrum for tilskuerens opmærksomhed, men historien om ægteskabet hos hr. og fru Kongstrup gør indtryk som en grufuld sidehistorie, og dette indtryk bygger som sagt på teknikken med en pludselig kognitiv dybde. Inden den pludselige kognitive dybde i fru Kongstrups følelser fortæller Pelle hende at folkene oplever hendes natlige gråd og generelle ulykkelighed som udtryk for at hun er en "heks der er i pagt med djævelen," men for den moderne tilskuer er en beskrivelse af hende som hysterisk eller mentalt ustabil mere præcis.

Den lange indledende fase er reglen i skildringen af Pelles ekspressivitet. Vi ser i begyndelsen af filmen Pelle ombord på et skib udspørge den halvsovende Lasse om livet i Danmark. Pelles forventninger til det lette og for et barn ubekymrede liv i Danmark fremgår af hans aktivering der er rettet mod at få faren til hurtigst muligt at fortælle historien om Danmark igen. At han allerede kender historien fremgår af den måde, hvorpå han fuldfører Lasses sætninger og rusker i ham for at han skal huske alle dele af historien. Dernæst ser vi ham alene ved rælingen, kiggende drømmende ud over havet. Endelig skildres de danske arbejdsgiveres afvisning af både ham og faren på havnen, idet ingen vil tage dem i tjeneste. Her er de to første faser udstrakte over flere korte scener, så forventningen skildres over lang varighed i filmen, og resultatet er at Pelles skuffelse gør større indtryk på os da han lader sig falde ind mod faren (se igen fig. 4.6).

EKSPRESSIVITET HOS STATISTER I PELLE EROBREREN

Dét der sker ved hjælp af synsvinkelvalg kan kort beskrives som en *cuing*. Cuing skal her ses i Carrolls forstand: tilskueren cues til at se en ellers tvetydig situation på én bestemt måde i kraft af ekspressivitet. Det er på grund af denne cuing-proces at vi ikke er i tvivl om – hvis vi har set filmen – at ordet *hysterisk* i nogle tilfælde er bedre end *ulykkelig* og vice versa, afhængig af hvor i filmen fru Kongstrups gråd er placeret. Cuing-funktionen forklarer også hvorfor der er lagt så stor vægt på perifere personers reaktioner i scener hvor Pelle blot er én af mange betragtere. Disse personer, spillet af statister, engagerer ikke tilskueren videre i deres skæbne, men de er vigtige netop for deres cuing-funktion, og der gælder en række principper for dem.

Først og fremmest gøres reaktionsbillederne vedvarende interessante gennem forskellige variationer. Man kan tale om at indbygge *kontraster* i disse reaktionsbilleder for at undgå, at tilskueren lægger mærke til indholdets lighed. Da Nils' far (Buster Larsen) holder en bevæget og relativ lang enetale for og til sin søn (Lars Simonsen), ses reaktionsbilleder af skolebørnene. Et eksempel er de to drenge (fig. 4.14), hvor den ene står med en halvåben mund i forbavselse og kigger lige frem som i åbenlys fascination af situationen foran dem. Den anden dreng bøjer hovedet en smule; et relationelt signal der i denne situation kan kaldes blufærdighed – han er opmærksom på sig selv som én, der kigger på et privat og bevæget farvel, og holder sig lidt tilbage.

Min grund til at vælge dette eksempel er ikke alene forskellen i deres ansigter. Billedet er komponeret, sådan at de forekommer at være i samme billedplan: ingen tydelige streger eller farve- eller lysplaner til at adskille dem, og ingen tydelig skalering, der gør den forrestes ansigt større (der er brugt telelinse). Dette indtryk af at

fig. 4.14

fig. 4.15

de er i samme billedplan modsiges imidlertid af sidelyset, der kommer ind fra venstre og rammer begge ansigters ene halvdel (hvis de faktisk var i samme plan, ville den ene skygge for den anden). Ved siden af kontrasten i deres ansigtsudtryk, er der altså yderligere indbygget en kontrast mellem cues, der hver for sig peger på forskellig afstand fra kameraet. De visuelle cues peger i modsat retning på et niveau under tilskuerens bevidsthed, så billedet opfattes som interessant. På samme måde som andre "umulige" billeder, hvor flader og dybder ikke passer sammen.

Samme scene viser kontrastprincippet i en ny form. Når filmen har skildret adskillige reaktioner, der ligner hinanden, kræves en afveksling i udtrykket, så ligheden og ensartetheden ikke bliver fremtrædende. I det mindste er det en sandsynlig forklaring på, at en pige hurtigt kigger på en anden (fig. 4.15), som for at se hvordan den anden reagerer på den situation – er veninden alvorlig eller står hun og fniser? Dette blik er ligesom hos den lidt blufærdige dreng udtryk for en vis usikkerhed, der også her kommer til udtryk i en opmærksomhed på egen synsaktivitet. Som bekendt indebærer en passende reaktion, måske især blandt skolebørn, at den ligner de andres, og blikket på veninden kommunikerer hendes usikkerhed over for hvilken reaktion, hun skal vælge (hendes blik på veninden er i øvrigt en slags parallel til funktionen af reaktionsbilleder, hvor tilskueren også guides i kraft af andres reaktioner). Den lille handling, at kigge på veninden, giver igen filmen mulighed for at anvende det lamslåede og fascineret stirrende ansigt – der har været et lille afbrud i strømmen.

Reaktionsbilleder behøver ikke at have form som nærbilleder af an-

fig. 4.16

sigter; man kan godt markere en reaktion ved hjælp af kroppen som et hele. Dette er endnu en måde at variere reaktionsbilledernes udtryk. Da Nils omkommer i sit selvmorderiske forsøg på at redde nogle skibbrudne, står en række figurer, heriblandt faren, på stranden og følger ham interesseret. Da masten knækker, og Nils' livline dermed forsvinder, er der behov for en reaktion til at markere hændelsen som særlig betydningsfuldt. Farens reaktion, da masten knækker, er kommunikeret i et totalbillede ved, at han skifter vægten fra den ene fod over på den anden, som udtryk for en pludselig forhøjet interesse. Fodskiftet fungerer som en kontrast til de stillestående omkring ham og kommunikerer, at faren er særligt berørt af mastens knæk.

På samme måde som en bevægelse kan fungere som en variation, når andre står stille, kan en pludselig *frysning* virke som en variation. Det er således tilfældet med indstillingen af de to overraskede piger (fig. 4.16) da masten knækker. Først løber én pige ind i billedet og stopper op, dernæst en anden, som stopper lige bag hende (på figuren er den bageste stadig i bevægelse). Deres bevægelse foregår parallelt med kameraet (i stedet for mod kameraet), hvilket er med til at gøre deres stop virkningsfuldt. Bagefter benytter filmen igen nærbilleder af ansigter; den særlige betydning af mastens knæk *er* kommunikeret; vi har opdaget at Nils' chancer for at komme tilbage helskindet er markant ringere end før.

Et nærliggende spørgsmål er, om også hovedpersonernes reaktionsbilleder har en cuing-funktion, eller om deres funktion er at karakterisere hovedpersonen. I de scener, hvor Pelle indgår som en observant på linie med de perifere bifigurer, adskiller skildringen af Pelles reaktioner sig ikke fra skildringen af de øvriges. Pelles reaktion skildres ikke i skolestuen, men han skildres to gange under Nils' redningsforsøg, dels som en interesseret spændthed, dels da han bliver tiltalt af Nils' far. Grunden til at Pelles reaktion er medtaget nogle steder, men ikke nødvendigvis alle steder, er formentlig, at han er med til at motivere scenens inklusion i filmen. Han "binder" således hoved- og bipersonernes historie sammen, selvom han kun er passiv tilskuer til mange begivenheder. Pelle reagerer i øvrigt hyppigt på samme måde som de perifere figurer. Det samme gælder Lasse; hans reaktion ligner børnene i skolestuens, da han både er fascineret og frastødt ved udsigten til at Erik og folkene vil slå forvalteren ihjel.

Det er påfaldende, at filmen nogle steder undlader at skildre bipersoner, der indgår blot en smule i handlingskæden. Således skildres den ledende dreng i klassen netop ikke, da Nils' lig ligger i skolestuen; han må stå et sted i baggrunden. Karnas reaktion skildres heller ikke, da Pelle piskes; at hun har været til stede fremgår først da hun samler den grædende Pelle op efter Eriks indgriben og jagen landvæsenseleven på flugt. Grunden er formentlig den, at reaktionsbilleder af disse to figurer ville gøre deres synsvinkel mere fremtrædende; de ville blive mere vigtige figurer med stærkere tegnet karakter. Filmen skildrer i forvejen mange handlingstråde, og det må begrænses hvor mange tilskueren begynder at interessere sig for og ønske at se. Selvom Pelles reaktioner ofte inkluderes for at binde filmen sammen, er det omvendt vigtigt, at det ikke alene er hans reaktioner, der skildres. I skolestuen ville Pelle formentlig tage *for* megen opmærksomhed fra den døde og hans far; vi ville interessere os for Pelle.

Disse forskellige strategier støtter tanken om reaktionsbilleders funktion som en cuing af tilskueren. Det er den mest nærliggende forklaring på, hvad vi kan kalde *kontrast- og variationsprincippet* i skildringen af bipersoners reaktioner. Én ting er, at reaktionsbillederne stimulerer tilskuerens interesse, men når filmen så oven i købet gennem kontraster sørger for, at reaktionerne stadig virker nye, så støtter det tanken om en cuing-funktion af tilskueren. Tilskueren fokuserer på det farlige i scenen med skibbruddet, og på det interessante såvel som det intime i scenen, hvor Nils' far (Buster Larsen) tager en bevæget afsked med sin døde søn. Havde reaktionsbilleder ikke været til stede ville tilskueren måske i stedet rette opmærksomheden mod det rørstrømske og sentimale i situationen med en grædende og bekendende far og hans døde søn.

Reaktionsbilledernes cuing-funktion påvirker tilskuerens tænkning og opfattelse af den fremstillede situation, men der er ikke tale om nogen mekanisk indvirkning; man kan ikke tale om stimulus og respons. Således kan tilskuerens indtryk af begivenhederne gå i modsat retning end de perifere figurers. Det er således tilfældet, da Pelle af landvæsenseleven (Morten Jørgensen) bliver pisket ud af laden med bukserne trukket ned, og de omkringståendes latter er meget fremtrædende i reaktionsbilleder og på lydsiden. Alligevel er det Pelles gråd der bliver styrende for tilskuerens opfattelse af situationen. Vi oplever ham som ked af det, nærmest ødelagt og magtesløs, men ikke som komisk. Én grund er naturligvis at Pelle er genstand for vores sympati i kraft af at han er hovedperson, og at den indledende fase (at han bliver narret ind i laden og bliver bange i mørket med de mange mystiske lyde) har fokuseret tilskueren på indholdet af hans følelser. Men en yderligere grund er at reaktionsbillederne af de omkringstående er korte så indstillingens indhold ikke når at fæstne sig, at gøre indtryk. Dertil kommer at især det første reaktionsbillede, af et deformeret ansigt med en hullet tandrække, virker grimt og frastødende.

MELLEM TO PERSONER
– TWO-SHOT ELLER KRYDSINDSTILLINGER

Indtil nu har jeg især fokuseret på ekspressivitet, og dens forudsætninger i spillet, optagelsen og klipningen, i forhold til hvad der kommunikeres om de enkelte personer. Det gælder navnlig vores to hovedpersoner, men det kan også siges at gælde brugen af statister til at cue tilskueren til at lægge mærke til bestemte egenskaber ved en situation. Som vi så er det meget tænkeligt at visse begivenheder, navnlig Buster Larsens tale til sin afdøde søn, spillet af Lars Simonsen, ville have virket rørstrømske eller teatralske uden denne brug af statister til at cue os. Der er ikke bygget op til, i kraft af at de er bipersoner, at vi lever os ind i disse situationer selv om de tematisk svarer til scener mellem Lasse og Pelle.

Imidlertid kunne man også fokusere på at ekspressivitet karakteriserer et forhold mellem to personer, snarere end hvordan den ene forholder sig til sine omgivelser og oplever verden. Der er tale om et komplementært perspektiv, ikke et konkurrende for i reglen er personernes følelser i PELLE EROBREREN rettet mod andre. Ved at se på hvordan personernes forhold karakteriseres kan man også gribe en anden egenskab ved måden som filmen benytter sine filmiske og postfilmiske virkemidler i forhold til spillet. Jeg vil især koncentrere mig om teknikker som *two-shot* (en indstilling, der indeholder to figurer samtidig) og *krydsindstillinger* (også kaldet et *kryds* eller *shot/reverse-shot*-klipning, hvor vi først ser den ene, dernæst den anden, eventuelt henover den førstes skulder). Begge er hyppigt benyttet til at skildre dialog.

Mit mål er at finde nogle principper bag kamera- og klippetekniske valg i forhold til at karakterisere personernes forhold til hinanden, navnlig hvor tætte de er på hinanden og hvem der bestemmer over hvem. Der er flere forskellige måder hvorpå man kan analysere den måde to eller flere definerer deres forhold til hinanden, hvordan de skal omgås og hvad de kan forvente sig af hinanden, men de to temaer der i udpræget grad gælder konflikter i PELLE EROBREREN er dominans, underkastelse og lighed, og intimitet eller fortrolighed. Temaerne vil jeg herefter kalde hhv. *status-* og *intimitetskonflikter*.

Ofte er forholdet mellem personer karakteriseret både som en status- og en intimitetskonflikt. Det gælder Nils (Lars Simonsen) og tjenestepigen på Stengården Annas forelskelse i hinanden, men fordi Nils' far (Buster Larsen) modsætter sig forholdet og bestemmer over Nils, mest tydeligt da han giver ham en lussing for at have kysset Anna, vanskeliggøres et intimt forhold mellem dem. Fru Kongstrups (Astrid Villaume) ønske om intimitet bliver afvist af at Kongstrup (Axel Strøbye) hellere vil ind til byen, samtidig med at han udviser dominant adfærd over for hende som ved at tage cognacflasken fra hende. Det samme gælder drengen Rud: modsat Pelle har han ikke en voksen, der holder af ham, idet moren kalder ham ved øgenavne og benytter ham i et forsøg på at opnå penge fra hr. Kongstrup. Tilstedeværelsen af begge temaer kan give et præg af særlig grumhed eller sortsyn hos filmen, især i skildringen af kærligheden og magten mellem ægteparret Kongstrup, men det vejes især op af kærligheden mellem Pelle og Lasse.

Brugen af two-shot er i sig selv med til at fremhæve begge personer i tilskuerens bevidsthed, at fastholde to-heden, i kraft af billedet. Det kan yderligere og mere præcist benyttes til at fremhæve en situ-

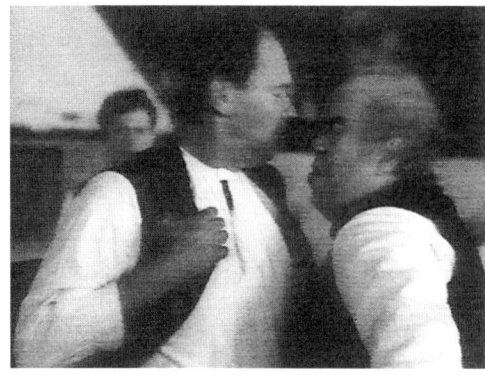

fig. 4.17

ations fastlåsthed hvor ingen vil vige for hinanden. Det gælder fx statuskonflikten mellem karlen Erik (Björn Granath) og forvalteren (Erik Paaske). Erik vil ikke underkaste sig forvalteren og dennes regler, og deres konfrontation skildres i en two-shot med de to i profil (fig. 4.17). Når Erik udfordrer forvalterens højere status ved ikke at vige så er det implicit et udtryk for at han vil have den samme respekt fra forvalteren som han møder fra de andre folk på gården på grund af sin styrke. Two-shot-indstillingen i denne situation gør, at den rumlige afstand mellem de to hele tiden er synlig, således at underkastelse ville fremtræde øjeblikkeligt som en forøgelse af afstanden mellem dem, hvis den ene viger.

Også i forhandling om intimitet kan denne fremhævelse af afstanden mellem de to, og fastholden af deres samtidighed, benyttes. Det sker da Lasse er taget ud til enkefru Olsen (Karen Wegener) for at takke hende for at have givet Pelle ly i stormvejret. Lasse bliver budt til bords og får placeret en snaps og noget mad foran sig, hvorefter enkefru Olsen sætter sig ned for bordenden. Brugen af two-shot til at skildre den efterfølgende samtale over bordet er med til at fremhæve en tilnærmelse hos den ene parallelt med den lidt flirtende undvigelse hos den anden. Tilskueren kan med andre ord se den enes tilnærmelse *samtidig* med den andens undvigelse. Tilnærmelsen og undvigelsen kommunikeres også her primært ved brug af blikket – den ene kigger på den anden, som slår blikket ned eller kigger lidt genert væk. Dermed kommer blikket ikke til at virke som en udfordrende stirren tilbage, og forhandlingen om intimitet, et kommende samliv, kan i stedet foregå verbalt: "Du er ikke bange for at hjælpe til, kan jeg forstå?"

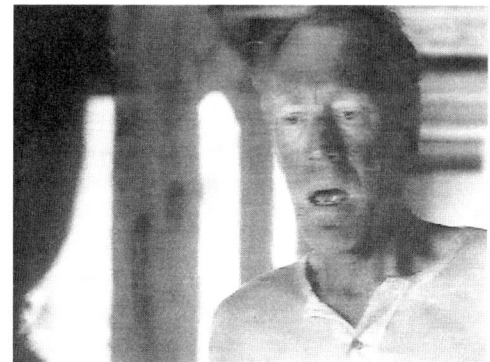

fig. 4.18 fig. 4.19

hvortil Lasse hurtigt svarer: "Nej, det är jag inte ... ehh ... (pause) Och så är jag inte räd för at koka kaffe på søndag morgon, *heller*...".

Krydsindstillinger har derimod en tendens til at invitere tilskueren til at søge efter en reaktion i den ene indstilling på noget sagt eller gjort i den anden. De fremmer indtrykket af en dynamisk situation, en ping-og-så-pong frem for, som ovenfor hos Lasse og enkefru Olsen, at reaktionen hos den anden allerede *har* fanget blikket og nu *er* i gang. En anden stor og generel forskel er at formindskelse eller forøgelse af afstand er mindre fremtrædende i krydsindstillinger end i en two-shot hvor de begge optræder på billedfladen. Krydsindstillinger er generelt knyttet til skildringen af reaktioner i en dialog, der uafbrudt udvikler sig, og hvor begge har front mod hinanden.

Et typisk eksempel er statuskonflikten mellem landvæsenseleven (Morten Jørgensen) og Lasse. Pelle er blevet pisket og Lasse har lovet den formastelige, lettere pubertære elev prygl (efter at tanken om at slå ihjel er blevet afvist som uhensigtsmæssig). Lasse reagerer med overraskelse da eleven truer med at melde ham til forvalteren. At Lasses opmærksomhed er på udsigten til fremtidige konsekvenser hvis han meldes, snarere end på eleven og den nuværende situation, markeres ved, at Sydow hurtigt kigger nedad og væk. Lasses efterfølgende underkastelse kommunikeres ved en lysere stemme med en opadgående tonegang, da Lasse – som for at opnå en vis fortrolighed – spørger til om en bestemt ko skal kælve. Denne tilnærmelse afvises af eleven der angriber med en: "Troede du måske, den skulle fole?"

Brugen af lyset er bemærkelsesværdig i samme scene og underbygger statusforholdet. I indstillingen af eleven forbliver tilskuerens blik

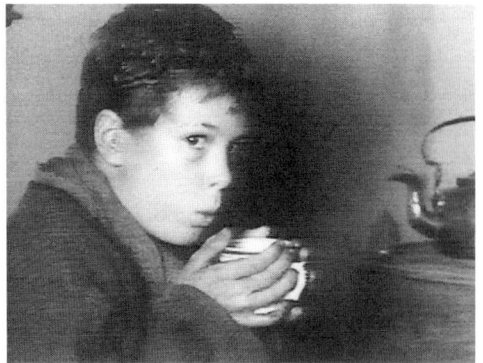
fig. 4.20

fig. 4.21

på den oplyste figur (fig. 4.18), hvorimod tilskuerens blik i indstillingen af Lasse i højere grad søger mod den oplyste baggrund, væk fra Lasses ansigt (fig. 4.19). Denne lyslægnings- og billedstrategi er også udnyttet i sminkningen af von Sydows ansigt. Rundt om Lasses øjenhuler er der et stort lyst område (særlig markant i en anden scene da han grædende kigger op mod Pelle efter at være blevet afvist af Karna som for gammel, hun vil have én der er ung). Virkningen er mindre koncentration af tilskuerens blik på Lasses øjne. Den modsatte strategi opnås i sminkningen af Björn Granath som Erik hvor tilskuerens blik koncentreres i de små, sorte øjne. Billedstrategien i denne lyslægning og sminkning bygger formentlig på den kendsgerning at øjet alt andet lige søger mod lyse flader, grundet nethindens fordeling af tappe og stave. Tapcellerne, der er centralt placeret, gør synet præcist og farvefølsomt, hvor stavcellerne, der hyppigere er placeret i yderkanten, er særligt lysfølsomme.[9]

Krydsindstillinger anvendes et sted i PELLE EROBREREN på en måde så tilskuerens opmærksomhed guides mellem den ene person og én *uden* for scenen, frem for den modsatte i samtalen. Formålet er at kommunikere enkefru Olsens og Lasses interesse i hinanden inden de har mødt hinanden, og derfor skildres Pelles samtale med dem hver især så han sidder med ryggen eller siden til. Først skildres Pelles samtale med enkefru Olsen (hvor han er blevet inviteret ind i ly for stormen) og han sidder med siden til hende (fig. 4.20), mens hun udspørger ham om Lasse og selv fortæller om hvordan hendes mands død vil blive varslet (fig. 4.21). Fra hende klippes der til en tavs Las-

fig. 4.22 fig. 4.23

se i nærbillede (fig. 4.22), i påfaldende grad placeret på samme måde som hun i billedet. Lasse udspørger Pelle der nu ses skråt bagfra (fig. 4.23) mens han læser lektier, uopmærksom og vel nærmest uvidende om den relationelle forhandling mellem hans far og enkefru Olsen, med ham som sendebud. Efter denne scene klippes der til en gentagelse af opstillingen fra før. Pelle er blevet sendt af sted med et klæde som tak for hendes venlighed, for at hun ville tage ham ind.

Effekten på tilskueren har ikke umiddelbart med Lasses og enkefru Olsens blikretninger at gøre (begge kigger mod venstre), men snarere med det engagement, som deres frontale opstilling peger på. Både enkefru Olsen og Lasse er engagerede i samtalen med Pelle, og i kraft af emnet for samtalen (den anden "enke") kommunikeres det, at denne frontalitet er udtryk for en aktiveret tilnærmelse mod den anden, dvs. en interesse. Pelle så at sige afviser tilskuerens opmærksomhed ved dels at sidde med siden eller ryggen til, men også fordi han ikke er opmærksom på den vigtige forhandling mellem de to enker der finder sted.

Jeg har tidligere (se kapitel 2) bemærket at en lignende, opfindsom variation af krydsindstillinger er påfaldende i DEN GODA VILJAN der også er instrueret af Bille August (Samuel Fröler og Pernilla August kommer til at sidde i hver sin krydsindstilling med retning samme vej, på billedfladen, hvorved det virker som om de taler forbi hinanden). Bille August er en instruktør der i udpræget grad kombinerer dramatiske færdigheder, forståelsen af hvordan tilskueren påvirkes af spillet og handlingen, med flair for billedmæssige, fotografiske virkninger.

OPSUMMERING

I dette kapitel har jeg forsøgt at redegøre for en række funktionelle principper bag kommunikationen af figurens tænkning og følelser i PELLE EROBREREN. For at gøre det, må man fokusere på flere niveauer, og jeg har således inddraget det overordnede arrangement af historien, men også brugen af især kamera- og klippeteknikker på et mindre plan, og især spillet, de signaler der er indeholdt hos Max von Sydow og Pelle Hvenegaard. Jeg har forsøgt hele tiden at have et integreret fokus der involverer flere samtidige konstruktive "steder" i filmen for kun på den måde, har jeg formodet, anerkender man at forskellige opgaver løses forskellige steder.

Det er ikke nødvendigvis sådan at en amatørspiller altid må skildres ved hjælp af små bidder, eller at professionelle spillere ikke kan benyttes i roller hvor de især skal reagere med små detaljer der så klippes ind i en sammenhæng der skabes ved klippebordet. Ikke desto mindre er det nok sådan at en skuespiller ofte vil forvente ikke at skulle arbejde på en facon der lægger timing af signaler helt og aldeles over til klipperen. Det er ikke usædvanligt at uddannede skuespillere protesterer mod at måtte arbejde på den samme "konstruerende" facon som amatøren så skuespilleren selv føler sig som marcipan i instruktørens hænder.[10] Den skuespiller der er uddannet til og har fået hovedparten af sin erfaring på teatret, har lært selv at tage højde for publikum.

Som vi har set kan castingen af amatøren såvel som den professionelle udnyttes som en del af fordelingen af kommunikative opgaver. Amatører kan virke mindre "spillede" i den forstand at de ikke har travlt med at kommunikere til tilskueren, og det kan gøre dem velegnede til en konstruerende arbejdsproces hvor de mange små detaljer stykkes sammen af klipningen. Den skuespiller der har lært at være opmærksom på publikum kan i højere grad tilrettelægge spillet selv.

Fordelen ved at benytte de to typer skuespillere sammen viser PELLE EROBREREN tydeligt. Den professionelle kan selv opbygge en situation, kan selv sørge for timingen og indbygge mange nuancer, blandt andet ved at indlægge to samtidige og modstridende intentioner i sit spil, men også ved at indlægge skift inde i den enkelte indstilling. Dette kan amatøren til gengæld reagere på, på en facon der virker overbevisende og som passer til rollen som én der modnes i kraft af det der foregår omkring ham. Det er med andre ord et spørgsmål om at få afpasset brugen af spillet og øvrige virkemidler til de enkelte skuespillere.

Noter

1. Wolden-Ræthinge, *Bille August fortæller om sit liv og sine film*, p. 101.
2. For en indføring i Bille Augusts film, se Bondebjerg, "Fra Brønshøj til Hollywood. Bille August og hans film."
3. Pudovkin og Jacobs, *Film Technique and Film acting*, pp. 119ff.
4. Gunning, *D.W. Griffith and the Origin of the American Narrative Film: The Early Years at Biograph*, p. 18f.
5. Wolden-Ræthinge, *Bille August fortæller om sit liv og sine film*, p. 146.
6. Frijda, *The Emotions*, p. 88.
7. Wolden-Ræthinge, *Bille August fortæller om sit liv og sine film*, p. 104.
8. Se Testa, "*Un certain regard*: Characterization in the First Years of the French New Wave", pp. 99-108.
9. Humpreys og Bruce, *Visual Cognition: Computational, Experimental and Neuropsychological Perspectives*, p. 34f.
10. Daneskov og Kristensen, *Nils Malmros. Portræt af en filmkunstner*, p. 73.

Kapitel 5

HVORNÅR VIRKER SPILLET REALISTISK?

Groft sagt er der to typer af intentioner tilknyttet ekspressivitet: de der er rettet mod forhold i fiktionsuniverset og de der er rettet mod tilskueren. Den første kan give indtryk af realisme i fremstillingen, af en selvstændig verden med vigtige anliggender på spil uafhængigt af tilskueren. Den anden type ekspressivitet kan give indtryk af en henvendelse, af at spilleren forsøger at påvirke tilskueren direkte, eller af at bestemte følelser alene fremstilles med henblik på at tilskueren skal kunne forstå hvad der menes. Mellem disse to typer er der ofte tale om grader, snarere end et enten-eller; det overordnede mål er i begge tilfælde at påvirke tilskueren.

Indledningsvis vil jeg behandle spørgsmål af mere generel art som blandt andet hvordan man håndterer begreber som "overspil," "underspil" og "ikke-spil," og hvordan det giver mening at skelne mellem disse og de følelser der fremstilles gennem ekspressivitet og filmen som et hele. Afslutningsvist vil jeg prøve at karakterisere naturalistisk spil som fremstilling af tilbageholdelse af følelser, enten som selvbeherskelse eller hæmning. Men inden da vil jeg forsøge at beskrive en af de måder som "konvention" kan benyttes på i forhold til ekspressivitet i spillet.

KONVENTION SOM FORVENTNING OG SOM LØSNING AF PROBLEM

Når man ser gamle film forekommer spillet ofte mindre overbevisende end spillet i nyere film. Skuespillerne ikke blot bruger ord og vendinger vi finder gammeldags, men de udtaler dem på en måde der lyder som fra en svunden tid, og måske virker spillet kunstigt, overspillet eller teatralsk. Spørgsmålet om hvorfor noget kan virke overbevisende på ét tidspunkt, men ikke på et senere, besvares ofte med at realisme er en konvention. Spørgsmålet er imidlertid hvad vi helt præcist skal forstå ved ordet konvention i forhold til realisme.

Konvention betyder på latin at træffes, at blive enige, og én model for hvad der kan opnås ved enigheden er sproget. Det gælder for sproglig kommunikation at det vi forstår ved et bestemt ord, fx "bog," lige så vel kunne udtrykkes med et andet ord, fx "buch" eller "livre." Så længe der er en overenskomst mellem sprogets udøvere er informationen den samme, og valget af udtryk er i denne forstand tilfældig. Men som vi så i diskussionen af forståelsen af ekspressivitet (i kapitel 3) er sproget ikke nødvendigvis den bedste model for analyse af spillet. Et sprogligt udledt konventionsbegreb, hvor betydningen af et udtryk ses som arbitrært, harmonerer dårligt med ekspressivitet som universelt forståeligt. Som vi også så tidligere i analysen af tre fortolkninger af Hamlet, så kan de i ekspressiviteten fremstillede intentioner holdes adskilt fra det verbalt kommunikerede idet forståelsen af intentioner bygger på forståelsen af ekspressivitet, og forståelsen af bogstavelig betydning bygger på sproglige konventioner. Som vi snart skal se stemmer det heller ikke overens med forudsætningerne for at vi kan tale om noget som overspillet. Hvis man benytter sproglige konventioner som model for brugen af kunstneriske konventioner, blandt andet i spillet, er man med andre ord på vej ud på et sidespor.

Man kan tale om konventioner uden at den sproglige model nødvendigvis anvendes. Det er en underforstået aftale at seksløberen bliver trukket i en western, og med mindre den er lanceret som en anderledes western forventer vi at det sker i løbet af filmen på samme måde som vi forventer at se stjernen fra plakaten i mere end fem sekunder. I mange henseender kan disse konventioner sammenlignes med sociale konventioner; de påvirker vores adfærd, men de bestemmer den ikke (hvor man kan sige at den verbale betydning er bestemt af konventioner). Forskellen til de sproglige konventioner kan man se ud af tilskuerens reaktioner: Selv om vi beskriver tilskueren som forvirret hvis seksløberen ikke bliver trukket i en western, eller stjernen forsvinder ud af filmen, er der ikke tale om samme forvirring som hvis der i en sætning, eller i dele af den, anvendes ord fra et ukendt sprog. Med kunstneriske konventioner er der tale om *forvent-*

ning om at andre vil opføre sig på bestemte måder af værdi for én. Et bestemt anliggende er på spil og dermed er konventionen et emotionelt spørgsmål. Man ser en film under bestemte forudsætninger (stjernen, en western) og måske er man i dens første halvdel blevet bekræftet i forventningerne, for så at blive skuffet i den anden halvdel (stjernen forsvinder umærkeligt, seksløberen bliver aldrig trukket).

Man kan med andre ord karakterisere konvention som en underforstået aftale om hvad man kan forvente af hinanden. I sociale konventioner er det afgørende om den generelle intention i aftalen overholdes. Den indforståede forventer et buk og ikke et nik eller en hånd til hilsen, men i andre grupper og til andre tider er det omvendt. Ikke desto mindre kan fx en lille tøven fungere som tegn på at ens ankomst er bemærket. Dét der er vigtigt for én, er at ens tilstedeværelse bemærkes på den for gruppen rigtige måde. Udebliver denne hilsen, eller gøres den med vilje på en forkert måde, fx modvilligt eller karikeret, giver det anledning til følelsesmæssig aktivitet. Denne type konvention, som underforstået aftale, er af filosoffen David Lewis karakteriseret som *betinget præference*: man foretrækker at noget sker på en bestemt måde under forudsætning af at det medvirker til koordination af fælles aktiviteter.[1]

I en anden forstand, set i filmskabernes perspektiv, kan ordet konvention betyde *løsning på et kommunikativt problem*. I denne forstand er konventionsbegrebet en måde at opnå noget, at sikre bestemte virkninger, men med skyldig hensyntagen til kulturelle og universelle egenskaber hos tilskueren.[2] Tag en konvention fra teatret – det virker for mange generende at skuespillere på teatret taler meget højt selv om den de taler til, medspilleren, står ganske tæt ved. Konventionen kan virke irriterende indtil man vænner sig til den, men der er ikke tale om tilfældighed eller arbitraritet. Man kan bytte rundt på ordene *bog*, *livre*, *buch* og *book*, men man kan ikke som skuespiller uden videre tale lavt eller mumlende igennem et teaterstykke. Taleformen tjener en funktion. Skuespilleren må gøre sig det til en vane, som Stanislavskij bemærkede, at tale med klare vokaler og skarpe konsonanter for derved fuldt og helt at kunne rette sin opmærksomhed mod medspilleren og ikke bekymre sig om tilskueren på bageste række.[3] Konventionen løser således først det problem at de bageste ikke er på samme gunstige lytteafstand som de forreste, og i anden omgang kan konventionen, når først den er blevet en vane, tjene til at undgå det problem at skuespilleren begynder at rette sit spil ind efter publikums reaktioner i stedet for medspillerens.

I denne brug af ordet konvention afhænger den analytiske værdi af rigtigheden og fuldstændigheden i formuleringen af problemet. Man kunne således tænke sig at de klare vokaler og de skarpe konsonanter ikke blot gør det lettere at høre de enkelte ord på den bageste række; det problem ville kunne løses teknisk med mikrofoner og højtalere. De klare vokaler og de skarpe konsonanter kan også siges at løse det problem at tilskuerens opmærksomhed må rettes primært mod ordene hvis de udgør skuespillerens primære virkemiddel. Konventionen gør det muligt for spillet at gøre indtryk på filmens tilhører ved brug af metaforer og opremsninger, nærmest som i en tale, og der kan indlægges forskellige klange ved de enkelte ord hvis de får tilstrækkelig opmærksomhed i artikulationen. Gestik, mimik og posiurer kan støtte signalerne som lægges ind i stemmen og således tjene som sekundære virkemidler der ikke må tage for stor opmærksomhed. Man kan med andre ord også se den "teateragtige" stemmeføring som funktionel i kommunikativ henseende.

Hvis den ene side af konventionsbegrebet, set fra tilskuerens synspunkt, er at vi forventer at filmen tager en bestemt form, er den anden side, set fra filmskaberens synspunkt, at være et instrument for løsningen af et kommunikativt problem. De to sider er naturligvis beslægtede. Hvis vi finder at en bestemt måde at løse et kommunikativt problem er benyttet en gang for ofte eller uden tilstrækkelig variation, taler vi om kliché, og hvis vi finder at en figur forsøges karakteriseret som del af en gruppe ved hjælp af uholdbare fordomme om gruppen, taler vi om en konventionel fremstilling. I den sidste brug benyttes ordet konvention nærmest i betydningen "det modsatte af realisme," men oplevelsen af kliché og konventionalisme bygger i begge tilfælde på oplevelsen af at udformningen tjener bestemte formål.

OVERSPIL
– EN SCENE MED ANNE BANCROFT

I det perspektiv som jeg har karakteriseret som kognitiv-økologisk, er vores evner til at trække information ud af andres relationelle aktivitet en egenskab ved menneskelig tænkning og perception. Vi kan ikke undlade at opdage intentioner, eventuelt fraværet af dem hvor de er forventede, i ekspressivitet. Det gælder også det ikke-overbevisende spil. Det overspillede (postulerede, teatralske, urealistiske eller hvad vi nu måtte kalde det) kan forklares som oplevelsen af et forsøg på at påvirke os på en måde hvor forsøget søges motiveret inde i fiktionsuniverset, men fejler.

Et eksempel er Anne Bancroft i rollen som Annie Sullivan der skal lære den døvstumme Helen Keller (Patty Duke) tegnsprog i Arthur Penns THE MIRACLE WORKER (1962). Bancrofts spil i denne scene virker ikke overbevisende, og det er svært ikke at lægge mærke til hendes spil som udtryk for en intention om at få os til at slutte i bestemte baner angående figuren. Det er ikke fordi de opspilede øjne, hendes lænen sig fremad og modtagelighed over for små signaler fra modspilleren ikke *burde* være funktionelle i en sådan situation. Den modsatte figur afviser hende, drejer sig bort og vil ikke i kontakt, så en vis insisteren og tydelighed forekommer netop funktionel i situationen. Overspillet knytter sig snarere til timingen. Hendes blik med de opspærrede øjne er en tand for stirrende, især i forhold til hvor tæt på, modspilleren er. Det virker heller ikke helt rigtigt at hun fastholder dette ansigtsudtryk uden stor variation igennem hele scenen. I stedet for at give mening i forhold til modspillerens figur, oplever vi spillet som et forsøg på at påvirke tilskueren.

Vi kan naturligvis ikke vide om publikum allerede dengang oplevede spillet i denne ene scene som overspillet. Der er tale om en filmatisering af en rolle som hun umiddelbart forinden havde spillet på teatret (hvor et blik for at være tydeligt på bageste række må markeres stærkere), og kameraet lader os se begge fra siden, lidt som om vi kigger ind på en scene. Men det er mere nærliggende at se scenen som et eksempel på historisk forskellig reception, en ny tid med nye forventninger gør forskellen. De samme signaler kan fortolkes på to måder, og da ekspressivitet har en cuing-funktion og dermed får os til at lægge mærke til bestemte egenskaber ved hele situationen, vælger vi én af de to. For det første er det muligt at se Bancrofts ekspressivitet i forhold til den rumlige afstand imellem de to figurer; de stærke signaler passer ikke til én der er så tæt på. I stedet lægger vi mærke til det forhold der altid er underforstået i spillet: at vi som tilskuere forsøges påvirket. For det andet kan de samme signaler cue os til at lægge mærke til bestemte egenskaber ved figurens karakter: at Annie Sullivan er uerfaren, men engageret. Hun har bestemte ideer om et døvstumt barn, blandt andet at man må opnå opmærksomhed ved at spærre øjnene op, og hun er engageret i den anden fordi hun ikke sådan lige lader sig afvise, ikke bliver fornærmet.

Et 1962-publikum kunne således ved at opdage sammenhængen med en uerfaren pædagogs møde med et døvstumt barn opleve hendes ekspressivitet som funktionel inde i filmuniverset. Et 2000-publikum kan ved at fokusere på den rumlige afstand imellem dem opleve hendes ekspressivitet som upassende og ikke-funktionel, og dermed som overspillet. At en spillestil er historisk betinget og ikke i stand til at opnå de samme virkninger for evigt, kan begribes ved at se på hvilke typer af information der er indeholdt i ekspressivitet. På den måde undgår man at tale om at det er ganske vilkårligt hvornår vi oplever noget som overspillet; begge typer af information er indeholdt i spillet.

Ekspressivitet hos en figur cuer os til at lægge mærke til en bestemt egenskab ved situationen, men der er naturligvis flere egenskaber ved en situation at lægge mærke til. Det gælder også uafhængigt af historiske forskelle. Nogle tilskuere oplever spillet som overdrevet i en given film, andre ikke. Forskellen er ofte tydelig når tilskuerens tidligere erfaring med figuren eller genren gør forskellen, fx fra tidligere afsnit i en tv-serie eller fra stort kendskab til skuespilleren. Dén der sætter sig ned for at se alle Anne Bancrofts film, vil formentlig lægge mærke til hvordan Bancroft i scenen ovenfor formår at karakterisere figurens idealisme og engagement allerede i det første møde. Med disse pointer in mente er det muligt at tillade en relativisme, afhængig af historisk periode eller tilskuererfaringer, uden at give køb på universalismen. Tidligere erfaringer *bestemmer* ikke hvad der er indeholdt i fremstillingen; de fungerer snarere som en *hjælp* til at opdage intentioner og anliggender i det fremstillede. Den egenskab vi lægger mærke til som følge af cuing-processen afhænger af vores tidligere erfaringer, men det betyder ikke at tilskuere med forskellige erfaringer nødvendigvis må se forskellige egenskaber i situationen.

Når Bancrofts spil i dag overvejende fremstår teatralsk og overspillet uden at det nødvendigvis var tilfældet i 1962, behøver man ikke kun at søge en forklaring på spillets niveau. Vi skal snarere se på den fotografiske stil i konventionsbegrebets perspektiv, og formuleringen *forventning om hvordan der vil blive handlet* kan med fordel ændres til *forventning om hvordan udseendet bør være*. Siden 1962 har et naturalistisk lys vundet indpas, lyset motiveres i større grad af en kilde i fiktionsuniverset, og i det øjeblik vi først har vænnet os til denne nye måde at lyssætte på, virker lyset i denne indendørs-scene påfaldende kunstig. Fordi den afviger fra det vi er vant til, lægger vi mærke til den, og vi ser så at sige ekspressiviteten i et ikke-favorabelt lys – og opdager de intentioner der peger mod tilskueren snarere end mod figuren og dennes ideer. Lige så vigtigt er det formentlig at two-shot indstillingen med de to fra siden får os til at bemærke den rumlige afstand – det ville krydsindstillinger eller en two-shot indstilling med de to placeret i for- og baggrund ikke have gjort.

En måde at forklare Anne Bancrofts overspil er således at se en konflikt mellem de to sider af konventionsbegrebet. Vi forventer en bestemt udformning af filmen, og da den afviger fra vores norm, forsvinder den neutrale grund hvorpå spillets virkemidler skulle cue os til at lægge mærke til ivrigheden efter at komme i kontakt med den anden, som udtryk for Sullivans naivitet og engagement. I stedet lægger vi mærke til dét der altid gælder for fremstilling af ekspressivitet: forsøget på at påvirke os, at få os til at slutte i bestemte baner om figurens intentioner, men der er uoverensstemmelse, her i forhold til den rumlige afstand. At spillet løser et kommunikativt problem betyder at man kan fokusere på problemet, dét der har behov for kommunikation (figurens engagement), og på den kommunikative handling som sådan.

Oplevelsen af overspil er ikke nødvendigvis tilknyttet historiske forskelle. En dansk skuespiller, der i udpræget grad har formået at opnå realisme i sit spil, er Kim Bodnia, og da han har fået fortjent ros netop for dette, vil jeg tillade mig her at trække en scene frem, hvor det ikke lykkes (omend det ikke nødvendigvis skyldes egne beslutninger). I Nicolas Winding Refns PUSHER (1996) går han i rollen som Frank hen bag kæresten Vic, spillet af Laura Drasbæk, der står foran et vindue. Hun er såret over at være blive antaget for at være luder til en fest, og hans efterfølgende reaktion har blot været undren over hendes reaktion – underforstået, det er hvad hun er. Drasbæk har undladt at reagere på at Bodnia er trådt hen bag hende, men vi forstår at hun venter på hans næste træk, på at han rækker ud efter hende og viser han har brug for hende og at hun betyder noget for ham. På dette højdepunkt rækker Frank, bogstavelig talt, ud mod Vics skulder men stopper få centimeter fra den og tager så hånden ned igen.

Denne manglende funktionalitet i håndbevægelsen bemærkes af tilskueren, i det mindste af alle jeg har diskuteret scenen med. Den løftede hånd der stopper få centimeter bag skulderen, synes uden funktion i filmens univers. På papiret fungerer den som udtryk for figurens vilje til forsoning og trøst, men i filmen er det svært at se den som udtryk for figurens hensigt; den virker rettet mod tilskueren. Det er en gestus, der formentlig ville fungere på en teaterscene hvor vi ikke er så tætte på spillernes ansigter, men i den filmiske sammenhæng forekommer den unødvendig. Figurens vilje til forsoning er kommunikeret i kraft af at han er gået hen til hende, og idet han stopper, uden at foretage sig yderligere, har han allerede én gang ombestemt sig. Dét at han nu påbegynder håndens bevægelse viser at blokeringen er overvundet, og hvis ikke en ny blokering motiveres, fx i form af en replik fra Drasbæks side, så kan håndbevægelsen ikke stoppes så hurtigt igen – uden at savne en motivation inde i fiktionsuniverset.

IKKE-EKSPRESSIVT SPIL
– BRESSONS AUTOMATISME

Bemærk at overspillet, det at vi mærker hensigten om at påvirke os til en bestemt opfattelse af figuren, opleves som skuespillerens fordi han eller hun er ekspressiv. Ordet 'overspil' kan nemlig ikke (eller kun meget vanskeligt) hæftes på spil der ikke indeholder ekspressivitet. Hvis al ekspressivitet er fjernet, er det vanskeligt at tale om noget som overspillet – omend man stadig kan tale om uoverbevisende spil, fx i måden skuespilleren udfører rutiner der hører til rollens type. Ekspressivitet er central, når vi oplever og vurderer spil, og det er mest tydeligt når skuespilleren ikke er ekspressiv.

I mange af Robert Bressons film udføres handlinger på en åndsfraværende måde, som indser figuren selv i livstruende situationer ikke hvad der er på spil. Spillet er gjort automatiseret eller rutinepræget som om spilleren er åndsfraværende, eller blot ikke indser at noget særligt er på spil. Et påfaldende eksempel er hovedpersonen, den dødsdømtes forsøg på flugt fra bilen i UN CONDAMNÉ À MORT S'EST

ÉCHAPPÉ (1956). Amatørskuespilleren François Leterrier spiller en løjtnant, Fontaine, der under den tyske besættelse tages til fange for sit virke i modstandsbevægelsen. Da han i bil føres til et fængsel forsøger han under et kortvarigt stop at flygte, og han har held til at komme ud af bilen, men indhentes så af forfølgerne. Det påfaldende er manglen på ekspressivitet hos Leterrier inden flugtforsøget; der er ingen signaler om en aktivering, om blot den mindste form for nervøsitet inden forsøget. Flugten udføres søvngængeragtigt, som var der tale om en rutinepræget handling uden noget særligt på spil. Dette udtryk fra spillet forstærkes ved at kameraet bliver tilbage i bilen mens den dødsdømte indhentes og fanges, som er det forudset at han vil blive bragt tilbage på sin plads på bagsædet.

Ekspressivitet blev tidligere defineret som udtryk for at man forholder sig til omgivelserne med bestemte anliggender in mente, og som et resultat heraf bliver parat eller netop ikke parat til handling eller bestemte typer af relationel aktivitet. Ifølge denne definition er der *ikke* tale om ekspressivitet i det automatiserede spil, og faktisk arbejdede Bresson omhyggeligt med at fjerne ekspressivitet fra spillet under optagelserne. Ikke alene mente han at dette mål opnåedes bedst ved at anvende amatører, af ham kaldt modeller, men også ved at lade dem gentage en handling, igen og igen, indtil deres forhold til genstande og personer omkring dem var "rigtigt fordi det ikke var tænkt."[5] Imidlertid er der en kontrast mellem på den ene side signalerne om at figuren ikke indser at noget vigtigt er på højkant og på den anden side det som vi kan slutte os til af sammenhængen. Vi følger et handlingsforløb hvor det bliver tydeligt at centrale anliggender faktisk er truet selv om figuren ikke indser det.

Én virkning af denne kontrast kan være at forløbet fremtræder kedeligt for tilskueren. Man kunne sige at der mangler en cuing til at få os til at opdage de følelsesmæssigt relevante egenskaber ved filmuniverset der nu fremtræder uden særlig betydning, men det er nok mere præcist at sige at vi opdager dem og bliver irriterede over at de ikke afspejles i spillet. En flugt kræver at man følelsesmæssigt aktiveres, antager vi, og irriteres over at denne aktivering er undladt i spillet der således forekommer urealistisk. Men en anden virkning er den stik modsatte: tilskueren aktiveres efter samme princip som i *suspense*. Vi indser hvad der er på spil, men også at figuren ikke selv har opdaget det – det føles ikke relevant eller realistisk. Denne virkning er formentlig tættere på den intenderede – ved at tage spillet for pålydende uden at forvente at vigtige anliggender resulterer i ekspressivitet – og det er vigtigt at se at den er knyttet til tilskueren følelsesmæssigt. På samme måde som vi kan blive grebet hvis en ven fortæller at hans eller hendes liv er ved at gå i spåner, fuldstændig distanceret og upåvirket som om det var en andens liv, reagerer vi ved at få lyst til at ruske i personen så sagens alvor gør indtryk og ikke mere forekommer denne uvirkelig.

Forskellen til den almindelige suspense-virkning er at intet er holdt uden for figurens syns- og hørefelt. Hvor suspense almindeligvis skyldes at figuren ikke har mulighed for at vide hvad der er ved at ske, fx ikke har set en tidsindstillet bombe blive placeret under bordet, så *har* den dødsdømte opdaget at hans liv er truet, men det har blot ikke vækket følelser. Princippet er nogenlunde det samme som når vi i nogle tilfælde kan føle fx et tab som uvirkeligt, som om vi nok kan fatte det med forstanden, men lades følelseskolde, og i den forstand er spillet ikke urealistisk – det skal i stedet tages for pålydende værdi.

Ligheden til den almindelige suspense-virkning i film er at vi sidder og bliver frustrerede over at vi ikke kan gribe ind i handlingsforløbet. Især i en film som L'ARGENT (1983) bliver det mere og mere fortvivlende som historien skrider frem. En fejlagtig anklage om forfalskede pengesedler bringer en mand til at begå massemord. Hvis man accepterer spillestilen, ikke bliver irriteret på den som urealistisk, er L'ARGENT i stand til at efterlade fornemmelsen af et stort hul i maven, så fortvivlende og deprimerende er den stadige nedtur. I andre af Bressons film, især LE JOURNAL D'UN CURÉ DE CAMPAGNE (1951), guides vores opmærksomhed over på opløftende egenskaber ved en overnaturlig, sjælelig verden således at de jordiske interesser fremtræder mindre betydningsfulde.

En alternativ forklaring på hvad der opnås med spillestilen i Bressons film er at se den som en minimalisme der tjener til at skærpe vores opmærksomhed. Det er muligvis rigtigt at manglende ekspressivitet i spillet gør os i stand til at være mere opmærksomme end vi ellers ville være på abstrakte kameramønstre på tværs af de enkelte scener i PICKPOCKET (1959),[6] men spørgsmålet er hvad der opnås med disse mønstre. Et abstrakt kameramønster er ikke i sig selv engagerende, og det må under alle omstændigheder ses i sammenhæng med vores vigtigste fokus, figuren som vores egen følelsesmæssige aktivitet primært rettes mod, og her kan man tænke sig at repetioner i kameraets set-up fremmer indtrykket af figuren som søvngængeragtig. Det er også rigtigt at følelsesmæssige reaktioner i L'Argent ikke er ganske fraværende,[7] men spørgsmålet er om ikke den symbolske måde som disse følelser markeres på – en butiksindehaver fører hånden til øjnene som var der tårer og en grydeske kastes hen ad gulvet af vores hovedperson – ikke er udført på en måde så ekspressivitet stadig er fraværende i spillet. Hånden føres til øjnene på den automatiserede måde, og kameraet følger grydeskeen og slutter scenen på den, snarere end at lade os se den der har kastet den, eller reaktioner fra de omkringstående. Derfor kan man efter min mening ikke tale om minimalisme i forhold til den automatiserede spillestil. Signalerne om følelser er ikke minimeret – der er en pointe i at de er gjort fraværende.

Hvis udtrykket 'overspil' kun dårligt kan anvendes i forhold til den ikke-ekspressive spillestil, kan man så overhovedet tale om at der spilles? Det mener jeg godt man kan. Som vi har set er det ikke-ekspressive spil designet til at kommunikere en bestemt følelsesmæssig oplevelse hos figuren for derigennem at påvirke tilskueren, og når det så udføres med netop det formål – også selv om skuespilleren ikke selv er klar over instruktørens formål med at fjerne ekspressivitet – må det tjene som spil. Uoverensstemmelsen skyldes snarere at begrebet 'ekspressivitet' har forskellige, men beslægtede betydninger: både som udtryk for følelser og som udtryk for at vi påvirkes. Kun i den sidste betydning gælder at spillet er ekspressivt – vi påvirkes fordi der netop ikke er følelser i en situation der almindeligvis kalder på dem.[8]

IKKE-SPIL OG UNDERSPIL

Hvis man ved spil forstår at spilleren er bevidst om forsøget på at give publikum et indtryk af en opfundet figur, så har Leterrier spillet idet han efter alt at dømme har været bevidst om kameraet og optageholdet. At spille fordrer med andre ord bevidsthed om at man gør det, men det fordrer som i Leterriers tilfælde ikke nødvendigvis at man er bevidst om forholdet mellem ens handlinger og brugen af dem i den færdige film, dvs. hvilke virkninger instruktøren håber at opnå.

Det samme princip gælder de skuespillere der ved hjælp af fantasien og det Stanislavskij kaldte indbildningskraften forsøger at leve sig ind i fiktionens omstændigheder, den metode der almindeligvis går under betegnelsen psykologisk realisme. I sin koncentration om medspilleren og de i rollen givne omstændigheder kan skuespilleren tilsyneladende "glemme" at der overhovedet er et kamera til stede. Således skulle Aidan Quinn under en øvelse – efter at kameraet havde cirklet hele vejen rundt om ham og en medspiller – have udbrudt at det var en skam at scenen ikke blev optaget![9] Eksemplet viser ikke blot at han er i stand til at koncentrere sig fuldt ud om de fiktive omstændigheder, men også at han samtidig er bevidst om sit og medspillerens arbejde og værdien af det, at det fortjener at blive optaget. Koncentrationen om medspilleren og evnen til at lukke andet ude end det der gælder for fiktionen, er resultatet af mange års øvelse og erfaring og ikke udtryk for at der ikke spilles, men at der spilles efter en metode som vi kan kalde psykologisk realisme.

Anderledes forholder det sig med brugen af hypnose. Her vil den der har været under hypnose næppe begynde at vurdere resultatet af sit "spil" umiddelbart efter at være kommet til bevidsthed igen. I Werner Herzogs HERZ AUS GLAS (1976) fremstår figuren ekstatisk, meget passende for et drømmeunivers, og i Lars von Triers EPIDEMIC (1987) markeres det inde i fiktionsuniverset at der er tale om en hypnose. Man kan sige at spilleren har været bevidst om at hypnosen skulle indgå i en film, så der er bevidsthed om metode til stede, men mens der "spilles" kan skuespilleren formentlig næppe siges at være bevidst om sit bidrag, modsat eksemplet med Aidan Quinn. Bemærk at dette kriterium, at der skal være en intention om at spille mens man gør det, for at det tæller som spil, harmonerer med en almindelig anvendt definition af kunst, og inden for film er skellet anvendt til at skelne mellem fiktions- og dokumentarfilm.[10] Tanken er her at skellet ikke lader sig gennemføre ved at analysere formelle træk ved filmene, men alene i kraft af ens vurdering af og viden om intentioner hos filmskaberne.

Blot fordi en person er fremstillet i et fiktionsunivers behøver der altså ikke at være tale om spil af en rolle, og det er tydeligt når det kommer til brugen af dokumentaroptagelser i en spillefilm. Hvis begrebet *at spille* overhovedet skal have nogen berettigelse må i hvert fald brugen af dokumentaroptagelser som et led i filmen betegnes som ikke-spil. Det er således forkert at sige at John F. Kennedy spillede med i Oliver Stones JFK (1991) der fremstiller en historisk begivenhed og personer der faktisk har levet og stadig gør det. Her fremstilles de, både afdøde og nulevende, af skuespillere (undtagen i de få indstillinger der benytter dokumentarmateriale). Det er denne viden om at figurerne og hændelserne i det store hele er spillet, der er med til at definere værket som en spillefilm og denne bevidsthed har betydning for filmoplevelsen, især for hvilken erkendelsesmæssig værdi vi tillægger det sete bagefter. Det er muligt at fiktion og fakta blandes på en måde der understøtter oplevelsen af virkelighed i det fremstillede, men senere forholder vi os vurderende til det sete og ønsker som i JFKs tilfælde at vide hvad der er sandt og hvad der er en fortolkning (uanset at en blot nogenlunde sikker afgørelse næppe lader sig træffe i dette tilfælde). Vores bevidsthed om intentioner hos filmskaberne har betydning for hvordan vi oplever en film, og det er mest tydeligt hvis vi overvejer om vi ville anvende ord som 'overspil' og 'underspil' – næppe i JFKs og den hypnotiseredes tilfælde. At spille indebærer bevidsthed om at man gør det, og hvis vi som tilskuere ved eller har en formodning om at personerne ikke har været bevidste om de spiller en rolle – i Herzogs HERZ AUS GLAS kunne det ekstatiske udtryk måske også være opnået af en ikke-hypnotiseret – så tæller det ikke og vi kan heller ikke tale om at rollen overspilles. Bemærk at ved at tale om 'spillefilm' undgår vi at skulle vurdere den erkendelsesmæssige status af det fremstillede; vi kan nøjes med at pointere at personerne spiller og senere undersøge om der fremstilles historiske begivenheder og personer som disse faktisk fandt sted. Bemærk at spørgsmålet om intention også markerer hvad der er spil på en teaterscene: de scenefunktionærer der bærer rekvisitter ind og ud, eller de øjeblikke hvor skuespillerne selv klarer opgaven, opleves ikke som en del af den intenderede fremstilling.[11]

Den måde hvorpå vi benytter vurderende termer der har med spillet at gøre, afslører formentlig et generelt skel mellem intentioner hos filmskaberne og hos skuespillerne der fremstiller figurerne. Én tilskuer skal efter eget udsagn have oplevet Andy Warhols SLEEP (1963) som en rensende proces over fem timer og 21 minutter: John Giornos sovende krops små bevægelser og skyggernes spil hen over ham skulle være betagende i sig selv under hele forløbet.[12] Andre vil sikkert reagere med irritation mod filmens princip for udvælgelse af hvad vi skal se, men det er en irritation vendt mod skaberne, ikke skuespilleren; der er ikke baggrund for at hævde at han har overspillet sin søvn. Det forhold som vi så ovenfor, at vi oplever, eller har let ved at opleve, Anne Bancroft som overspillet, behøver heller ikke nødvendigvis at have konsekvenser for filmskaberne og instruktørerne. Det er hende snarere end Arthur Penn som vores irritation over at blive tiltalt på en måde som om vi havde svært ved at fatte hvad der sker, er rettet mod. Sammenholdt med at det ikke-ekspressive spil fra Bressons film kun vanskeligt kan kvalificeres som overspil, kan man se det som udtryk for at vi umiddelbart oplever den bevidste ekspressivitet som udtryk for skuespillerens (selv om instruktøren sikkert i mange tilfælde er den der har insisteret på bestemte udtryk).

Underspil betegner i reglen oplevelsen af at noget holdes tilbage af den ene eller anden grund. I modsætning til det ikke-ekspressive spil, så er der her tale om følelsesmæssig aktivitet, relationel aktivitet. Underspil kan generelt karakteriseres som oplevelsen af et misforhold mellem hvad en situation *burde* afstedkomme af følelsesudbrud og så det mindre udtryk vi *faktisk* ser eller hører, sådan at denne nedtoning gør indtryk på os. Man kan således tale om underspil da Lasse og Pelle skilles i slutningen af PELLE EROBREREN ved at give hånd til hinanden, en formel adfærd der står i kontrast til situationen, fordi vi ved hvor hårdt et afsavn de vil komme til at lide ved adskillelsen. Vi bliver bevidste om underspilllet blandt andet fordi filmen klipper ud til et stort totalbillede så signaler om hæmning bliver mindre fremtrædende. Det er muligvis en generel forudsætning for indtrykket af underspil at vi er klar over hvor meget situationen betyder for figuren for at vi kan blive bevidste om situationen som underspillet.

En andet eksempel på underspil er brugen af en teknik hvor en reaktion forsinkes eller formindskes en lille smule efter en nærmest umærkelig pause. Det er en teknik der er velegnet til personality-skuespilleren der udnytter sit sympatiske og tiltrækkende ydre til at holde vores opmærksomhed fanget, og det efter min mening bedste eksempel på brugen af denne teknik er Robert Redford. Især i Barry Levinsons THE NATURAL (1984), hvor han spiller en baseball-spiller der kommer let til store resultater, udnytter Redford underspil snarere end fysik eller atletisk formåen til at overbevise om figurens magiske færdigheder. Det må være fristende at lade en lille pause blive efterfulgt af *øget* aktivitet, snarere end formindskelse, for derved at søge at fastholde tilskuerens opmærksomhed. Denne "fristelse" falder Redford ikke for, men stoler på at han alligevel formår at fastholde tilskuerens opmærksomhed.

Redford er for mig at se en spiller der gennem hele sin karriere har mestret underspillets teknik, men underspillet kan dyrkes i den enkelte produktion, forudsat at der er tid til det under forarbejdet og optagelserne. En bestræbelse på forenkling, et forsøg på, som Pernilla August har udtrykt det, *at vaske scenerne rene*, skal have været en fast rutine inden selve kameraoptagelsen på Bille Augusts DEN GODA VILJAN.[13] Man kan se det særligt tydeligt i scenen som den tidligere omtalte hvor hendes figur hører at kæresten, spillet af Samuel Fröler, ser en anden: Pernilla August forsøger ikke at vise den store følelsesmæssige ophidselse, men nøjes med at bevæge sig væk fra bordet og sætte sig på en stol på afstand af kæresten. Skal man benytte udtrykket *minimalisme* om spil (og ikke filmen som et hele og ej heller en bestemt stil eller periode), er denne form for underspil formentlig et godt bud.

Begrebet underspil rejser i særlig grad spørgsmålet hvordan man adskiller det skuespilleren gør fra det figuren gør. Hvordan ved vi at der er tale om underspil snarere end figurens hæmninger og selvbeherskelse? Den eneste måde at besvare denne problemstilling er efter min mening at sige at der ikke er noget skarpt skel; det er ikke sådan at spillet bliver placeret under en overordnet kategori, ideen om en 'skuespiller' og 'figur' der så bestemmer hvordan vi oplever det sete. At der er tale om en uholdbar idealisme i disse placeringer, er måske mere tydeligt hvis man fokuserer på overspil: det er ikke sådan at vi kun opdager overspillet i tilfælde af at vi fortolker det sete under kategorien 'skuespiller.' Man kan sige det sådan at vi opdager at genstanden for den fremstillede ekspressivitet er tilskueren; det giver bedst mening, for inde i filmuniverset er det spillede for overdrevet, timingen er forkert osv. På samme måde kan man se underspillet som udtryk for at tilskueren er underforstået: situationen kunne have givet anledning til et kraftigere udtryk for derved at påvirke tilskueren des mere, men spilleren afstår.

Uanset hvordan man vil forklare at vi pludselig opdager underspil og overspil, så er en gennemført idealisme ikke sagen. Det er ikke sådan at spillet skal matche en forudfattet ide, til stede i tilskuerens baghoved, om hvordan ekspressivitet udfolder sig i en given situation for at vi accepterer det som figurens og ellers motiverer det som skuespillerens. Tilsyneladende skelner vi ikke så skarpt – vi siger ikke at ekspressivitet enten tilhører figuren eller skuespilleren. Den bedste måde at begrebsliggøre hvordan der ikke er noget skarpt skel mellem skuespiller og figur, er at sige at figurens ekspressivitet *supervenerer* på skuespillerens, dvs. "kommer ovenpå." Tanken er her at det figuren gør er identisk med det skuespilleren gør. Læg mærke til at dette ikke er væsensforskelligt fra den måde som motivet i et maleri supervenerer linjerne og farverne på et lærred.[14]

Der er med andre ord tale om to forskellige perspektiver eller beskrivelsesniveauer. Man kan ikke sige at der i sig selv er forskel på hvad figuren og skuespilleren gør; forskellen opstår når man hæfter et perspektiv på det i filmen fremstillede. I de fleste tilfælde betyder det at vi reagerer kognitivt og følelsesmæssigt på det man kunne kalde handlingsplanets indhold, men som vi skal se i næste kapitel, i forbindelse med min diskussion af verfremdung-spillestilen, så kan vores følelser også være rettet mod skuespillerens niveau. Oplevelsesmæssigt forholder vi os til det fremstillede, og dette kan man med fordel også gøre i analysen. Der er ingen grund til at antage at ideen om "hvem", det fremstillede "tilhører", bestemmer hvad vi ser.

Bemærk at noget tilsvarende gør sig gældende i forhold til over- og underspil: spillet vækker vores irritation og beundring og disse følelser kan bedst beskrives som rettet mod skuespilleren, men de påvirker også vores oplevelse af hvad der sker i fiktionsuniverset. Skal man placere tilskuerens antipati hos en skurk sådan at vi senere ikke har det mindste imod at han bliver aflivet, så skal man blot lade ham blive overspillet. Skal man vække tilskuerens sympati og beundring er det ikke nogen dårlig ide at lade figuren blive underspillet – eller for den sags skyld blive spillet af en skuespiller der umiddelbart vækker de varme følelser på grund af tidligere roller, fx Robert Redford.

FREMSTILLINGEN AF HÆMMEDE OG BEHERSKEDE FØLELSER

Termerne "naturalisme" og "realisme" bliver ofte brugt som synonymer. Spørgsmålet er ikke kun i hvilken betydning de oprindeligt blev benyttet eller hvordan et flertal benytter dem nu, men også hvilken type fremstillinger man med størst fordel kan benytte dem til at betegne. Ofte knytter vi ordet "realisme" til fremstillinger der gengiver fx historiske eller sociale forhold i overensstemmelse med den måde som vi mener de er virkeligt eksisterende, i kontrast til andre fremstillinger. I forhold til mit snævre fokus, ekspressivitet i spillet, kan "realisme" efter min mening med fordel benyttes bredt om indtrykket af at ekspressivitet er rettet mod forhold *inde i* fiktionsuniverset, hvilket medvirker til at hele filmuniverset fremstår uafhængigt af tilskueren. "Naturalisme" kan efter min mening bedst benyttes om de teknikker der er vokset frem de seneste hundrede år til at give dette indtryk af realisme. I forbindelse med replikker er det fx teknikker som pausen, tøven, stammen og andre former for hæmninger og selvbeherskelse der kan tjene til at motivere den enkelte replik, og i videre forstand er det fx bremsningen af en handlingstendens. Naturalisme og realisme er to termer der ofte anvendes som synonymer, og en af grundene kan ses som den at naturalistiske teknikker tjener til at øge indtrykket af realisme. Dét at følelser tilbageholdes, villet og uvillet, kan give tilskueren indtryk af kommunikativ uvilje i spillet og tjene til at få filmuniverset til at fremstå uafhængigt af tilskueren – modsat overspil.

Der findes flere forskellige betydninger af "naturalisme" som man med fordel kan holde adskilte. Naturalisme indebærer som videnskabelig metode at et genstandsområde lader sig iagttage og forklare uden at henvise til overnaturlige forhold eller noget principielt utilgængeligt, og i kunstens verden er naturalisme blandt andet knyttet til en kunstnerisk bestræbelse i den sidste halvdel af det 19. århundrede på at undgå idealiserede fremstillinger af mennesket. Her blev termen af forfatteren Émile Zola (i forordet til THÉRÈSE RAQUIN fra 1868) knyttet til fremstillingen af menneskelig adfærd som bestemt af arv og miljø. Zola formulerede det naturalistiske teaters opgave som den at bygge den sceniske figur på virkelige personer og derefter på scenen at analysere disse videnskabeligt, hvilket ifølge ham indebærer overensstemmelse med omstændighedernes logik og påvirkningen fra miljøet.[15] I denne formulering indebærer naturalismen et særligt pessimistisk syn på menneskets frie vilje som nærmest fraværende. En lidt mere nuanceret tankegang er udtrykt hos August Strindberg der lagde vægt på at årsagerne skulle være mangfoldige hos hans personer; han peger på intet mindre end tretten motiver i forordet til FRÖKEN JULIE, lige fra opdragelse, blomsternes duft, moren, farens fravær, dansen osv.).[16] Her sker der en bevægelse mod den moderne figurs decentrering fra en naturalistisk entydighed. Et opslag i et leksikon definerer naturalistisk spil som "forsøget på at gengive virkeligheden så trofast som muligt",[17] men her burde man tage det forbehold at trofastheden er knyttet til bestemte ideer om hvad det er vigtigst at lægge vægt på. Én der almindeligvis forbindes med naturalistisk spil, er Konstantin Stanislavskij der betonede at der skulle et arrangement til for at gøre figurens følelser interessante og mulige at følge; snarere end forsøge at imitere virkeligheden skulle skuespillerne sørge for at "spille saa gennemført tydeligt, logisk underbygget og følgerigtigt som muligt."[18] En anden der var tidligt ude med det naturalistiske spil er den danske William Bloch der i 1896 betoner et andet princip end følgerigtighed, nemlig at viljestyring ikke er tilstrækkelig til at give de mange nuancer. I "Nogle Bemærkninger om Skuespilkunst" (fra tidsskriftet *Tilskueren*) hedder det således at "uden alle de fine Ytringsformer, hvori Følelsen, uafhængig af Viljen, lægger sig for Dagen" vil spillet komme til "at savne det, der giver den højeste kunstneriske Værdi: Livets Varme og Bevægelighed."

Netop spørgsmålet om viljens påvirkning af de forskellige handlingstendenser i en given situation karakteriserer det naturalistiske spil i film. De modstridende intentioner og handlingstendenser kan enten hæmmes eller beherskes. I hvilken grad der er tale om en villet beherskelse eller en uvillet hæmning afhænger i høj grad af figurens egen opfattelse af sine handlemuligheder. En scene viser hvordan der skiftes imellem de to. Da Bette Davis som Regina nægter at hente livsvigtig medicin til sin mand, Horace (Herbert Marshall), i William Wylers THE LITTLE FOXES (1941), er der tale om en intention om at han skal dø. Ved at undlade at hjælpe og blot blive siddende i sofaen ønsker hun at nå dette mål. I starten virker hun selvbehersket, som om hun ikke føler nogen tvang udefra, men da manden så er kommet hen til trappen hvor han falder om, virker hun hæmmet. Det er som om hun ikke tør at dreje hovedet for at se hans død i øjnene. Hendes følelse i dette øjeblik indgår i den samme overordnede plan, men fordi hun er så spændt på udfaldet af drabsforsøget, forekommer hun her som et offer for situationen. I denne scene er der både selvbeherskelse og hæmmethed afhængig af hvor i forløbet hun er og i hvor høj grad vi vurderer at hun oplever sig som selvstyrende og ikke offer for situationens endelige udfald.

Det er ikke altid klart om følelser er voldsomt beherskede eller slet ikke til stede. I Don Siegels DIRTY HARRY (1971) er det blandt andet uberørtheden af at dræbe der har forbundet titelfiguren og filmen som sådan med fascismen.[19] Scenen hvor Clint Eastwood lokker Scorpio til at tage chancen og finde ud af, om tromlen er tom eller ej i Harrys ".44 Magnum, the most powerful handgun in the world …" er berømt for manglen på ophidselse og berørthed. Relationel aktivitet i de sammenknebne øjne og de svulmende blodårer i panden peger på følelser som beherskes i en koncentreret indsats for at nå målet: at udrydde Scorpio, indbegrebet af kriminelt kryb, når muligheden endelig byder sig. Grunden til at vi oplever Eastwoods spil som udtryk for beherskelse er ikke alene de sammenknebne øjne og den skarpe artikulation i den lidt tynde stemme, men også indledende vredesudbrud. Det er disse indledningsvise følelsesudbrud, blandt andet i et opgør med borgmesteren, der så beherskes til fordel for en viljestyret og koncentreret opnåelse af målet. Eastwoods stemme ligger ikke i et dybt og truende stemmeleje, og det er ikke umuligt at han opnår en kontrastvirkning der overbeviser os om hans beherskelse: han lyder ikke så farlig, men vi véd i kraft af hans handlinger at det umiddelbare indtryk snyder.

Også hæmninger kan adskilles fra den type spil som vi så i Bressons film hvor pointen er at følelser slet ikke er til stede. En film hvor spillet ligner Bressons automatisme er François Truffauts TIREZ SUR LE PIANISTE (1960) hvor Charles Aznavour spiller den ulykkelige, tidligere koncert-, nu barpianist, Charlie. Figurens følelser udtrykkes ikke uden videre, men vi opdager at de er der i kraft af en voice-over. Da han følger en servitrice hjem fra den bar, hvor begge arbejder, giver han sig selv små ordrer som: "Tag hendes hånd!", men han undlader at følge dem idet et tilfælde afholder ham, fx at hun i det samme stikker hånden i lommen. Da vi først har opdaget at figuren tilbageholder følelser der ikke kommer til udtryk, begynder vi i højere grad at søge efter tegn på det hæmmede følelsesliv. Samtidig mindes vi om at de følelser der ikke kommer til udtryk, især er rettet mod kvinder. I scenen hvor hans hustru begår selvmord, befaler han sig selv at falde på knæ for hende, men drejer i stedet rundt på hælen og forlader værelset. Da han øjeblikket efter fortryder, er det for sent. Da hans kæreste, servitricen, har kørt ham ud til hans brødre, befaler han sig selv, også her i voice-over, at kysse hende, men rejser sig blot og går med et kort farvel. Det virker som om figuren Charlie forsøger at overbevise sig selv om hvad han *bør*, men ikke *kan* føle, fordi han er så hæmmet. Man kan også tale om fremmedgørelse: de nærtstående kvinder føles fremmede.

BEVÆGELSE OG FORSTYRRELSE
– DEN MODERNE FILMS DEDIFFERENTIERING
AF FØLELSER

Ekspressivitet i spillet afhænger af sammenhængen hvis vi skal forstå hvad der har givet anledning til fx en hæmning eller selvbeherskelse, og dermed opnå en forståelse så man kan tale om at en bestemt følelse er blevet kommunikeret. Omvendt kan situationen og handlingen kun specificere og nuancere det kognitive indhold af følelser under forudsætning af at forholdet mellem situation og ekspressivitet er relativt veldefineret. En reaktion afstedkommet af en tilsyneladende tilfældig person, eller en pludselig hæmning hvor det ikke er klart hvilket anliggende der er på spil, fremstår som en genstandsløs og udefineret følelse. Hvis der ikke er sammenhæng mellem ekspressivitet og situation kan man tale om de kognitivt udefinerede følelser, fx bevægelse eller forstyrrelse.

Bemærk at der her er tale om følelser der ikke nødvendigvis kan gribes med de traditionelle begreber og modeller. I kapitel 3 skelnede jeg med baggrund i Frijda mellem *kategori-* og *kognitivt* definerede følelser, afhængigt af om opmærksomheden rettes mod reaktionen eller den omgivende situation. En følelse der karakteriseres som "jalousi" hvis man kigger på årsagen, kan lige såvel karakteriseres som overraskelse, tristhed, irritation eller vrede, hvis man kigger på reaktionerne over tid. Men som Frijda påpeger fanger disse to modeller ikke alle typer af følelsesmæssig adfærd og oplevelse:

> They do not include those modes of action readiness that manifest the fact that well-defined response cannot be developed: states of excitement, being disturbed, being moved, states of inhibition. Most of these states, as said earlier, cannot be considered on a plane with other classes like anger or fear; they are less articulate; they correspond to a dedifferentiation of the emotion space. Nonetheless, they make up a large share of human emotional processes.[20]

Der er med andre ord en grund til at ord som *forstyrrelse* og *bevægelse*, eller for den sags skyld blot *hæmning* eller *aktivering*, ikke er inkluderet i Tomkins', Izards og Ekmans liste over følelser (eller emotioner). De kræver en anden model: følelser som *dimensioner*. Hæmning og selvbeherskelse kan ses som dimensioner af følelser som vrede, frygt, sorg, glæde, osv.

Det er fristende at se bestemte skuespillere som karakteriseret ved netop denne type ekspressivitet. James Dean er nærmest indbegrebet af de uklare og ambivalente følelser som måske yderligere vinder ved at blive fremstillet sammen med en bestemt figurtype, teenageren. Der er en grund til at James Dean har fået status af et ikon for den utilpassede ungdom. Der er en særlig ungdommelig følsomhed hos hans uartikulerede figurer i Nicholas Rays REBEL WITHOUT A CAUSE (1955), Elia Kazans EAST OF EDEN (1955) og, i mindre grad, George Stevens' THE GIANT (1956) samtidig med at der også er vrede. Det samme er tilfældet hos Marlon Brando i Elia Kazans ON THE WATERFRONT (1954). Blandingen af følsomhed og sårethed, samtidig med at der er en modvilje og vrede nedenunder, gør at hæmninger er et generelt træk, ikke mindst fordi vreden i nogen grad er vendt mod dem selv, over at de har spildt nogle muligheder eller ikke fra starten har haft det rigtige stof i sig. Således kalder Brando sig selv en taber i ON THE WATERFRONT, og Dean taler om at han har arvet ondskaben fra sin mor i EAST OF EDEN.

En af grundene til at man taler om nøglescener er at man her kan få de underliggende årsager til at fremstå i et klarere lys. I ON THE WATERFRONT fornemmer vi pludselig at aktiveringen i spillet rettes mod den genstand der er kilde til Terrys (Marlon Brando) utilpassethed. Rod Steiger i rollen som Charlie forsøger i en taxi at overtale sin lillebror til ikke at medvirke i en politiundersøgelse af fagforeningen for havnearbejdere, og på et tidspunkt, da han bliver hånet for hvad han har drevet det til, tager Terry til genmæle: "It was you [Brando rører Steigers skuldre med fingerspidsen] – you was my brother, Charlie. You shoulda looked out for me a little bit! [kigger hurtigt væk, rækker så hånden ophidset op foran sig] You don't understand! I coulda had *class*! I coulda been a contender! I coulda been somebody!" De første to sætninger udtrykker sorg over brorens svigt idet de bliver sagt med en lav, langsom stemme – som en reaktion på noget tabt der ikke lader sig genvinde. Dernæst bliver Brando pludselig ophidset. Håndens spændthed og placering foran ham kommunikerer sammen med betoningen af *class*, at hans aktivering er bundet til et endemål i forhold til ham selv, hans opnåelse af en position som mesterbokser. Da Brando øjeblikket efter falder sammen igen ("Instead of a bum, which is what I am, let's face it."), kommunikerer deaktiveringen et skift i opmærksomheden tilbage på nutiden og en vurdering af handlemuligheder her i form af resignation.

Det kan lyde en smule forvirrende at tale om at "kommunikere uklare" følelser fordi kommunikationsbegrebet almindeligvis anvendes i forhold til de modsatte mål, klarhed og præcision. For at undgå denne begrebsforvirring, kan man i stedet tale om *dedifferentiering* af det kognitive indhold af følelser sådan som Frijda foreslog i citatet ovenfor. I Martin Scorseses TAXIDRIVER (1976) stopper Robert De Niro som Travis pludselig op på gaden, på vej ud til en samtale med en ældre kollega fra chaufførernes stamsted, og i point-of-view-klipning skildres hans pludselige optagethed af en tilfældigt forbipasserende som han muligvis oplever som truende. Vi finder aldrig ud af hvem denne person er eller hvorfor han opleves som truende, men omkring dette tidspunkt begynder Travis at opleve verden stadig mere fjendsk. Ingrid Bergmans pludselige optagethed af og reaktion på tilfældigt forbipasserende i VIAGGIO IN ITALIA (1953) er et tidligt eksempel på det samme. Man kan sige at der er tale om at kommunikere en oplevelse som karakteriserer menneskelivet generelt, oplevelsen af verden som svagt truende på en uklar måde. Det er ikke klart hvad omgivelserne tilbyder eller hvordan der skal reageres, eller måske er data fra situationen ikke tilstrækkeligt tydelige til at en bestemt intention og handlingstendens kan udvikle sig. Her skal vi huske på at mange virkninger i film bygger på ikke-bevidst tænkning. Der sker en behandling der nogle gange resulterer i at vi bliver bevidste om noget, andre gange ikke, måske fordi det enten ikke er klart hvad der er på spil eller fordi det er tidsligt længere væk, og man kan sige at vi aner et glimt af noget der ellers er dunkelt.

Man kan for nemheds skyld tale om fremstilling af bestemte følelser i disse film, især *forstyrrelse* og *bevægelse*. Hvis De Niros scene er et godt eksempel på forstyrrelsen, karakteriseret ved et pludseligt skifte i opmærksomhed, er Jean Seberg som avissælgeren Patricia i Jean-Luc Godards A BOUT DE SOUFFLE (1960) et godt eksempel på bevægelsen. I de foregående scener har vi set hende flirte med den kriminelle

Michel Poiccard (Jean-Paul Belmondo), og han har fulgt hende ud til et pressemøde i lufthavnen med en berømt forfatter (spillet af Jean-Pierre Melville) som svarer på spørgsmål fra journalister. På Patricias spørgsmål om hvad hans højeste ambition er i livet, svarer forfatteren, at det er opnå udødelighed og så: at dø! Hendes reaktion på svaret afslutter scenen. Hun tager solbrillerne af og drejer sig og kigger ind i kameraet på en eftertænksom måde. Hun er bevæget af hans ord, og pointen er her at tilskueren, selv om vi ikke bliver bevidst om det, i kraft af de foregående scener nu cues til at se en sammenhæng mellem reaktionen på hans ord og hendes liv i øvrigt. Da solbrillerne tages af forekommer hun pludselig sårbar og vi oplever en kontrast mellem hendes halvhjertede flirt med Michel og forfatterens høje ambition. De foregående scener ligger i baghovedet i kraft af at Michel fulgte hende til pressemødet og der i øvrigt klippes til ham i den næste scene. Selve reaktionen og omstændighederne omkring den er også vigtige. Det virker ikke som om Sebergs og Melvilles blikke mødes i krydsindstillingerne idet hun kigger mod højre og Melville også svagt mod højre, mod kameraet (i stedet for mod venstre som normalt i denne type dialogskildring). Det fremmer indtrykket af at hun reagerer på det verbale indhold af replikken snarere end fordi han har vendt sin opmærksomhed mod hende. Hun føler sig ramt af lige netop den replik.

Tidligere citerede jeg Niels Jensens karakteristik af den moderne film som skildring af "en følelsesmæssig usikkerhed og fattigdom."[21] Det er muligt at beskrive hvordan den følelsesmæssige usikkerhed er afstedkommet som følge af tekniske og spillestilistiske valg. Ved at vi ser en form for aktivering eller hæmning som ikke kan forbindes med noget i omstændighederne, eller ikke kan forbindes på en bestemt måde, fastholdes vores opmærksomhed på følelsesmæssige bevægelser eller forstyrrelser. Den følelsesmæssige fattigdom er mest tydelig i A BOUT DE SOUFFLE og TIREZ SUR LE PIANISTE hvor vi har indtryk af at de fremstillede personer ønsker at kunne føle noget for hinanden, eller i TAXI DRIVER hvor Travis' befrielse af en teenagepige fra et bordel virker som et desperat forsøg på at finde et formål med livet.

OPSUMMERING

Eksemplerne fra efterkrigstidens moderne film viser at det er muligt at kommunikere relativt komplekse følelsesmæssige erfaringer i film ved hjælp af ikke-verbale midler. Fremstilling af automatisme, af den ikke-artikulerede figurtype, af forstyrrelse og bevægelse snarere end egentlige og udviklede handlingstendenser har lighedstræk med den litterære modernisme. Vi møder en formidling af dedifferentierede følelsesmæssige erfaringer tidligt i fx Fjodor Dostojevskijs roman RASKOLNIKOV. FORBRYDELSE OG STRAF.

Det er måske vel bredt at identificere naturalistisk spil med fremstilling af hæmninger og selvbeherskelse som sådan, og det ville muligvis være mere interessant at se på en historisk udvikling på et mere specifikt plan. Imidlertid er en af fordelene ved en så generel teori at man overhovedet får en hypotese der lader en komme videre med analysen af hvordan tilbageholdelsen mere præcist kommunikeres, fx om den alene synes afhængig af den enkelte replik eller om den så at sige ligger under flere replikker som en undertone. I enkelte punktstudier som jeg har foretaget synes denne forskel karakteristisk for en tidlig naturalistisk skuespiller som Clara Pontoppidan i Georg Schneevoigts KIRKE OG ORGEL (1932) og en sen som Kim Bodnia i PUSHER (1995) hvor den enkelte sætning ikke på samme måde danner udgangspunkt for fremstillingen af et følelsesliv underneden.

Senere vil jeg diskutere rationalet bag fremstillingen af tilbageholdte følelser; det forhold at de kan ses som udtryk for en strategi i forhold til tilskueren. I dette kapitel har det været mit formål at foreslå en måde hvorpå man kan anvende begreber som konvention, underspil, overspil, ikke-spil og ikke-ekspressivt spil, og jeg har forsøgt at pege på nogle teoretiske løsninger. I næste kapitels indledende afsnit vil jeg uddybe den måde man mest hensigtsmæssigt kan gribe konventioners rolle an på i forhold til spillet i film.

Noter

1. Se Livingston, "Convention and Literary Explanations."
2. Her bygger jeg på især Bordwell, "Convention, Construction, and Cinematic Vision", og Grodal, *Moving Pictures*, pp. 19-25.
3. Stanislavskij, *En skuespillers arbejde med sig selv*, p. 375.
4. Bresson, *Notes on Cinematography*, p. 12.
5. Ibid., p. 12.
6. Bordwell, *Narration in the Fiction Film*, p. 304.
7. Smith, *Engaging Characters*, p. 176.
8. Ibid., p. 176.
9. Rabiger, *Directing: Film Techniques and Aesthetics* (2. udg.), p. 11.
10. Carroll, "Fiction, Non-fiction, and the Film of Presumptive Assertion: A Conceptual Analysis", p. 179.
11. Se Kirby, "On Acting and Not-Acting" der også sætter begreberne i forhold til performances og ritualer.
12. Kommentar på filmens opslag på Internet Movie Database af 29. april 1999. Ferenc, "I may be crazy but I like it".
13. Cit. in Wolden-Ræthinge, Bille August fortæller om sit liv og sine film til Anne Wolden-Ræthinge, p. 187.
14. Jeg har analogien til maleriet fra Guttenplan, "An Essay on Mind", p. 93, der benytter det til at illustrere hvordan det mentale supervenerer på det fysisk-materielle i hjernen.
15. Zola, "Naturalismen i teatern", p. 79.
16. Strindberg, "Förord och Memorandum", p. 84.
17. Cuddon, Dictionary of Literary Terms and Literary Theory (3. udg.), p. 575.
18. Stanislavskij, *En skuespillers arbejde med sig selv*, p. 374.
19. Schmidt, "Lov og orden", 357, og Smith, *Clint Eastwood: A Cultural Production*, pp. 101-7.
20. Frijda, *The Emotions*, p. 258.
21. Jensen, *Filmkunst*, p. 277.

KAPITEL 6

DET IKKE-REALISTISKE SPIL
– FØLELSER HOS BÅDE FIGUR
OG SKUESPILLER?

Det lille ord *ikke* antyder at i det ikke-realistiske spil sættes der et minus foran den betydning som normalt ville være fremstillet. Det er fristende blot at sige at ikke-realistisk spil tjener til at gøre os bevidst om at der faktisk spilles, der er ikke blot tale om adfærd hos faktiske personer.[1] Denne fristelse vil jeg forsøge at modstå. Det er ikke forkert at sige at vores opmærksomhed i højere grad rettes mod spilleren i det ikke-realistiske spil, men spørgsmålet er hvad der opnås i forhold til at befordre en bestemt oplevelse hos tilskueren. Det ikke-realistiske spil kan med fordel vurderes i forhold til hvad det er og hvad der faktisk fremstilles. Det kendetegn som forskellige typer af ikke-realistisk spil har til fælles er efter min opfattelse at ekspressivitet i nogen grad er rettet mod tilskueren. Ekspressivitet i spillet tjener ikke alene til at bibringe tilskueren et indtryk af et selvstændigt eksisterende univers.

Jeg vil forsøge at vise at man også i det ikke-realistiske spil med fordel kan se på hvilke intentioner der er fremstillet i ekspressiviteten, hvilke ønsker og mål den tjener til at opnå. De ikke-realistiske variationer af spillestil er i mange tilfælde kun forståelige som udtryk for et forsøg på at rive os med eller få os til at stoppe op og være opmærksomme på en skuespillers tilstedeværelse. Fx kan en bestemt komisk spillestil ses som udtryk for at tilskueren gøres klar over at figuren ikke for alvor føler smerte. Skellet mellem realisme og ikke-realisme henviser her alene til i hvilken grad tilskueren forsøges påvirket indirekte, ved ekspressivitet i fiktionsuniverset, eller direkte, ved at tilskueren påvirkes af ekspressivitet der ikke tjener en funktion inde i fiktionsuniverset.

KONVENTIONER SOM GRUND FOR KOMMUNIKATIV RELATIVISME

Det er vigtigt i det følgende at holde indtrykket af realisme, en virkning hos tilskueren, adskilt fra den brug af termen der tager udgangspunkt i henvisningen til en *periode* eller *metode*. Således kan den skuespillermetode der er mest udførligt beskrevet af Stanislavskij og anbefalet af Pudovkin til amatørspillere, karakteriseres som en psykologisk *realisme*: fiktionens omstændigheder fremtræder under optagelsen som var de virkelige i spillerens sind. Om metoden lykkes i forhold til at overbevise tilskueren er en ganske anden sag. Som en periodebetegnelse kan realisme fx karakterisere den måde som den italienske neorealisme umiddelbart efter Anden Verdenskrig fremstillede landets sociale kår i filmen. Hvorvidt denne realisme i dag er i stand til give indtryk af et selvstændigt univers er en ganske anden sag.

Det forhold at realisme som indtryk er afhængig af blandt andet tid og sted, gør at det er fristende at se realisme som en tilfældig og arbitrær udgave af hvordan virkeligheden skal fremstilles. Da en moderne udgave af realistisk spil vandt indpas på 1890ernes teaterscene, opfordrede én iagttager, Winterhjelm, "de ærede Realister" til at studere virkeligheden bedre:

> Den er ikke saa, som I fremstiller den. Der er mere Liv i Menneskene, mere Afvexling i deres Udtryk for ulige Følelser – skaf os det! … Den realistiske Scene har vænnet os til en Maalestok, der ikke er Virkelighedens, men – konventionel.[2]

Mange tilskuere forventer på tidspunktet for realisternes gennembrud, som Christiansen gør rede for samme sted, at skuespilleren bruger gestik og mimik til at gøre udtrykket karakteristisk i sig selv. Skuffelsen over at forskellige følelser ikke udtrykkes med vidt forskellige udtryk, kan således have blokeret for signaler i omgivelserne. Det naturalistiske teater er netop kendetegnet ved en historisk stor afhængighed af instruktøren til at koordinere helheden.[3] Udtrykt med de begreber som jeg præsenterede tidligere, er det i kraft af omstændighederne at det kognitive indhold af en følelse specificeres; det er her det karakteristiske fremstilles.

I forrige kapitel blev "konvention" set som både en forventning og en løsning på et kommunikativt problem, og hvis man husker på begge betydninger af konventionsbegrebet, kan man se realismens relativisme som udtryk for en *kommunikativ relativisme*. For det første kommunikeres noget forskelligt i forskellige spillestile. Der er ikke blot tale om at det samme fremstilles på forskellige måder sådan som det sker i sproget, "hund" for "dog" eller "chien." Det giver i vores sammenhæng ikke mening at se konventionsbegrebet som udtryk for et tilfældigt udtryk for det samme indhold. Den sproglige analogi er ikke forenelig med de universelt forståelige træk i ekspressivitet. Hvis spillet fremstiller frygt kan det ske på mange måder, fx ved at spilleren indtager en positur og mimik, med en hånd op til at skærme for sig, nærmest som var der tale om at agere model for en skulptur. Her kan frygten fremstilles så den er genkendelig med det samme, men i mange film ville det være ganske overspillet og ude af trit med omstændighederne; et bortkastet blik og en tøven i stemmen er måske tilstrækkelig. Pointen er at de to udtryk ikke henviser til den samme frygt. Der er tale om "frosset" frygt og en hæmmet frygt, specificeret ved hvad vi har lært ved at følge handlingen i film. Den frygt som Max von Sydow kommunikerede i PELLE EROBREREN har som kognitivt indhold ikke blot frygten for eget ve og vel, men også for at han ikke skulle være i stand til at tage sig af sin søn. Den "frosne" frygt har måske slet ikke nogen genstand, i det mindste ikke i skulpturen, og derfor fremstår den som en idealiseret fremstilling af frygt idet alt det ikke-karakteristiske er skåret bort.

For det andet gælder der også en kommunikativ relativisme idet der kommunikeres til tilskuere med forskellige erfaringer. Man skal passe på med at lægge al for stor vægt på erfaringer – hvis de altid var afgørende er det svært at se hvordan vi kan opleve noget nyt; så ville vi blot opleve det vi én gang *har* oplevet og alt måtte blive passet ind i de skemaer vi nu engang kender og i denne proces blive ækvivaleret. Man må finde en balance mellem på den ene side det vi forventer (i kraft af erfaringer, fx fra tidligere film) og muligheden for ny information (gennem perceptionsapparatet). En måde at udtrykke denne balance er i kognitionspsykologiens skel mellem *bottom-up* og *top-down* styret perception.[4] Når tilskuerens forventninger og erfaringer kan gøre en forskel i forhold til om det fremstillede virker realistisk, kan det forklares med at tilskueren behøver en *grund* hvorpå fx ekspressivitet kan gøre indtryk. Hvis den fotografiske stil i THE MIRACLE WORKER stemmer overens med det forventede (sådan som den i det store hele har gjort i 1962), må man formode at tilskuerne alt andet lige opdager en sammenhæng mellem figurens intention om kontakt med den døvstumme og handlingen og figurerne i det hele taget. På den måde kan Anne Bancrofts spil fremtræde realistisk. Men hvis den fotografiske stil overrasker og er ude af trit med det forventede, mangler den grund hvorpå vi lægger mærke til figurernes intentioner. Så vil vi alt andet lige hurtigt opdage dét der altid er implicit: forsøget på at påvirke os. På samme måde i slutningen af det 19. århundrede hos teatertilskueren Winterhjelm; det blev forventet at følelserne karakteriseres i spillet og *fuldt ud* i spillet, uafhængigt af omstændighederne.

Vores opdagelse af signaler og intentioner i fremstillingen afhænger med andre ord ikke kun af egenskaber ved værket, men også ved tilskueren. Der er en tendens til vane og automatisering i perceptionsapparatet som påvirker vores oplevelse. Det klassiske eksempel på automatisering er den måde vi ikke behøver fuldføre sætninger, for at andre véd hvad vi mener.[5] Et andet eksempel er den måde man i det 19. århundredes England draperede benene på borde og stole med stof, ikke nødvendigvis alene forklaret ved at man i det viktorianske England var uendeligt snerpet (den gængse forklaring), men også på grund af et universelt træk ved perception: når man først én gang er begyndt at se seksuelle undertoner i ben udformet som dyrefødder, er det vanskeligt ikke at blive ved.[6] Med begrebet *kommunikativ relativisme* kan man uden at associere til sprogets arbitraritet udtrykke det forhold, at *hvad* der kommunikeres afhænger dels af den kunstneriske fremstilling, dels af tilskuernes forventninger og erfaringer. Hukommelsen tillader næppe vandtætte skotter mellem forskellige kilder til erfaringer, og vores erfaringer med virkelige mennesker er utvivlsomt en del af forståelsen af figurerne i en film, og det må skuespilleren tage højde for, fx ved i nogen grad at efterligne virkelige mennesker. Samtidig er det muligt at komme med nye principper for spillet, at opdage nye stilarter hvor der fremstilles noget som ikke er fremstillet på helt samme måde tidligere. Dette er muligt på grund af måder hvorpå noget set eller hørt behandles *perceptuelt og kognitivt*; måder der eksisterer uafhængigt af det erfarne.

Stilhistoriske udviklinger og -bevægelser kan ses i lyset af den kommunikative relativisme i konventionsbegrebet. En af naturalismens bivirkninger er at nuanceringen i kraft af omstændighederne kræver længere tid, desto mere der tilbageholdes i spillet. Forskellige stilretninger i det 20. århundredes spillekunst kan ses som modreaktioner på naturalismens tendens til at fjerne overflødige signaler og dermed indsnævre rummet for påvirkning af tilskueren gennem spillet alene. Først ved August Strindbergs symbolisme, den tyske ekspressionisme, den russiske konstruktivisme, og senest ved en "postmoderne" tilbagevenden til tribunens direkte henvendelse til publikum i lige så høj grad som til medspillere.[7] Tv-serien ALLY MACBEAL med Calista Flockhart i centrum kan på samme måde ses som et forsøg på at kompensere for det naturalistiske spils bivirkning, tilbageholdelsen og afhængigheden af hele handlingen, ved at forsøge at stimulere tilskueren direkte ved en blanding af special effects, fantasier og pludselige danseoptrin, foruden fremvisning af kvindelige skuespilleres ben. En pæn del af de mest sete Hollywoodfilm kombinerer en naturalistisk spillet handling med fremvisning af eksplosioner, drabelig vold eller ondskabsfulde monstre.

Konventioner kan relativt let brydes, og almindeligvis påskønnes det brud der gør det klart at det problem som den kunstneriske konvention tænktes at løse, ikke mere findes. Konventionen blev måske opretholdt ved vanens magt, blandt andet fordi, som Stanislavskij bemærkede, at nogle ting må ligge på rygraden for at skuespilleren kan koncentrere sig om sine medspillere og de givne omstændigheder. Her fungerer konventioner ikke som løsning, men som en begrebslig blokering. Begrebslige blokeringer behøver ikke nødvendigvis at stamme fra den måde man plejer at løse et kommunikativt problem, men kan også stamme fra at man overfører viden fra én sammenhæng til en anden. Således har jeg ofte lagt mærke til at nybegyndere i videoproduktion tenderer mod at placere spillerne i dagligstuens sofa, hvis en sådan er til stede. Ræsonnementet, bevidst eller ubevidst, er at sofaen motiverer samtalen – når begge parter sidder dér, er det naturligt at tale sammen. Imidlertid begrænses mulighederne for kropslig ekspressivitet voldsomt og scenen kan virke stillestående og "død." Det er i reglen resultatet, med mindre ubevægeligheden tilfældigvis understreger en hæmning hos figuren som handlingen har bygget op til.

Begynder man at kigge efter hvordan professionelle film håndterer dette problem (som vi kan kalde sofaproblemet), opdager man at de i reglen benytter sofaens hæmning af skuespilleren som et virkemiddel. Således understreges det pinlige i det indledende møde hvor figurerne ikke rigtigt véd hvad de skal sige til hinanden ved at placere James Spader og Andie MacDowell i en sofa i Steven Soderberghs SEX, LIES, AND VIDEOTAPE (1989). I William Wylers THE HEIRESS (1949) understreges periodens stive normer ved at placere de samtalende i en sofa. Da Woody Allens figur (i Allens HANNAH AND HER SISTERS (1986)) foreslår sin gamle ven, spillet af Daniel Stern, at donere sæd til Allens figurs kone, er Stern og de to hustruer placeret i et vinkelarrangement som Allen kan bevæge sig omkring. Hvis sofaen skal benyttes til at sende signaler om en afslappet situation, kan det være nødvendigt at placere skuespilleren på gulvet, fx Susan Sarandon i den fortrolige samtale med Brad Renford i Joel Schumachers THE CLIENT (1994). Det er nødvendigt for historien at hun virker oprigtigt interesseret i at hjælpe drengen, og en placering i sofaen ville let give indtryk af at hun ikke rigtigt føler for at hjælpe ham.

DET EKSPRESSIONISTISKE SPIL
– BESÆTTELSEN AF MÅLET

Som man måske vil huske fra kapitel 3, identificerede Nico Frijda ekspressiv adfærd som en integreret del af tænkning. Ekspressivitet er en del af, som det hed, "fleksible programmer" der tager hensyn til feedback undervejs i et forløb og til de særlige omstændigheder hvori følelser indgår. Imidlertid kan denne fleksibilitet i forhold til det mål som man gøres parat til i ekspressivitet, fjernes. En ekspressionistisk spillestil kan netop karakteriseres ved *forfølgelse af et destruktivt mål på en ikke-fleksibel måde*. I den ekspressionistiske spillestil fremstår intentionen eller målet bag ekspressivitet på en frosset måde.

Jeg vil tage udgangspunkt i Robert Wienes DAS KABINETT DES DR. CALIGARI (1919), det tidligste forsøg på at overføre teknikker fra den ekspressionistiske malerkunst til spillestil og film. En enkelt scene hvor Conrad Veidt svinger frem og tilbage mellem den fleksible og ikke-fleksible adfærd, illustrerer princippet i denne form for ekspressivitet. Veidt spiller en søvngænger, Cezare, der er indlagt for sin lidelse, men misbruges af overlægen der har opdaget at han i den særlige søvntilstand kan befales til at begå mord. Cezare har fået den befaling at gå hen og dræbe datteren til en anden læge, spillet af Lil Dagover. Da Veidt kommer ind i soveværelset bevæger han sig på en stiv måde, med vægten på bageste ben (som for at føle sig frem med den forreste, før han lægger vægten over på den) og hænderne stift ind til kroppen. Da han når hen til Dagovers seng, stopper han op og kigger længe på den sovende kvinde. I de andre mord Cezare har begået har vi fået indtryk af at han dræber øjeblikkeligt, uden forudgående overvejelser. Dette ophold foran sengen forekommer altså i sig selv som et brud på det ikke-fleksible "program" som han plejer at udføre mord efter. Pludselig løfter han kniven højt op, som for at få kraft i den når den stødes i hendes krop, men bliver så slap i knæene. Kroppen falder sammen, og det er som om at hele den robotagtige stivhed er forsvundet som et resultat af kærlighed til Dagovers figur. Han lægger i stedet armene omkring hende og tager hende med sig, igen med sin stive gang. I denne korte passage kommunikeres det hvordan Cezare pludselig bliver i stand til at følge sine egne mål frem for Caligaris. Synet af Dagover får Veidt til at vurdere handlingens endemål (en død Dagover) i forhold til sine egne interesser (han elsker hende) og forme en alternativ plan, som han dog følger på samme automatiserede facon.

I film fra den tyske ekspressionisme er fastlåstheden til ét mål, uden overvejelser om alternative mål eller måder at nå dem, fremtrædende i de bedst kendte film. I Fritz Langs METROPOLIS (1926) bevæger arbejderne sig på en robotagtig måde der er knyttet til en instrumentalistisk betjening af apparaterne, uden brug af uøkonomisk aktivitet. I F.W. Murnaus NOSFERATU – EINE SYMPHONIE DES GRAUENS (1922) sover Max Schreck i rollen som Dracula i dagtimerne og bevæger sig som en søvngænger om natten (på slottet, siden hen på og i byen), på en måde der ligner Veidts. Hvor scenografien i DAS KABINETT DES DR. CALIGARI kan karakteriseres som ekspressionistisk malet, med mange kanter og brudflader, er det kun i skildringen af Schreck at scenografien er ekspressionistisk i NOSFERATU: sorte og hvide flader med store skyggeområder på Draculas slot, kanter, rigning og master som tegnede linjer på en todimensional flade på skibet, og det samme sker med vinduesrammerne i den tyske by.[8]

Jeg har indtil nu forsøgt at forklare spillestil med udgangspunkt i den følelsesmæssige oplevelse der kommunikeres til tilskueren, med kognitive og emotionelle påvirkninger til følge. Alternativt kan man besvare det historiske spørgsmål om hvorfor det på dette tidspunkt er lige netop denne stil der vinder frem snarere end en anden. Imidlertid udelukker de to perspektiver ikke hinanden. I en diskussion af Marlon Brando og James Dean kan man muligvis finde en sammenhæng mellem deres fremstillinger og en særlig 1950er-sensibilitet,[9] og i en diskussion af ekspressionismen er det oplagt at se spillestilen i forhold til temaer i periodens samfundsliv i øvrigt. Således ser David Kuhns ekspressionismen i forhold til især den sociale og politiske uro, inspirationen fra andre kunstarter, især malerkunsten, og kunstens forsøg på ved hjælp af ideer at ændre historiens gang.[10] Dette er et svar på spørgsmålet: hvorfor lige netop på denne tid og dette sted?, men han besvarer samtidig spørgsmålet om hvordan stilen påvirker tilskueren. Stilen var et forsøg på at påvirke tilskueren direkte, ikke alene gennem spillet, men også med kostume, sminke, scenografi, lyslægning og musik, i ét retorisk hele.[11]

En af de interessante pointer i Kuhns fremstilling af ekspressionistisk spil er at de de øvrige virkemidler ses som teknikker til at påvirke skuespilleren, snarere end publikum:

In theatrical Expressionism, the emphatic visual gestures in scene design and lighting – together with the bold strokes and accents of characterization and dialogue, costuming, and make-up – stimulated, indeed forced, the actor to feel the performance space and be shaped by its textures and rhytms. Thus aided, Expressionist actors strove to become ecstatically "possessed" on stage.[12]

Bemærk forskellen til en streng formalistisk forklaring på forholdet mellem spillet og de øvrige virkemidler. Denne kunne fx se spillet, eller rettere: spillerens bevægelser og krop, som ét af flere grafiske elementer på billedfladen; en forklaring der er fristende i forbindelse med Conrad Veidt i DAS KABINETT DES DR. CALIGARI.[13] Men man behøver ikke at analysere på et niveau hvor der er flader og linjer; man kan med spillet med fordel kigge på intentioner og følelsesmæssige oplevelser, dvs. et højere kognitivt niveau.

Først og fremmest er det træk ved figurerne der motiverer det ekspressionistiske spil: søvngænger-, robot- og Draculatemaet. Det ekspressionistiske spil kan også benyttes på filmens højdepunkt som da elskeren (Wilhelm Dieterle) i Leopold Jessners HINTERTREPPE (1921) opdager at det ikke er hans kæreste, men postbudet der har returneret hans breve. Men man kan med fordel præcisere hvilke træk ved spillet i den tyske ekspressionisme der fortjener betegnelsen ekspressionistisk spil, dvs. betegne en del ved helheden. Blot fordi en film er tysk og fra 1920erne, i sort-hvid og en bestemt fotografisk stil, behøver spillet i sig selv ikke at være ekspressionistisk. Pointen med en analyse er at skelne mellem de forskellige virkemidler, og en af fordelene ved at beskrive spillet i forhold til dets kommunikative funktion er at det lader sig gøre at se hvordan det ekspressionistiske spil benyttes også i ellers naturalistisk spillede film.

I PELLE EROBREREN er det eneste eksempel på ekspressionistisk spil Eriks (Björn Granath) forsøg på at slå forvalteren ihjel. Det sker, efter det er blevet klart, at forvalteren (Erik Paaske) har fanget ham i en "fælde" hvor Erik vil komme til at tabe ansigt hvis han adlyder en urimelig ordre. Erik går med stive skridt og en løftet le op imod gården hvor forvalteren er ved at spænde hestene for. Forvalteren ser sig om efter en flugtvej, men opgiver, og i stedet bliver han reddet af at de urolige heste skubber til brøndspanden, således at brøndstenen falder ned og rammer Erik i baghovedet. Eriks blik er under konfrontationen hele tiden låst fast til forvalteren, han ænser end ikke hestene, og når han ikke blot styrter imod forvalteren, skyldes det en forsigtig prøven sig frem med leen som for at være sikker i det øjeblik, han sætter det afgørende hug ind. Der er tale om den samme ikke-fleksible adfærd som benyttedes i de ekspressionistiske film – a propos de øvrige virkemidler så er Eriks gang mod gården støttet af en sort himmel – og som jeg har kaldt ekspressionistisk spil. Han virker faretruende og *besat* af sit mål, uden tanke for hvad der ellers foregår omkring ham og uden at planlægge den mest effektive måde at opnå målet.

Det spil som jeg her har kaldt ekspressionistisk er karakteriseret ved afvigelser fra normal kognitiv fleksibilitet. For det første er opmærksomheden låst til genstanden for en fremtidig handling. For det andet er gangen stiv og ikke-variabel som om styringen af benene under transporten ikke optager kognitiv kapacitet. Hverken Cezare, Nosferatu eller Erik virker som om de er i stand til at løbe, hastigheden er den samme. For det tredje er bevægelsen af armene bestemt af en effektiv opnåelse af målet. Armene svinger ikke under gangen for at balancere kroppen, men er enten fastlåste tæt på kroppen (hos Erik og Cezare) eller lidt fra den (Nosferatu) og knyttet til udførelsen af dolke- eller lestød og greb om halsen for at suge blod. For det fjerde er der kun en meget lille tilpasning og variation i forhold til omstændighederne: Nosferatu passer på sollyset, Erik prøver sig frem med leen, og Cezare ændrer mordet til en bortførelse. For det femte er der ikke nogen feedback under udførelsen af et handlingsprogram. Cezares pludselig blødhed foran Lil Dagovers seng er netop ikke-ekspressionistisk i et kort øjeblik. I kraft af den visuelle feedback (synet af hende) sat op imod udførelsen af Caligaris ordre og hans egen kærlighed til hende.

AFFEKTSPILLET OG DE RETORISKE VIRKEMIDLER – DEN HISTORISKE BAGGRUND

Mange finder stumfilmens spil ufrivilligt komisk i skuespillernes overtydelige gestikulation, fjernt fra det naturalistiske spils tilbageholdelse af information om følelser. Gestikulationen virker højtidelig og kunstig og i al for høj grad tilrettelagt med henblik på tilskueren, snarere end omstændighederne i fiktionsuniverset. Imidlertid er der al mulig grund til at tro at spillet bjergtog datidens publikum. At figuren tog sig til brystet som for at gribe hjertet i ulykkelig kærlighed eller til maven i fortvivlelse, virker i dag som noget der hører en selskabsleg som Gæt og Grimasser til, ikke en film, men på et tidspunkt har det tjent en funktion i forhold til publikum.

Svend Christiansen har i *Klassisk Skuespilkunst* fra 1975 beskrevet, hvordan skuespilkunsten indtil slutningen af 1800-tallet, hvor naturalismen begynder at vinde indpas, har gjort brug af bestemte mimiske, vokale og kropslige konventioner for, hvordan følelser skulle udtrykkes – det såkaldte *affektspil*. Når han taler om *klassisk* skyldes det, at en række stabile konventioner går tilbage til græsk-romerske regler for retorikken.[14] Han opsummerer i et senere værk baggrunden for affektspillet således:

> Følelserne, eller affekterne, måtte altså finde andre former på scenen end udenfor i det virkelige liv. De skulle være *teateregnede*, og hvordan de blev det havde man for længe siden afgjort ved at læse

i Ciceros og Quintilians bøger om talekunsten. Førstnævnte skriver bl.a., at 'fordi følelsen, der for det meste kommer til udtryk, eller efterlignes, gennem handling, ofte er så desorienteret, at den bliver utydelig, ja, næsten ikke er til at få øje på, må vi fjerne alt det, der slører den, og fremhæve dens markante og karakteristiske træk.'[15]

De teateregnede former blev forventet, som vi så i et tidligere citat, som udtryk for det karakteristiske ved hver enkelt følelse. Bemærk i øvrigt definitionsforskellen mellem Cicero og Frijda – sidstnævnte mener netop, at handlingstendenser *er* følelser (eller rettere og bredere: relationel aktivitet er følelsesmæssig aktivitet); de eksisterer ikke bag om den måde de kommer til udtryk. Man kan sige at en vis platonisme gør sig gældende i denne spillestil. Der er en forestilling om at følelser eksisterer uafhængigt af deres manifestation, som et ideal eller en essens det gælder om at udtrykke så karakteristisk som muligt.

Begrebet teateregnet skal ikke ses som et spørgsmål om kommunikationsafstande og -forhold, idet *ideer* om skuespillerens opgave gjorde sig gældende:

> Det er fra mange sider blevet hævdet, at det stærke affektspil var direkte foranlediget af de utilstrækkelige lysforhold i de gamle teatre; skuespillerne var nødt til at gøre deres mimik kraftigere for at deres følelsesudtryk kunne ses. Men kravet om et tydeligt og karakteristisk affektudtryk er jo, som det forhåbentligt er fremgået af det forrige, ikke opstået som resultatet af en tillempning til særlige ydre forhold, men af en bestemt opfattelse af skuespilleren, nemlig som en taler, der i lighed med de klassiske retorer skulle rive sine tilhørere med sig ved hjælp af virkningsfulde affektpåvirkninger.[16]

Christiansen påpeger at affektudtrykkenes omfang og styrkegrad afhænger af ydre forhold som afstande og belysning,[17] men hans pointe er at det er opfattelsen af skuespilleren som en *taler* der fører til at man i første omgang overhovedet benytter de karakteristiske og teateregnede udtryk for affekter.

Opfattelsen af skuespilleren som en taler (frem for en person i fiktionsuniverset) kommer især til udtryk i teknikker som *personifikation* og at *spille ordet*. Med personifikation er der tale om at spilleren taler med andre stemmer end figurens. Hvis spilleren således vil gengive noget en anden figur har sagt, sker det med den andens stemme selv om det betyder et skifte fra mands- til kvindestemme. At spille ordene (af fransk, *jouer le mots*) indebærer at ordenes betydning illustreres ved hjælp af gestik og positurer. Ordene bestemmer handlingen, så hvis spilleren fortæller om hvordan han eller hun svømmede for at redde livet sker det ved illustration med svømmegreb for således at visualisere den verbale betydning.[18]

Christiansen finder eksempler på affektspillet i en række danske stumfilm fra 1910erne, navnligt når det drejer sig om:

> elementære følelser som glæde, sorg, had, kærlighed, trods, foragt, frygt, – altså følelser, der af flere generationers skuespillere er blevet fremstillet ved hjælp af en traditionel teknik, der gjorde udtrykket karakteristisk, let synligt og øjeblikkeligt genkendelig uden ordenes bistand.[19]

Det er med andre ord kun på de følelsesmæssige højdepunkter at der gribes til en visuel illustration af følelsen. Han understreger samme sted, at spillet i øvrigt er afdæmpet naturalistisk, og at det samme gælder Asta Nielsens også for de elementære følelser.[20] I Urban Gads VED FÆNGSLETS PORT (1911) kommer affektspillet til udtryk da Augusta Blad viser Valdemar Psilander bort med en "skøn" håndbevægelse, der tænkes at efterligne en vifte.[21] Da Psilander i samme film skal vise at han er ude i en samvittighedskrise, sker det ved at lægge hånden på hjertet, og fortvivlelse skildres ved hjælp af et mavepineudtryk.[22]

Man behøver ikke at se brugen af denne type gestik og positurer som udtryk for ubehjælpsomhed eller melodrama, men som en måde at påvirke tilskueren. Christiansen beskriver hvordan Blad i udførelsen af håndbevægelsen til bortvisning holder en lille pause før håndleddet og den udstrakte pegefinger følger. Pausen ikke alene understreger den bløde vifteformede bevægelse (frem for at armen hæves som en stang), men virker også som en understregning af det resolutte i bortvisningen.[23] Også andre har hæftet sig ved at det er selve udførelsen af den konventionelle gestik og positurer der afgør spillets kunstneriske værdi og den affektive påvirkning af tilskueren. Således påpeger teaterhistorikeren David Mayer at gestikken ofte havde karakter af en visuel konversation med medspillerne, en slags ping-pong med gestik og positurer, og mener at det svære bestod i:

> *how* the actor negotiates the intermediate stages of the gesture to reach its limits or *how* the actor makes effective transition from one gesture to another or *how* these gestures work with music. Yet it is these very negotiations which are vital to gauging the dramatic power and fluency of the performed gesture and which film historians have failed to recognize.[24]

I denne forstand adskiller konventionerne i affektspillet sig ikke fra det fx naturalistiske spils, også her gælder at novicens stammen og flakkende blik ofte er mindre veludført end den erfarne spillers. Det er derfor man taler om konventioner; det kommunikative rationale i en spillestil er i princippet tilgængeligt for alle, men ikke alle kan udføre det.

AFFEKTSPILLET I FILM
– TIL FORSKEL FRA EKSPRESSIONISTISK SPIL

Vi er nu i en bedre position for at forstå det spil i den ekspressionistiske film som ikke falder ind under den manglende fleksibilitet i opnåelsen af et mål. De klassiske affektudtryk benyttes i særligt følelsesladede situationer i DAS KABINETT DES DR. CALIGARI til at skildre *fristelse, fortvivlelse* eller *forfærdelse*. Da cheflægen, alias Caligari og spillet af Verner Krauss, i et flashback fristes til at eksperimentere med sin nye patient, søvngængeren (Conrad Veidt), kigger Krauss skiftevis ned mod patienten og op imod himlen. Samtidig holder han hånden afskærmende op foran sig. Fristelsen dramatiseres som en *ugerning*: lægen må forsvare sig mod en højere retfærdighed, lokaliseret i himlen, som er klar over hans onde hensigter og kigger ham over skulderen. Den samme appel til en højere retfærdighed kan ses, da vennen (Twardowski) fortæller gendarmer om den spådom der er givet studenten. Her holder Twardowski en spændt, men ikke knyttet hånd op imod himlen, som om han fortvivlet anråber himlen om retfærdighed og handling. For at fristelsen og fortvivlelsen kan være meningsfulde, er tilskueren nødt til at kende opfattelsen af at der er en Gud i himlen.

Lil Dagovers forfærdelse som dr. Olsens datter da hun ser Cezare, på en eftersøgning efter faren, adskiller sig fra fristelsen og fortvivlelsen ved at være en mere jordnær handlingstendens. Hos Krauss og Twardowski kan man tale om "handlingstendenser" i forhold til højere kræfter (hhv. beskyttelse imod Guds øje og en opfordring til handling), mens Dagovers handlingstendens retter sig imod en beskyttelse mod synet af Cezare. Hun løfter hele albuen afskærmende op foran ansigtet, samtidig med at hun kigger ned og væk, "fryser" et kort øjeblik, hvorefter hun flygter. I sig selv er det bort- og nedadvendte blik samt flugten udtryk for en almindelig handlingstendens, en jeg-beskyttelse for det grufulde synsindtryk, og den korte markering, pausen, udtryk for en hæmning; hun fryser i angst for at blive opdaget. Her er netop tale om, at det markante ved handlingstendenserne i beskyttelse og undvigelse er fremhævet og gjort karakteristisk og dermed teateregnet.

Man skal passe på med ikke at gå for langt ud ad planken mod den sproglige models tilfældighed i udtrykket blot fordi der er tale om konventioner. I skuespilmanualer fandtes ideer som at skuespilleren generelt kun skulle anvende højre hånd, "fordi den er gemeenlig mindst klodset", og kun venstrehånden "til at betegne Ting, man har Foragt og Afskye for."[25] Man skulle se opad, når man talte om ædle følelser, og nedad, når man talte om jordbundne, ubehagelige eller smertefulde følelser, idet Guds bolig formodedes at være i himlen.[26] Hermed er der en stor forskel til den metode der går ud på at skabe spillet på en organisk måde, som Stanislavskij udtrykte det, indefra og med et maksimum af psykologisk realisme hos spilleren. At skabe udtrykket ved at filosofere over essensen af følelser og verdens beskaffenhed synes en metode langt væk fra den organiske skaben, men i begge tilfælde gør ideer sig gældende i spillets udformning. Når Lee Strasberg i sin teaterpædagogik dels favoriserede improvisation, dels stemningserindring i form af sanseindtryk og så mange sanselige detaljer (frem for erindring af en begivenhedsfølge)[27] kan man også udlede generelle ideer om hvad følelser er, navnlig deres sammenhæng med det sanselige.

Når man skal passe på med at slutte at disse ideer nødvendigvis blev opfattet på den måde som manualer og pædagoger havde til hensigt, er det ikke alene fordi praktiske hensyn også gør sig gældende. Således kan man tænke sig at hensynet til balance i scenebilledet i mange tilfælde afgør om det er den venstre eller højre hånd der benyttes i gestikken. Det er også fordi ideer og forventninger ikke er ene om at bestemme hvordan ekspressivitet bliver opfattet. Handlingstendenserne og påkaldelsen af højere kræfter i affektspillet er netop ikke uforståelige for vore dages publikum; det er det at spillerne forsøger at påvirke os direkte der bremser for det moderne publikums accept af spillet. Endelig skal man også huske at datidens publikum, uanset hvilke ideer de måtte have om venstre og højre hånd, netop blev overvældet af realismen i spillet hos fx Asta Nielsen og Lilian Gish.

Når man husker på at den kunstneriske værdi skal vurderes i forhold til konventionens udførelse, er der omvendt ikke noget til hinder for at man må konkludere at visse moderne konventioner løser visse kommunikative opgaver bedre end tidligere tiders. Det er ikke kun et spørgsmål om at der kommunikeres noget forskelligt for i nogle tilfælde er der sammenlignelighed. Man kan sammenligne måden at kommunikere at *en figur planlægger* i Das Kabinett des Dr. Caligari og Pelle Erobreren. Da vennen (Twardowski) i Caligari finder søvngængeren død, og han sammen med læger fra hospitalet med ryggen til kameraet kigger ned på liget, markeres det, at hans opmærksomhed skifter til noget andet end det umiddelbart givne, den døde på jorden, ved at han vender sig om, mod kameraet. Denne kommunikation af planlæggende tænkning hos figuren udføres således i spillet. Da forvaltereleven i Pelle Erobreren har skældt Pelle ud for at fodre en kattekilling, markeres det tilsvarende skift i opmærksomhed ved at *undlade* at klippe til Pelle i en modsat krydsindstilling og i stedet "blive" på forvaltereleven, hvis ansigt vi på grund af modlys ikke kan se tydeligt. Da han så begynder at tale med en blid og lys stemme til Pelle (om en stor skat i laden), formoder vi, at han i øjeblikket forinden har lagt en plan. Denne skildring af planlæggende tænkning konstrueres primært i kraft af klipningen og fotografering og lyslægning. Fælles for de to planlægninger er at blikket benyttes, men i Pelle Erobreren behøver man blot at undlade et klip til det at skuespilleren, Morten Jørgensen, kigger off-screen (signalværdien af off-screen-blik er nedtonet i kraft af at vi ikke kan se hans øjne) for at kommunikere planlægningen. Man kan ikke uden videre (og måske under ingen omstændigheder) konkludere at den ene metode er "bedre" end den anden, men hvis man antager at i dette tilfælde, hvor en ven lige er død, er der tale om en nødløsning når spilleren drejer sig hele vejen bort fra liget (som de andre bliver ved at kigge på), kan man i det mindste foreslå at der er tale om en forbedring.

Min skelnen mellem historiske og ikke-historiske spillemåder i DAS KABINETT DES DR. CALIGARI er vigtig at have for øje når man beskæftiger sig med stumfilmen. Når fx Roberta Pearson skelner mellem, om spillet i tidlige Biograph-film refererer til enten teatret (kaldt *histrioniske koder*) eller hverdagen (kaldt *veristiske koder*), så er det vildledende.[28] Også i teatret tilstræbte man på samme tid en naturalistisk spillestil. Det giver mening at fokusere på forskelle i kommunikationsafstande og synsforhold, især ved en sammenligning mellem teatret og filmens udvikling af nærbilleder,[29] men de forskelle som Pearson finder er knyttet til ikke-mediespecifikke forventninger til spillets opgaver og brug af virkemidler. I citat ovenfor hævdede Mayer at filmhistorikerne har misforstået den retoriske stil og dens funktioner, og det er da også påfaldende at David Bordwell m.fl. har beskrevet samme overgang i 1910erne som en bevægelse fra pantomime til naturalisme.[30] Også James Naremore taler om pantomime selv om han nævner værker af Delsarte og Shaftesbury der ifølge titlen direkte henvender sig til talere.[31] Efter min opfattelse kan udtrykket *pantomime* bedst anvendes om en særlig replikløs teatertradition, udviklet af Harlequin-stykker (med særlige traditioner i Tivoli). Det karakteristiske ved de positurer og miner der benyttedes i 1910ernes stumfilm, er som Christiansen har påpeget at de blev udviklet til at understøtte stemmen og talen som der blev holdt i teatret. Det er også væsentligt, som David Mayer betoner i sin artikel, at spillestilen i mange sammenhænge blev anvendt sammen med musik, ikke ulig stumfilmen.

DEN KOMISKE STIL
– FREMSTILLINGEN AF EMBLEMATISK OG INSTRUMENTALISTISK ADFÆRD

Mit beskedne ærinde er her at pege på to tendenser i komikkens ekspressivitet, en *emblematisering* og en *instrumentalisering*. Det vil sige, at følelsesmæssige signaler enten er genkendelige som emblemer for den ægte ekspressivitet, men til forskel fra denne viljestyret, eller ved at signalerne nedtones eller fjernes således at en handling vurderes i forhold til dens mål, at ændre omverdenens beskaffenhed. Det er ikke helt forkert at sige at der sker en form for abstraktion hvor figurens anliggender ikke tages alvorligt, hvor de ikke opleves som realistiske. I instrumentaliseringen fjernes cuing-funktionen der får os til at lægge mærke til de emotionelt relevante egenskaber ved fiktionsuniverset, og i emblematiseringen er den samme målrettede relation mellem figurens adfærd og situationen kendetegnet ved at der er tale om en social situation.

Gentagelse og uafhængighed af feedback er to kendetegn ved den emblematiske ekspressivitet, og det er særligt tydeligt i Gøg og Gokke-film, navnlig hos Gøg. I truende situationer reagerer Stan Laurel typisk med en høj klynken samtidig med at han søger hen imod Oliver Hardy, fulgt af en hurtig blinken og en kløen sig i nakken, og i skamfulde situationer, for at undvige Hardys anklagende blik, tager Laurel et afslappet, næsten søvnigt ansigtsudtryk på og kigger lige frem. Disse tre reaktioner kan bedst betegnes som emblemer for bestemte følelser. Reaktionerne gentages uden at varieres med omstændighederne, og de synes upåvirkede af feedback undervejs. Reaktionerne hos Laurel forløber med andre ord som ufleksible programmer. I THICKER THAN WATER (1935) giver Laurel sig til at græde hysterisk da Hardy er blevet slået bevidstløs med en pande af sin kone og dejser omkring på en sofa, stiv som et bræt, og både slaget og faldet er understreget på lydsiden.

Det er nærliggende at se en forbindelse mellem muligheden for at grine, og betoningen af viljestyring i spillet og på lydsiden. Hvis der var tale om en fleksibel og uvillet ekspressivitet, ville tilskueren måske ikke grine – det ville være at grine af en hovedperson i nød. Den adfærd, som jeg her har karakteriseret som emblematisk, cuer *ikke* tilskueren i carrollsk forstand. Tilskueren reagerer modsat figuren, og formentlig er grunden at emblemerne og signalerne om vilje-styring får situationen til at fremstå spillet snarere end tilhørende et selvstændigt univers. Det foregives kun at det gør ondt, eller at man er bange, forvirret eller skamfuld. Vi tror det ikke for alvor, men blot det at se situationen og omstændighederne illustreret gør at vi kan se at anliggender er på spil i situationen og handlingen, og dermed bliver situationen emotionelt ladet. Handlingen peger på følelser, men spillet viser at de er påtagne. På samme måde bruges andres reaktioner på en figurs smerte til at fjerne realismen. Gokkes typiske reaktion når Gøg har dummet sig er at kigge lige ind i kameraet frem for at fastholde opmærksomheden inde i fiktionsuniverset på det følelsesmæssigt vigtige. Blikket lægger så at sige en pause ind i handlingen.

En anden tendens er instrumentalisering, en fokusering af vores opmærksomhed på forholdet mellem handling og løsningen af et problem. Noël Carroll har set Buster Keaton i dennes film THE GENERAL (1927) om tilbageerobringen af det i borgerkrigen vigtige lokomotiv af samme navn i forhold til begreberne *automatisme* og *indsigt*.[32] Carroll mener at Keatons måder at løse et problem på i navnlig filmens første del forekommer tilskueren automatiske og uden indsigt. Tilskueren sidder tilbage med den indsigtsfulde løsning. I filmens anden halvdel forholder det sig omvendt. Keatons opfindsomme brug af jernbanesveller overrasker tilskueren, der slutter at hans første løsning, at hoppe ned fra toget og smide svellerne til side én efter én, er den eneste. Keaton derimod kaster den, han har i hænderne, ned på den på skinnerne, så to sveller kommer væk på én gang.

Skellet mellem i hvilken grad den automatiske og den indsigtsfulde løsning er tilgængelig for enten tilskuer eller figur kan overføres på andre film. I Charlie Chaplins THE GOLD RUSH (1924) anvender Charlie Chaplin under en dans med en attraktiv kvinde først sin stok til at hanke op bag i sine løse bukser – umiddelbart en opfindsom løsning – og siden benytter han en snor til det samme, hvilket hurtigt viser sig at være en automatiseret løsningsmodel da han via snoren begynder at trække en hund i den anden ende rundt efter sig på dansegulvet. Han slutter i øvrigt ikke fra hundens følgen efter sig til snoren omkring sine bukser; en sammenhæng der er indlysende for tilskueren – og morsom. Efter de har danset, bliver Chaplins dansepartner, den attraktive kvinde som han har forelsket sig i, fornærmet af en kæmpestor mand. Chaplin demonstrerer kampvilje, og selv om det er en beundringsværdig reaktion, så er den uden indsigt – manden må i kraft af sin størrelse anslås som væsentlig stærkere. Kampparatheden i form af en boksestilling er med andre ord ikke intelligent i forhold til dens endemål, at besejre modstanderen eller true til tilbagetrækning. Chaplin har handlet automatiseret og ikke foretaget en vurdering af sin og modpartens styrke, men det gør tilskueren, tilskyndet af et totalbillede af de to fra siden. Chaplin ender med at vinde slåskampen, men slutter forkert i forhold til årsagen. Chaplin tror at have elimineret modstanderen med et solidt næveslag og trækker sig tilbage med en overlegen gestus i scenens slutning, men i virkeligheden rammer han en bærende stolpe hvorved et udstoppet elsdyrhoved falder ned i hovedet på modstanderen. Chaplin, der havde hatten trukket ned om øjnene da han slog, så i modsætning til tilskueren ikke elsdyret falde. Hans overlegne, lille rysten af sin hånd da han bevæger sig væk fra modstanderen, kommunikerer automatiseringen. Den efterfølgende smerte i hånden er ikke forbundet med modstanderens bevidstløshed.

Timing er et ofte anvendt begreb i forhold til komedien og det på mange måder centrale træk. Timingen fungerer ofte som metoden til at undgå en realistisk oplevelse af ekspressivitet, til at undgå at ekspressivitet cuer os til de emotionelt relevante egenskaber ved fiktionsuniverset der så ville fremtræde realistisk. Det gælder i særlig grad når udtrykkene i sig selv kunne indgå i en naturalistisk spillet film, at timing er det centrale parameter. Her kræves, for at situationen ikke fremstår for realistisk til at vi kan grine eller more os over den, at mimikken og replikken adskilles fra omstændighederne.

Ernst Lubitsch' TROUBLE IN PARADISE (1932) er eksemplarisk i sin brug af timing i replikker og mimik. I starten af filmen mødes de to juvel- og lommetyve, Lily (Miriam Hopkins) og Gaston (Herbert Marshall), til en middagsaftale. På dette tidspunkt har vi luret at Marshall spiller en tyv, men ikke at det samme gælder Hopkins. Godt nok springer hun hurtigt mellem forskellige stemninger således at hendes ekspressivitet forekommer viljestyret og manipulerende i forhold til Marshalls figur. Da de sidder hen over middagen går hun pludselig ned i stemmeleje og tempo (kursiveringer angiver betoninger): "Something *changed* me ...(pause, så ubetonet) And it isn't the champagne. I have a confession to make to you (hænder vrides, så hurtigt op i tempo) ... Baron, you are a crook. *You robbed* the gentleman in room *three five seven and nine* (samler gaffel og bestik op, så behersket i lavere stemmeleje og ubetonet) ... May I have the salt?" Herbert Marshall giver hende saltet og spørger om hun også ønsker peber.

Pausen fra hun fortæller at hun er blevet forandret af deres møde, er en anelse for lang i forhold til at "champagne" ikke er betonet. Det ville ordet være hvis det skulle få hendes kærlige følelser for ham til at fremstå stærkere. Dernæst er konfrontationen gjort mindre aggressiv ved ikke blot at betone "you" men også "robbed" hvorved rettetheden mod ham fjernes igen (betoningen af "robbed" guider vores opmærksomhed hen på en type handling). Dette er yderligere styrket ved en betoningen af nummeret på værelserummet, *three five seven and nine*, så disse tal får en selvstændig eksistens, uafhængigt af situationen de indgår i. De hurtige stemningsskift og den kortvarige fokus på bestemte ord eller genstande (som salt og peber), er karakteristisk for hele scenen der afsluttes med at hun spontant falder ham om halsen og kysser ham, uden hæmninger, hvilket han accepterer som det selvfølgeligste i verden.

Filmen eksemplificerer også en anden strategi i tonefilmskomik, brugen af ironi. Det gælder ikke kun viddet i replikkerne,[33] men også opbygningen af de enkelte scener. På det første møde som vi ser mellem de to kvindelige rivaler til Marshall, nemlig Hopkins og Kay Francis i rollen som deres chef, den stenrige enke Mariette Collette, véd vi at Hopkins bluffer i sin pligtopfyldenhed, venlighed og oprigtighed. Vi ved også at det har Francis ingen mulighed for at vide endnu. Med denne viden i baghovedet bliver det morsomme Hopkins overdrevne aktivering og ivrighed efter at efterkomme chefens ønsker. Ironien er mest tydelig i følgende replikskifte: Francis: "If you could take over some of his works ..." Hopkins: "... so he wouldn't be so confined to his office ..." Francis: "yes. So he'd have a little more time ..." Hopkins: "... for the important things." På grund af hurtigheden i replikskiftet når vi ikke at fokusere på implikationerne af det sagte. Hvis fx Hopkins havde betonet "confined," fx ved at hun kaster blikket ned, ville resultatet være anderledes og vi ville forstå at hun var ked af udsigten til at miste sin elskede. Men så ville vi tale om naturalistisk spil i tilgangen til replikkerne.

Mine pointer omkring komisk spil er udtrykt i Tony Barrs håndbog for skuespillere, lige til at slå op i for tommelfingerregler: (i) mere energi (behandlet som aktivering), (ii) konsekvenser må ikke forekomme realistiske eller endelige (signalerne om at være foregivet), (iii) kortere tid mellem stimulus og reaktion, men man må ikke tale hurtigere for det vil i givet fald ske på bekostning af forståelighed (jævnfør de ubetonede sætninger der får replikken til at virke hurtigere), og (iv) reaktionen skal være barnlig eller spontan (spørgsmålet om automatiserede slutninger uden indsigt og den uhæmmede glæde hos Hopkins).[34] Endnu en pointe der svarer til min overordnede pointe, nemlig at spillestil kan ses som fremstilling af bestemte følelsesmæssige oplevelser eller intentioner, er udtrykt i hans råd om ikke at spille følelser som vrede og had i komik. Hvis manuskriptet og rollen synes at kræve dem, er det nødvendigt at lave dem om til irritation og frustration.[35] Vigtigheden af timing i komik er anskueliggjort i et replikskifte der skulle kunne henføres til Billy Crystal (uden at jeg kan genfinde stedet): – Ask me what's the most important thing in comedy? – What's the most … – Timing!

VERFREMDUNGSEFFEKT
– BRUGEN AF TEATRALSK SPIL SOM VIRKEMIDDEL

Den type spil som jeg identificerede som stumfilmens affektspil vil af mange blive oplevet som teatralsk, men spillestilen kan ses som et virkemiddel der visuelt og slående sammenfatter scenens konflikt i en bemærkelsesværdig form således at der ikke bliver lagt vægt på reaktion (fx fordi reaktionen ikke er markeret som særlig vigtig gennem klipning).[36] Begrebet "teatralsk spil" vil jeg i stedet reservere til en teknik hvor ekspressivitetens manglende funktionalitet inde i fiktionsuniverset bliver anvendt til at påvirke tilskueren emotionelt.

Opdagelsen af at ekspressivitet ikke tjener en funktion inde i fiktionsuniverset, at den ikke er udtryk for en type relationel aktivitet, karakteriserede jeg tidligere som "overspil." I tilfælde af at vi fornemmer en hensigt om at påvirke os til et bestemt indtryk af figuren på en måde hvor dette påvirkningsforsøg søges skjult er udtryk for oplevelsen af manglende realisme eller overspil. Imidlertid kunne man godt tænke sig at den manglende funktionalitet på ingen måde forsøges camoufleret: skuespilleren udstiller og fremviser den manglende funktion af ekspressivitet. Her kan vi ikke længere tale om overspil; det virker som om det ikke betyder noget for skuespilleren om vi tror på ekspressiviteten eller ej. Her kan man tale om villet teatralsk spil.

Måske var det netop denne type virkning som Bertolt Brecht havde i tankerne da han talte om en distancerende spillestil der skulle skabe en *verfremdungseffekt*, en virkning af fremmedgørelse. Normalt forbindes Brecht med en politisk kunst, men jeg vil her fokusere på bestemte spilleteknikker. Således taler Brecht i sit skrift om spillet om at skuespilleren skal fremstå som om han eller hun citerer replikkerne og gestikken, snarere end at udføre dem som sine egne. Han beskriver hvordan skuespilleren bør spille på samme måde som når instruktøren eller en kollega viser én hvordan man skal spille, og han foreslår metoder hvormed skuespilleren kan undgå at man lever sig ind i rollen, blandt andet ved at sige figurens replikker i tredjeperson frem for jeg-formen.[37] Men det betyder ikke at Brecht kan blive taget til indtægt for det synspunkt at følelsesmæssig indlevelse hos tilskueren nødvendigvis er af det onde – tværtimod gør han i en note klart at modstanden mod empatiske følelser ikke er en modstand mod følelser som sådan, kun mod den, som han siger, forkerte tese at følelser hos tilskueren *kun* kan skabes som følge af empati.[38] Ikke desto mindre er Brecht fra slutningen af 1950erne og frem af filmteoretikere blevet anvendt som frontfigur for en politisk bevidst film[39] hvor det har tjent som en hjælpehypotese at følelser i forhold til det fremstillede generelt er af det onde. Denne sidste position er blandt andet blevet kritiseret som udtryk for en *ideologisk stoicisme*: at man vurderer film der ikke forstyrrer ens ligevægt, højere end dem der formår at rive os med.[40] Jeg vil holde mig til Brechts tanke om at følelser hos tilskueren ikke behøver at være udtryk for indlevelse i figurens situation – og se det som udtryk for følelser rettet mod skuespilleren.

Det særlige ved verfremdungseffekten som jeg vil benytte termen er netop at spillet er ekspressivt, men at det ikke cuer os til egenskaber ved fiktionsuniverset så dette fremtræder realistisk. I stedet oplever vi spillet som teatralsk og en form for kulde eller irritation indtræder som er fremmedgørende i forhold til figurens situation. I de termer der er anvendt indtil nu er der tale om en manglende eller hæmmet cuing-funktion af ekspressivitet. Vi lægger ikke mærke til egenskaber ved fiktionsuniverset, men i modsætning til overspillet hos Anne Bancroft er der ingen formildende træk ved filmens måde at gengive overspillet – de tekniske virkemidler er snarere lagt an på at fremme distancen. Filmen forsøger at undgå den eller hæmme cuing-funktionen. Resultatet er at vi ikke oplever det fremstillede som realistisk, men som, i mere eller mindre udtalt grad, en fremstilling af skuespillere på en scene.

Et eksempel er Klaus Maria Brandauers spil i rollen som Hendrik Höffgen i István Szabós MEPHISTO (1981) der forlader sin trygge stilling som skuespiller på et stort teater for at spille socialt engageret teater på en mindre scene. Han holder på et tidspunkt en idealistisk tale om målet for det sociale teater for de øvrige skuespillere, en tale der hvis der var blevet klippet skiftevis mellem ham og skuespillerne den var rettet mod, efter alt at dømme ville medvirke til at filmuniverset fremtræder realistisk. I stedet klippes der mellem ham, set bagfra og fra siden, og til hans skeptiske veninde på en stol bagest i prøvesalen. Nærbilledet af hendes udtryksløse ansigt former en kontrast til hans flammende tale, og i kraft af at vores opmærksomhed fastholdes på hendes ansigt i lang tid, opdager vi misforholdet mellem det totalt upåvirkede ansigt og hans flammende tale. Et vigtigt tema i filmen er netop skuespillerens forstillelse; spillefaget bliver brugt som billede på det kamæleonagtige hos mennesket. Höffgen opgiver efter denne scene da også relativt hurtigt det idealistiske teater. Pointen er at veninden sidder på så stor afstand at hun ikke kan forventes at ville blive påvirket af talen, men i kraft af at hun fastholdes så længe af kameraet begynder vi efterhånden at opleve talen i den kolde betragters perspektiv.

Den oplevelse af kulde og distance som denne brug af virkemidlerne kan give anledning til, forstærkes når det konsekvent er filmens stil. Et eksempel er Margit Carstensens spil som titelfiguren i Rainer Werner Fassbinders MARTHA (1973). På den ene side får vi ondt af hende fordi figurens mand, spillet af en selvsikker Karl Heinz Böhm, tilsyneladende, men ikke helt entydigt, holder hende for nar og måske nedbryder hendes selvtillid med vilje. På den anden side er det vanskeligt at have medfølelse for figuren, dels fordi Martha ensidigt spilles som et offer der efterkommer mandens ønsker, dels fordi spillet forekommer teatralsk. Det gælder især i filmens første halvdel, at figuropstillingerne i store rum er frontale, som spilles der for et publikum uden "den fjerde væg." Pauserne er markerede, men det er ikke muligt at bedømme om pauserne tjener en funktion inden for filmuniverset. Totalbillederne fremhæver hendes ranglede og skrøbelige skikkelse hvorved hun kommer til at fremstå som et umage parti for Böhms figur, Helmuth. Da Helmuth tilsyneladende handler ondt: frier til hende mens hun kaster op efter en tur i rutschebanen, presser hende til at sige sit job op trods det at jobbet er hendes eneste kontakt med andre, afviser at spise den mad hun har lavet trods det at han tidligere hævdede at det var hans livret – får vi ikke ondt af hende. Dét at Marthas synsvinkel – i modsætning til Helmuths – fremstår så kunstig og teatralsk, gør os mindre tilbøjelige til at tage moralsk afstand fra Helmuth, at afvise ham som en ond skurk. I det hele taget kan man se mange af filmens valg som en metode til at tage vores opmærksomhed væk fra handlingen som en løbende interaktion mellem figurer.[41]

En særlig afart af det overspillede er karikaturen. Karikaturen kan beskrives som en overdrivelse af de bestemte træk der letter identifikation af en genkendelig person eller persontype. Skuespilleren fremstiller de let genkendelige træk så vi tager afstand fra figuren, men til forskel fra den stereotype fremstilling så er spillet med vilje teatralsk. Der gøres ikke noget forsøg på at få ekspressivitet til at fremstå funktionelt i forhold til anliggender i et selvstændigt filmunivers. En dansk instruktør der netop blander spil der sigter efter en realistisk virkning med spil der sigter efter karikaturer, er Lotte Svendsen. Det er særligt tydeligt hvad der kan opnås ved blandingen i den 15 minutter lange CAFÉ HECTOR (1996). I dette korte tidsrum ville en konsekvent brug af fx naturalistisk spil, med dets behov for tid til at uddybe figuren for at karakterisere dennes særlige baggrund der så på sin side kan tjene til at karakterisere følelserne bag tilbageholdelsen, kun vanskeligt lade sig gøre sammen med mange cafégæster. I stedet fremstår figurerne der spilles af Anders W. Bertelsen og Sofie Graugaard som karikaturer af den kunstneriske snob der kun kan sige selvfølgeligheder, Henrik Lykkegaard er indbegrebet af selvhøjtidelighed trods udsagn om det modsatte, og Louise Mieritz indeholder i sin figur den forkælede og verdensfjerne forstadsdame der øjeblikkeligt indigneres da Ulrich Thomsen forsøgsvis lufter medicinpatienternes synspunkt i en diskussion af dyreforsøg.

Metoden i CAFÉ HECTOR kan blandt andet ses i Henrik Lykkegaards spil og brugen af klipningen. Lykkegaard afslutter i replikken en længere historie: "… så skød han sig selv i foden for at blive hjemsendt!" Lykkegaard kigger væk fra bordet som for at se om der sker noget mere spændende andetsteds, og i det samme griner Anne-Grete Bjarup Riis uhæmmet. Det lille blik til siden kommunikerer hans manglende optagethed af den anden og bryder muligheden for at cue tilskueren i forhold til det der sker mellem dem. På den baggrund virker nærbilledet af hendes uhæmmede grin des mere umotiveret, dvs. uden sammenhæng med situationen som vi oplever den, og det forstærkes af hendes verbale reaktion: "Du er simpelthen så grineren at være sammen med!" Da han hurtigt tager denne tråd op, har vi placeret ham som indbegrebet af selvoptagethed camoufleret som lystig fætter: "Jamen, jeg nedstammer fra en lang, lang række af idioter. Jeg kan lige så godt sige det som det er – jeg er ikke særlig køn, men jeg er eddermame dum!"

Den realistiske ekspressivitet kommer frem senere i filmen da Jesper Asholt kommer ind med et haglgevær og truer dem til tavshed, mens han i en tale til dem appellerer indtrængende om at give plads til de mindre smarte, til dem der ikke véd hvilken drink man skal bestille eller hvilket tøjmærke man skal gå med. Geværet sikrer ham cafégæsternes opmærksomhed (og vores) og tillader Asholt at spille replikken behersket, med lav stemmestyrke og forholdsvist højt og dermed utruende stemmeleje: "Jeg vil ikke være til grin, jeg vil have respekt. (…) I ser ned på … alt. Hvorfor finder I ikke noget ivrighed, noget varme?" Asholts replikker er også fulde af klichéer ("Jeg tror på gensidig respekt" og "Jeg holder af dyr" til Bjarup Riis), men her spilles de på en naturalistisk facon. Hans replikker får lov at gøre indtryk på tilskueren, uden støtte af reaktionsbilleder hos andre, og derfor får de også et meget ærligt, nærmest naivt præg. At Asholt fremtræder realistisk er vigtig for den tragiske slutning hvor han skydes ned af Lars Mikkelsen som forstyrret psykopat (der forsøger at ligne Robert De Niro i TAXI DRIVER). Asholt ligger på gulvet, mens karikaturerne fester over liget.

OPSUMMERING

Mange af de her angivne typer af spillestil er universelle, ekspressive muligheder der kan udnyttes i forskellige historiske perioder hvor de indgår som en del af et hele, sammen med andre virkemidler og temaer der lader os identificere periodens særlige stil. Men det er værd at hæfte sig ved at bestemte ekspressive muligheder, fx en bestemt måde at bruge replikkerne på, kan gå på tværs af historiske perioder. En af teknikkerne i affektspillet, brugen af personifikation til at gøre replikken livlig og prægnant, uanset om stemmeføring passer til figurens sociale type eller ej, kan man med lidt god vilje genfinde i Quentin Tarantinos PULP FICTION (1994). Især John Travolta bruger ord og betoninger der er interessante i sig selv snarere end at de tjener til at karakterisere figuren som en særlig type der kunne finde på at blive lejemorder. I Susanne Biers DEN ENESTE ENE (1999) er de to hovedpersoner væsentligt mindre karikerede end bifigurerne, og det er afgørende for at vi kan føle for dem, men ikke bliver berørt i væsentlig grad da Søs Egelinds karikerede bifigur bliver dræbt i trafikken. At der er fællestræk i brugen af ekspressivitet på tværs af forskellige perioder (hvilket vi også så var tilfældet med det ekspressionistiske spil), udelukker naturligvis ikke at vi kan finde den karakteristiske brug hos den enkelte periode eller filminstruktør, eller i den enkelte film og hos den enkelte figur.

Når man betragter forholdet mellem ekspressivitet i spillet og træk ved situationen som spillet indgår i, er der mange variationsmuligheder. Jeg har forsøgt at opsummere min diskussion af ekspressive muligheder i dette og forrige kapitel gennem skemaet nedenunder:

Spillestil	Omstændighedernes kognitive definering	Spillet	Filmeksempler
Automatisering (Bresson)	Veldefineret mål som fx at redde eget liv eller at slå andre ihjel	Ingen aktivering eller tegn på relationel aktivitet i forhold til handlingen der udføres	UN CONDAMNÉ À MORT S'EST ÉCHAPPÉ, L'ARGENT, TIREZ SUR LE PIANISTE
Naturalisme: Tilbageholdelse af følelser	Veldefineret mål, men et ekstra mål at intentionen ikke opdages af andre	Aktivering, men den enten hæmmes eller beherskes trods høj intensitet	LITTLE FOXES, DIRTY HARRY, TIREZ SUR LE PIANISTE, THE MIRACLE WORKER
Naturalisme: Forstyrrelse og bevægelse	Ikke-defineret anliggende måske på spil	Aktivering, især perceptuelt (årvågenhed, pludselig hæmning)	ON THE WATERFRONT, VIAGGIO IN ITALIA, TAXI DRIVER, A BOUT DE SOUFFLE
Ekspressionisme	Veldefineret mål der truer andre	Aktivering, fastholdelse af handlingstendens, manglende fleksibilitet	DAS CABINET DES DR. CALIGARI, andre tyske ekspressinistiske film, PELLE EROBREREN

Spillestil	Omstændighedernes kognitive definering	Spillet	Filmeksempler
Affektspillet og den retoriske stil	Veldefineret mål	Aktivering, men formet til et særligt karakteristisk udtryk	DAS CABINET DES DR. CALIGARI, VED FÆNGSLETS PORT
Komik, visuel	Veldefineret mål der er ufarligt for alle	Enten som instrumentel adfærd i forhold til situationelle problemer, eller som emblematiske udtryk med tegn på viljestyret formning	Buster Keaton, Charlie Chaplin, og Gøg og Gokke
Komik, verbalt	Veldefineret mål der er ufarligt for alle, tilskuerens opmærksomhed fjernes fra målet	Aktivering og tempo, kortvarige handlingstendenser og betoninger af ord uden signifikans for følelsen	TROUBLE IN PARADISE
Verfremdung	Veldefineret mål og klare anliggender, men cuing til egenskaber ved filmens univers hæmmes eller blokeres	Tegn på relationel aktivitet, men den fremstår som teatralsk idet skuespilleren selv eller filmteknikken får den til at fremstå ude af trit med omstændighederne	MEPHISTO, MARTHA, CAFÉ HECTOR

Som det vil fremgå har jeg ikke ønsket at identificere en stil med bestemte film. Ofte kan man finde flere typer af ekspressivitet i den samme film, og måske hos den samme figur som hos fx Björn Granath der kun spiller ekspressionistisk i en enkelt scene i PELLE EROBREREN.

En af præmisserne for dette og det forrige kapitel er at man kan se spillestil som udtryk for det kommunikative indhold af ekspressivitet. Når man taler om spillestil giver det ikke mening at adskille form og indhold; spillestil er ikke en form som man kan fylde et hvilket som helst indhold på, på samme måde som man kan fylde en hvilken som helst vin på en hvilken som helst flaske. Kun hvis man taler om indholdet på et abstrakt niveau, fx om "frygt," "vrede," "overraskelse" osv., kan man tale om at det samme indhold udtrykkes på vidt forskellige måder, fx i en ekspressionistisk, naturalistisk eller komisk stil. Men som jeg tidligere argumenterede for i diskussionen af Ekmans ansigtsudtryk over for Kathakalispillets, så er der ikke tale om at kommunikere den samme følelse, men om forskellige manifestationer der i kraft af deres forskellighed kommunikerer noget om forholdet til omgivelserne. Man kan fremstille handlingstendensen bag en følelse så det mest karakteristiske ved den træder frem, men som vi også har set kan selv disse idealiserede fremstillinger skilles ad i forhold til hvad de gør den ekspressive parat til. Som vi så er der forskel på Ekmans kampvilje og Kathakalispillets nærmest indignerede vrede – de er heller ikke udtryk for at det samme kommunikative indhold er fyldt på to forskellige flasker. I stedet for et udtryk som "konvention" som ofte benyttes til at forstå brugen af forskellige spillemåder, foreslog jeg her udtrykket "kommunikativ relativisme."

Det centrale skel i dette og det foregående kapitel går mellem hvorvidt ekspressivitet tjener til eller ikke tjener til at at få en situation til at fremstå realististisk (hvorved forstås at situationen synes at eksistere og udfolde sig uafhængigt af tilskueren). Ekspressivitet kan cue os til at opdage og opleve bestemte egenskaber ved situationen, nemlig de egenskaber der passer til spillet. Når ekspressivitet ikke opleves som funktionel i forhold til situationen, så har jeg valgt at tale om ikke-realistisk spil. Den naturalistisk arbejdende skuespiller der ikke formår at overbevise os om at tilbageholdelsen tjener et formål i fiktionsuniverset vil således, imod sin hensigt, komme til at fremstå overspillet. Men mere væsentlig for den metode jeg har foreslået her er at den lader os forstå hvilke funktioner der tjenes med det ikke-realistiske spil. Selv om det ikke-realistiske spil ikke lader os opleve en situation som realistisk, kan det godt opfylde andre og engagerende funktioner i forhold til tilskueren. Det ikke-realistiske spil kan fx tjene til at vi kan grine af en situation fordi vi bliver opmærksomme på viljestyringen bag spillet, eller det kan tjene til at gøre vores følelser ambivalente i forhold til figurerne som i verfremdungsspillet. Der er mange måder at engagere tilskueren på.

En præmis for denne måde at behandle realisme på er at vores perception af ekspressivitet i film og i virkeligheden ikke fungerer efter helt adskilte principper. Når vi kan opdage et øjebliks overspil hos selv dygtige skuespillere i den realistiske tradition, er det blandt andet fordi vi benytter det samme perceptionsapparat når vi ser film som når vi omgås mennesker i det daglige, og fordi vi er blevet meget fintfølende over for anliggender og intentioner i bestemte typer situationer. Samtidig gør bestemte forventninger sig gældende i forhold til den kunstneriske udformning. Vi så det med diskussionen af hvordan en teaterkritiker reagerede mod forfladigelsen af udtrykket da naturalismen vandt frem på bekostning af affektspillet. Vi har bestemte forventninger til spillet samtidig med at vi følger handlingen, og lever spillet ikke op til disse forventninger, kan det blokere for vores oplevelse. Det samme gør sig gældende når vi forventer tegn på tilbageholdelse som i naturalistisk spil. Der er ikke nogen grund til at forvente at alle følelser tilbageholdes; vi går ikke i virkeligheden og tilbageholder alle intense følelser. Britiske skuespilleres bemærkning om at det er kun på film og kun hos såkaldte *method actors* at man kan finde den ekstreme grad af stammen og tøven blandt amerikanere, er her illustrativ.[42] Men det er vigtigt at huske på at selv om eksemplet viser at forventninger der er særlige for en periode, gør sig gældende, så betyder det ikke at denne type ekspressivitet ikke har bestemte funktioner i forhold til tilskuerens perceptionsapparat – og derfor ikke kan kaldes fuldstændig arbitrær. Naturalistisk spil som jeg her meget bredt har identificeret med tilbageholdelsen af følelser tjener til at overbevise om et selvstændigt eksisterende univers hvor det ikke-realistiske spil tjener andre mål, men stadig har som sit mål at påvirke tilskueren. Der er en underliggende logik bagved, og det er den jeg vil forsøge at uddybe i næste kapitel.

Noter

1. Se fx Zucker, "The Concept of "Excess" in Film Acting: Notes toward an Understanding of Non-Naturalistic Performance".
2. K. Winterhjelm cit. in Christiansen, *Kompendium over skuespillerens teknik*, p. 22.
3. Hartnoll, *The Theatre: A Concise History* (2 udg.), p. 243. Tidligere har man, som Hartnoll viser, kunnet klare sig ikke bare uden en instruktør, men som i commedia dell'arte-traditionen også uden en forfatter, blandt andet ved hjælp af improvisation ud fra stereotyper (p. 61). Hartnoll understreger samme sted at det har hjulpet improvisationen at spillerne ofte arbejdede med den samme figur i hele karrieren og således kom til at kende dens muligheder. Manglen på instruktør og tekst har givetvis også krævet underforståede aftaler om hvem der måtte løbe med opmærksomheden hvornår, hjulpet på vej af en tradition for ensemblespil (hvor man kunne avancere i hierarkiet, men næppe har haft meget at sige i begyndelsen).
4. Bordwell, *Narration in the Fiction Film*, pp. 30-33.
5. Shklovsky, "Art as Technique", p. 11.
6. Gombrich, "The Force of Habits", p. 224.
7. Se Christiansen, *Teaterforvandlinger. Tribunen og dens retorik*.
8. For en diskussion af kanter og rammer hos navnlig Murnau, se Toft, "Ekspressionisme i maleri og tysk film. Et forsøg på en historisk og teoretisk indkredsning". For en redegørelse for modtagelsen af den første ekspressionistiske film, DAS CABINET DES DR. CALIGARI, se Thompson, "Dr. Caligari på Folies-Bergère – eller en avantgardefilms tidlige succes". Jean Mitry har kaldt den for den eneste ekspresionistiske film (de andre benyttede blot scenografien ekspressivt), se Mitry, "Cinema".
9. Se Braudy, "'No Body's Perfect': Method Acting and 50s Culture", der kæder fremstillingen af usikker identitet sammen med også action-painting og Jack Keruacs lyrik.
10. Se Kuhns, *German Expressionist Theatre: The Actor and the Stage*, kap. 1, "Abstraction and Empathy: The Philosophical Background in the Socio-economic Foreground".
11. Ibid., p. 3.
12. Ibid., p. 92.
13. Bordwell and Thompson, *Film Art: An Introduction* (3. udg.), p. 139.
14. Christiansen, *Klassisk skuespilkunst*, p. 9.
15. Christiansen, *Teaterforvandlinger*, p. 34.
16. Christiansen, *Klassisk skuespilkunst*, p. 196.
17. Ibid., p. 11.
18. Ibid., p. 24, 29.
19. Ibid., p. 263.
20. Ibid., p. 289.

21. Ibid., p. 209f.
22. Ibid., p. 288.
23. Ibid., p. 209f.
24. Mayer, "Acting in the Silent Film: Which Legacy of the Theatre?", p. 18.
25. Christiansen, *Klassisk skuespilkunst*, p. 257.
26. Ibid., pp. 197-201.
27. Strasberg, "A Dream of Passion: The Development of the Method".
28. Pearson, *Eloquent Gestures: The Transformation of Performance Style in the Griffith Biograph Films*, pp. 21-22.
29. Se Eidsvik, "Perception and Convention in Acting for Theatre and Film" og især Brewster og Jacobs, *Theatre to Cinema: Stage Pictorialism and Early Film*, der detaljeret viser hvordan ikke bare muligheden for at klippe til detaljer, men også totalbilleder på bestemte tidspunkter var afgørende i udformningen af den filmiske naturalisme.
30. Bordwell, m.fl., *The Classical Hollywood Cinema: Film Style and Mode of Production to 1960*, pp. 189-92.
31. Naremore, *Acting in the Cinema*, pp. 52-56.
32. Carroll, "Keaton: Film Acting as Action". Skellet minder om Henri Bergsons hundrede år gamle skel mellem det *mekaniske* og det *menneskelige*. Se Bergson, *Latteren. Et essay om komikkens væsen*, p. 32.
33. Da Hopkins i scenens slutning falder Marshall om halsen, spørger hun: "Who are you?" Han svarer uden at fortrække en mine: "You remember the man who walked into the Bank of Constantinople and walked out *with* the Bank of Constantinopel? – Gaston!"
34. Barr, *Acting for the Camera* (Rev. udg.), p. 145.
35. Ibid., p. 146.
36. Dette er tesen for Brewster og Jacobs, *Theatre to Cinema*.
37. Brecht, "Short Description of a Technique of Acting which Produces an Alienation Effect", p. 70.
38. Ibid., p. 77.
39. Se fx Wollen, *Readings and Writings: Semiotic Counter-Strategies*.
40. Se Smith, "The Logic and Legacy of Brechtianism". For en diskussion af den ideologiske stoicisme, se Plantinga, "Notes on Spectator Emotion and Ideological Film Criticism", pp. 373-77.
41. For en uddybende analyse, se Thomsen, *Fassbinder. Hans liv og hans film*. Et enkelt punkt, dét at vi ikke entydigt føler vrede mod Helmuth, og ej heller har ubetinget ondt af Martha, mener jeg ikke at Thomsen tager tilstrækkeligt højde for.
42. Zucker, "Interview with Ian Richardson: Making Friends with the Camera", p. 153.

Kapitel 7

FINDES DER SPILLESTIL UAFHÆNGIGT AF DET FREMSTILLEDE? STILTEORI OG TILSKUERENS FØLELSESMÆSSIGE STILLINGTAGEN

Indtil nu har jeg i det store hele betragtet ekspressivitet i spillet som et spørgsmål om at kommunikere noget om den fremstillede figur eller om skuespilleren til tilskueren. Ekspressivitet i spillet er udtryk for tænkning om hvilke handlinger der er mulige eller umulige, nødvendige eller ønskelige i forhold til bestemte anliggender, eller det er blot udtryk for at der sker en forholden sig til omgivelserne, en ændring i vurderingen af verden. I dette kapitel vil jeg forsøge at se på hvordan den type ekspressivitet der fremstilles via spillet kan ses som udtryk for en strategi i forhold til at påvirke tilskueren. Hvor jeg i de forrige kapitler forsøgte at *identificere* spillestil ved at karakterisere det kommunikative indhold i hvert enkelte tilfælde, vil jeg i dette forsøge at *forklare* stilen med udgangspunkt i generelle forhold omkring ekspressivitet. Til det er en udvidelse af begrebsapparatet til også at gælde tilskueren nødvendig, og jeg vil indledningsvis prøve at etablere en større ramme for tilskuerens følelser der blandt andet også kan inkludere identifikationsspørgsmålet.

IDENTIFIKATION ELLER RELATIONEL AKTIVITET

Almindeligvis betragtes tilskuerens følelser i forhold til figuren som et spørgsmål om *identifikation*. Man kan således vælge at sige at i det øjeblik vi som følge af ekspressivitet cues til at lægge mærke til bestemte egenskaber ved det fremstillede, sker der det at vi identificerer os med den fremstillede figur. I denne beskrivelse af identifikation som *cuing*-proces er der tale om et flygtigt og omskiftelig fænomen hvor det er muligt hurtigt at skifte identifikationspunkt, afhængigt af hvem der er ekspressiv og hvordan det indgår i sammenhængen. Men almindeligvis tages med identifikationsbegrebet udgangspunkt i mere permanente egenskaber ved filmen. Almindeligvis tænkes på identifikation som knyttet til én figur, ofte med udgangspunkt i træk ved denne som fx alder, hudfarve eller køn; træk som også karakteriserer tilskueren eller som tilskueren gerne *ville* være i besiddelse af, fx fordi vi beundrer verbalt vid, mod, skønhed eller styrke.

Spørgsmålet er om alle de interessante egenskaber ved både tilskuer og figur kan gribes af identifikationsbegrebet. Herhjemme er Ebbe Neergaard i 1952 blandt de første til at stille sig skeptisk an. Han kritiserer tanken om identifikation, dels med skuespillerne, dels med instruktørens blik på handlingen, på dette tidspunkt udtrykt af Christensen og Roos (senere Christian Metz),[1] og mener i stedet at tilskueren tager følelsesmæssigt stilling:

> Manden eller kvinden på lærredet udtrykker følelser – *synes* vi – og vi *svarer* med følelser. Vi blir forelskede i dem – eller vi føler med dem – eller vi tar følelsesmæssigt stilling til dem. Jeg tror ikke det er præcist det samme som at vi identificerer os med dem.[2]

Neergaard afviser sammesteds at komme med en alternativ beskrivelse idet han mener at både psykologien og film-forskningen er for unge til at kunne fastslå kendsgerninger i den retning. Neergaards tanke om følelsesmæssig stillingtagen ligner imidlertid Frijdas tanke om følelser som relationel aktivitet med henblik på bestemte anliggender, så jeg skal gøre forsøget her, med brug af sidstnævntes begrebsapparat.

I sidste halvdel af 1980erne formuleres utilfredsheden med identifikationsbegrebet på et mere systematisk sæt, anført af Noël Carroll. Han peger på at identifikation antyder at vi føler det samme som figuren, at følelsesmønstret er symmetrisk, hvor det ofte gælder at mønstret er asymmetrisk.[3] Eksempelvis gælder i suspense at figuren ofte er ubekymret hvor tilskueren er spændt fordi han eller hun har kendskab til noget som figuren ikke synes at vide. Det andet problem ved begrebet identifikation er at det antyder en fusion af identitet, og i stedet foreslår Noël Carroll begrebet *allegiance*, en slags moralsk troskab baseret på en vurdering af dyder hos hovedpersonen:

> In film, I contend that what is generally called identification is best explained in terms of an audience's allegiance to a given character on the ground that the character exemplifies personal virtues that the audience has a pro-attitude towards. The spectator retains his/her identity during a film, i.e. does not dissolve into the protagonist, but rather is prompted to applaud the protagonist because that character champions things that the spectator sees a moral goods, usually of the nature of virtues.[4]

Tanken om et moralsk troskab er siden uddybet og perspektiveret af Murray Smith,[5] men allerede i 1984 pointerer Carroll nogle af de fleksible sider af begrebet. Således at dyder ofte er defineret internt i filmen, relativt til andre figurer og deres egenskaber, så en pirat kan være god selv om han stjæler fra andre, måske fordi han i modsætning til modstanderne besidder mod eller hjælpsomhed.[6] Tanken er at der foregår en slags overordnet vurdering af figuren; hvis dennes overordnede mål bliver vurderet som *godt* (fx opklaring af et mord) holder tilskueren med ham eller hende på trods af enkelte utiltalende egenskaber. Hvis vi ser hvordan en figur eksemplificerer egenskaber som følsomhed og vid, så gør det mindre indtryk at figuren har en baggrund som kannibal – jævnfør Anthony Hopkins' Hannibal Lecter i Jonathan Demmes THE SILENCE OF THE LAMBS (1991).

Meget taler for at Carrolls allegiance-begreb er baseret på en moralsk vurdering. Psykologers forsøg med læseres reaktion på en til lejligheden konstrueret historie med forskellige udgange synes at bekræfte netop en moralsk vurdering. Hvis historiens skurk straffes *for* mildt eller *for* hårdt, reagerer læseren med modvilje mod den figur der ellers har været sympatisk og har gjort rigtigt i at ville straffe skurken. Små børn får ondt af skurken når denne straffes – cuing-processen virker her stærkt på bekostning af den overordnede vurdering og kognition – men efter et bestemt udviklingstrin, tilsyneladende omkring tredje klasse, vurderer børnene om straffen står mål med forbrydelsen uanset at den påfører skurken lidelse – prinsen i et eventyr opleves kun som sympatisk hvis der er overensstemmelse.[7] Lignende forsøg er udført med voksne og for stor straf. Således skulle en historie, hvor en mildt uretfærdig sergent driller en menig, der afsluttes med en urimelig hård straf af sergenten – dennes hovedskal knuses af jegfortælleren der noterer sig at hjernevæv og blod flyder ud af skallen – give anledning til skyldfølelse hos læserne fordi de har håbet på en straf og nu noterer sig at den er blevet for stor.[8]

Hvis styrken ved tanken om moralsk troskab er at det tillader grader, så er det samme måske også en ulempe. Ofte er vores forhold til figurer karakteriseret ved en form for absolutisme, enten er vi knyttede eller vi er langt fra, og man kan sige at der ved heltens alt for hårde straf sker en form for revurdering af forholdet. Det er denne revurdering der opleves som en pludselig kulde eller distancering i forhold til *figuren*, og jeg mener at det er upræcist at tale om tilskuerens skyldfølelse. Man kan i stedet tale om skuffelse over figuren, og jeg skal forsøge at vise at denne forklaring passer bedre med nogle film som vi alle i princippet har adgang til (uanset hvad der præcist gælder for det beskrevne eksperiment); skuffelse over at figuren ikke var som ventet, ikke gjorde som passer sig for én som tilskueren holder af og med. Vores reaktion på en helt der først vinder vores sympati for dernæst at "misbruge" den ved at straffe andre urimeligt hårdt, giver anledning til en form for "kulde" – formentlig ikke ulig den vi oplever hvis det viser sig at en af vores venner har handlet umoralsk, fx i et uset øjeblik handlet ondskabsfuldt over for et barn. Vi skuffes.

Man kan med andre ord tale om *følelsesmæssig stillingtagen*, Ebbe Neergaards begreb, i forhold til den generelle teori om følelser som funktionel, relationel aktivitet. Det er vigtigt her at huske på at der ikke er følelsestermer for alle typer af relationel aktivitet. Når vi står og mangler et dækkende ord vælger vi tit at bruge metaforer og billeder, og da følelsestermer ofte er gearet til at betegne en veldefineret reaktion eller problemtype, kan vi i dette tilfælde måske med fordel bruge ordet "kulde." De bedste filmiske eksempler på oplevelsen af en pludselig "kulde" i forholdet er Martin Scorseses TAXI DRIVER (1976), RAGING BULL (1980) og KING OF COMEDY (1983). Hovedrollen, hver gang spillet af Robert De Niro, gør noget som han ikke burde: inviterer en pige i biografen til pornofilm på en første date, skyder uskyldige i blodig massakre på et bordel, ydmyger sig selv i et mislykket forsøg på at være komisk eller straffer sig selv på en rystende selvhadsk måde. Det er ikke så meget at han bryder med moralske normer som at han ikke selv erkender bruddet der er anledning til kulden. Det er formentlig et problem for Carroll og Smiths troskabsbegreb; de har ikke forklaret *hvorfor* der kommer følelser hos tilskueren ud af den moralske vurdering af figuren. Hvorfor er der ikke blot tale om en vurdering uden følelsesmæssig stillingtagen? Vi kan godt sidde og vurdere på afstand, trække fra og lægge til, men det kan også være udtryk for at vi vælger en bestemt alliance trods vores umiddelbare følelser.

Et andet aspekt som det er vigtigt at have for øje, er i hvilken grad den relationelle aktivitet hos tilskueren er rettet mod figuren som én med selvstændige eller fælles anliggender. Mange af vores følelser er rettet mod figuren eller spilleren på en måde som er relativt uafhængige af dennes ekspressivitet. Neergaard pegede ovenfor på det at vi forelsker os i dem, og det er naturligvis ikke udtryk for at figuren også er forelsket i sig selv – det ville snarere forhindre vores forelskelse. En lang række følelser ud over den allerede nævnte kulde og forelskelse kan siges at gælde for tilskueren, men ikke figuren: seksuelt begær, nysgerrighed eller fascination som følge af tvetydigheder, modvilje eller sympati, beundring eller foragt osv. Traditionelt har filmteoretikere og -kritikere der har haft øje for følelser rettet mod figuren, været inspiret af Freuds tænkning og psykoanalysen og har følgelig omskrevet følelser der ikke umiddelbart tjener seksuelle formål til seksuelle. Således er interessen for Marlene Dietrichs figurer i Joseph Sternbergs film blevet set som grundlæggende seksuelle, lyst i form af blandt andet fetichering eller sadisme. Muligvis kunne man hævde at menneskelivet og alle dets følelser ultimativt drejer sig om sex eller formering, men her er nærmest tale om et metafysisk standpunkt, gældende for menneskelivet som sådan og uafhængigt af de enkelte iagttagelser og erfaringer vi måtte gøre. I en analytisk sammenhæng forekommer det mest rimeligt at skelne mellem hvilke følelser der umiddelbart lægges op til via fremstillingen. Således er det blevet argumenteret for at de formelle greb i Sternbergs Dietrich-film netop var rettet mod at udelukke Dietrich fra den erotiske sfære – for i stedet at appellere til tilskuerens beundring for noget fjernt og uopnåeligt, et ikon.[10]

Således skelner den hollandske filmteoretiker og psykolog Ed Tan, inspireret af Nico Frijda, mellem *empatiske* og *ikke-empatiske* følelser afhængig af om vores følelser for den anden afhænger af dennes følelser eller ej. I de ikke-empatiske følelser er tilskuerens følelser mod figuren *ikke* afhængige af hvordan figuren oplever sin situation, og i de empatiske følelser gælder at figurens sindstilstand og oplevelse er afgørende for tilskuerens. Tan karakteriser de tre væsentligste empatiske følelser som *beundring, sympati* og *medfølelse*.[11] Det er figurens oplevelse af ulykke eller magtesløshed der giver anledning til medfølelse, eller dennes evne til ikke at blive skræmt, altid blot som den typiske actionhelt at opleve en udfordring, der kan give anledning til beundring. Han viser med Humphrey Bogart i afslutningsscenen i Michael Curtiz' CASABLANCA (1942) hvordan det at Bogart i rollen som Rick lader Ilsa (Ingrid Bergman) rejse kan give anledning til alle tre empatiske følelser afhængigt af hvilket aspekt der fokuseres på: medfølelse over tabet af den elskede, beundring for at han er stærk nok til det, og sympati på grund af den gode sag der tilsyneladende foranlediger det.[12] Man kunne måske pointere at fx beundring også kan bruges uanset at vi ikke er ganske sikre på figurens følelser, at denne som en Marlene Dietrich er fjern, men styrken i Tans skel viser sig blandt andet ved en følelse som *skadefryd*. Uden bevidstheden om at den andens (mere eller mindre) fortjente ulykke faktisk *opleves* som ulykkelig, er der netop ikke tale om skadefryd, og skadefryd karakteriseres således som empatisk.[13]

Både når det gælder følelsers rettethed mod figurer og mod begivenheder kan man med fordel tage udgangspunkt i Frijdas beskrivelse af *følelser som en funktion af relationel aktivitet*. Nysgerrighed kan således beskrives som rettet mod opnåelse af information, fx opklaring af en tvetydighed hos figuren, og seksuel tiltrækning som rettet mod opnåelse af sex eller blot parforhold. At vi føler også for figurernes mål og deres anliggender, fx om de får den de elsker og som de fortjener, synes umiddelbart mindre velegnet til en funktionalistisk beskrivelse. Men her er man nødt til at gøre op med *præmissen om følelser som udtryk for egoisme*. At følelser grundlæggende er udviklet med henblik på at varetage interesser hos det individ i hvis krop de finder sted virker intuitivt rigtig. Frygt tenderer mod at individet bærer sig ad på en måde så det undgår fare, vrede så dets interesser realiseres trods modstand hos andre, interesse så det opnår vigtig information, begær så det opnår sex. Det er fristende at slutte at eftersom følelser varetager individets interesser, må det at vi bevæges på figurens vegne være udtryk for at vi sætter os i hans eller hendes sted, at vi identificerer os med ham eller hende. Men den egoistiske præmis for følelser er imidlertid ikke nødvendigvis korrekt.

Der er i et darwinistisk perspektiv ingen overbevisende grund til at tro at *kun* de psykologiske mekanismer i form af følelser der historisk har motiveret til varetagelse af egeninteressen, er blevet favoriserede i menneskets udvikling. Man behøver med andre ord ikke acceptere en model der siger at følelsesmæssig aktivitet er udtryk for en egoisme som kun kultivering og civilisering kan holde i ave. Biologer og filosoffer har peget på at altruisme, selvopofrelse, er forenelig med en darwinistisk model for menneskets udvikling som art.[14] Følelser kan bedst ses som psykologiske mekanismer der virker lokalt selv om de derved ultimativt og uden at "vide det" kommer til at tage vare på genernes interesser i en større sammenhæng.[15] Tendenser til selvopofrelse og hensyntagen til andre og dermed de psykologiske mekanismer der tenderer mod at realisere dem, kan under bestemte historiske omstændigheder, særligt med en afhængighed af gruppens velbefindende, tænkes favoriserede af evolutionen. Man kan måske sige at der altid er en form for egoisme bag evolutionen, men det er forkert at sige at den nødvendigvis er *psykologisk*. Det forhold at man bagefter kan sige om fx et menneskes forsøg på at glæde en anden, at adfærden har tjent en jeg-interesse eller i reglen tjener den funktion, er ikke ensbetydende med at det har været hverken et bevidst eller ubevidst motiv.[16] Der er med andre ord ikke nødvendigvis et bagvedliggende og ubevidst motiv bag vores medfølelse for en anden; den kan ses som en psykologisk mekanisme der er blevet favoriseret i evolutionen uanset om den i det enkelte tilfælde tjener egeninteressen eller ej.

I forhold til filmen er der store fordele ved at se medfølelsen som udtryk for den menneskelige natur og nedarvede psykologiske mekanismer. For det første har vi ikke nogen direkte interesse i at holde med nogle af personerne, hverken bevidst eller ubevidst. Vi gør det fordi vi kun vanskeligt kan lade være, og vi må i mange tilfælde minde os selv om at det *kun* er en film for ikke at blive bevæget til ubærlig spænding eller uhygge. For det andet har der næppe fundet en forudgående indlæring sted, hvor vi er blevet belønnet for at føle med figurerne og nu gør det af vane. Tilskuerens følen for figurernes anliggender kan med andre ord næppe forstås som en betinget refleks. Ganske vist spiller begivenheder i det enkelte menneskes liv formentlig en rolle, fx tidligere belønning for selvopofrelse, men følelsen i forhold til filmens figurer kan næppe alene forklares ved henvisning til tidligere erfaringer. Den må forstås som en del af den menneskelige natur. Den bogstavelig betydning af sympati er at "medføle" (og af empati, at "indføle"), og denne *følen med* er indeholdt i ytringer som at vi er stolte, vrede, glade osv. på andres vegne. Der er grund til at tage det alvorligt når vi siger at vi føler for en figurs anliggender, og der er ingen grund til at formode at vi psykologisk dermed forveksler os selv med denne.

Når historiske betragtninger er blevet inddraget i filmteorien har det ofte været underforstået at den enkelte tilskuer eller gruppe af tilskuere skal kunne være påvirket af egne erfaringer. Her er tale om en præmis der lige som den egoistiske har gjort sig gældende, måske især i de humanistiske videnskaber, og som man kan kalde *empiricistisk*, altså en uforholdsmæssig stor vægt på erfaringer. Denne type historisk forklaring er i filmteorien påfaldende i formodningen om skelsættende begivenheder i barndommen som forklaring. Blandt andet Sigmund Freuds beskrivelse af det lille barns rivalisering med faren og Jacques Lacans tanke om en spejlfase samtidig med at sproget læres, er blevet anvendt i forklaringer på vores reaktioner foran lærredet.[17] Tanken om en historisk forklaring for rigtigt at forstå tilskuerens følelsesmæssige aktivitet – en tanke som Carroll og Smith tilsyneladende ikke anerkender i videre omfang – er rigtig, men der er ingen grund til at søge den historiske forklaring *alene* i barndommen. Den er blot én af en række perioder hvor vores medfødte kapacitet for relationel aktivitet, følelser, på baggrund af bestemte anliggender, kommer til udtryk. Erfaringer og større viden gør os bedre til i bestemte sammenhænge at opdage når et følelsesmæssigt anliggende er på spil, og nogle typer af erfaringer, måske især dem i barndommen, kan være bestemmende for hvordan vi oplever at vi kan reagere når noget er på spil. Men foran lærredet spiller vores personlighed næppe en udslagsgivende rolle for om vi frygter eller håber på figurens vegne – her gælder netop at det ikke er vores, men figurens anliggende der er på spil, og her gælder fiktionsuniversets muligheder for handling.

Tanken om identifikation kan med andre ord erstattes med en bredere formulering af tilskuerens følelsesmæssige stillingtagen til figuren eller spilleren. Men mindst ét fænomen kan man med fordel beholde ordet identifikation til at forklare, og det er de tilfælde hvor tilskuerens identitet, opfattelse af jeget i forhold til andre, gør sig gældende. Vi oplever os selv som defineret ved træk som også andre besidder: køn, klasse, etnicitet, alder osv. Det er også en kendsgerning at disse træk kan spille ind når vi placerer vores sympati og antipati i forhold til filmens figurer, og det er mest tydeligt når filmen cuer os på en måde der er i konflikt med en type relationel aktivitet hvor vi sætter os selv i samme båd som figuren, oplever figuren og os som af samme slags. Personligt kan jeg ikke lade være med at føle mig udstillet i mild grad når en dansk film lader den naive politimand spille med vestjysk dialekt. Omvendt er ambivalensen betinget af sammenhængen hvorunder filmen ses – jeg har ikke den samme oplevelse når jeg ser en politimand sammen med jyder, som med københavnere. På samme måde føler englænderne eller tyskerne sig næppe udstillet hver gang skurken i en Hollywoodfilm taler med britisk eller tysk accent; i det mindste ikke hvis de ser filmen med nogle af samme nationale ophav. Især amerikanske filmkritikere og teoretikere har beskæftiget sig med de tilfælde hvor der er en sådan konflikt, blandt andet på baggrund af raciale stereotypier.[18]

Identitetsspørgsmålet er vigtigt i filmkritiske og receptionsanalytiske sammenhænge, men bør ikke nødvendigvis indgå som en central del af teoretiseringen af vores følelsesmæssige stillingtagen til figurer og spillere i film. Der er ingen der siger at vi *skal* holde med dén der kan siges at fremstille egenskaber der i sociale sammenhænge er afgørende for tilskuerens identitet. For hvis det skulle være præmissen ligger det snublende nær at konkludere at tilskuerpositioner *generelt* er mangeformede, spaltede, ujævnt udviklede og diskontinuerlige.[19] Det ville være at forveksle egenskaber ved menneskelig perception og menneskelige følelser med spørgsmålet om identitet. Mange andre følelsesmæssige anliggender gør sig gældende. Men det er rigtigt at vi i nogle tilfælde, mest iøjnefaldende når vi oplever en fremstilling som stereotyp eller forvrænget, på den ene side tager afstand fra en figur, på den anden side genkender os selv i ham eller hende. Pointen er at ambivalente følelser ikke afstedkommes *hver* gang man med rimelighed kunne hævde en stereotyp fremstilling af træk der er vigtige for tilskuerens identitet – nogle gange nøjes vi måske med at grine.

I det øjeblik tilskuerens følelser i forhold til figuren og skuespilleren ses som udtryk for relationel aktivitet som sådan, på baggrund af psykologiske mekanismer som i øvrigt er en del af mennesket, bliver det lettere at forstå såvel meget "lokale" virkninger, som øget opmærksomhed, såvel som mere "globale" virkninger, hvor vi knyttes til en figur. De er blot forskellige virkninger som er afstedkommet af at vores almindelige psykologiske mekanismer tjener mange forskellige funktioner. Én type mekanismer har med følelser at gøre og lader os fx opnå mere information som i interesse, eller lader os knytte os til hinanden som i sympati og følelsen af at tilhøre en gruppe. En anden type mekanismer har med perception at gøre og lader os opdage fx intentioner hos andre ud fra deres ekspressivitet. Men det er vigtigt at pointere at perceptionspsykologiske mekanismer er en del af den samme større helhed som emotionspsykologiske mekanismer, uanset at de i nogen udstrækning kan behandles hver for sig.

STILBEGREBET GENERELT

Stilbegrebet kan ses som centralt for at forstå måden tilskueren påvirkes følelsesmæssigt. Det blev tydeligt i min karakterisering af træk ved ikke-realistisk spil at man kun vanskeligt kan forstå disse valg hvis ikke man medtænker tilskueren. Det centrale problem – som jeg har omgået i de forrige kapitler ved at sætte spillestil lig kommunikativt indhold og dermed den særlige følelsesmæssige oplevelse der fremstilles – er at stil synes at forudsætte et skel mellem form og indhold. Det er lettere at se hvordan fotograferingen og klipningen forholder sig og gengiver et selvstændigt eksisterende fiktionsunivers end det er for spillets vedkommende – det skuespilleren gør *er* det figuren gør, og skuespillerens ekspressivitet *er* figurens ekspressivitet, sat ind i en bestemt sammenhæng.

Ordet "stil" kan bruges normativt, dvs. til at rose det særligt stilfulde, eller deskriptivt, til at identificere formrelaterede træk, men det kan også benyttes *instrumentelt*, til at analysere en underliggende strategi i kommunikationen. Jeg vil forsøge at udvikle stilbegrebet til den sidste brug, som instrument for at analysere hvordan en stil fungerer, dvs. efter hvilke principper der opnås bestemte virkninger hos tilskueren. Til det formål vil jeg se spillestil i forhold til nogle allerede givne mål, og jeg vil her pege på to: for det første at gengive den følelsesmæssige oplevelse hos figuren, og for det andet at sørge for at tilskueren engageres følelsesmæssigt. Det første mål kan synes indlysende idet skuespilleren spiller en rolle og ikke sig selv, men det er først når man medtænker det andet mål at det for alvor bliver muligt at forstå de stilistiske valg af ekspressivitet i spillet. Det er først når vi tager højde for at tilskueren skal påvirkes følelsesmæssigt at det bliver muligt at forstå fx Bressons valg af den automatiserede spillestil eller valget af fremmedgørende spillestil. Det gælder også naturalistisk spil: det ville være muligt at tilbageholde alle følelser nærmest fuldstændigt hvis det ikke var fordi tilskueren skulle påvirkes. Men først er det nødvendigt at undersøge hvad vi bruger begrebet stil til, og hvilke opgaver det er særligt anvendeligt til i forhold til analysen af film.

Overhovedet kan man definere stil som *den særlige og derfor genkendelige måde som et værk eller en handling er gjort på, eller burde være gjort på.*[20] Denne brede definition, formuleret af Gombrich, lægger vægt på at der er tale om en forudgående handling for at man kan tale om et værk. Man kan ikke forstå stilbegrebet, som kunstfilosoffen Kendall Walton har bemærket i et forsvar for Gombrichs definition, uafhængigt af at der er tale om en viljesakt:

> attributing a style to a work involves, somehow, the idea of the manner in which it was made, the act of creating it. (…) It is especially noteworthy that the notion of style seems peculiarly irrelevant to objects that are not products of human action, even when our interest in these objects are "aesthetic." What is the style of a tulip, or an alpine meadow, or a pristine lake in the high Sierras?[21]

Det giver ikke mening at analysere stilen i tulipanen, i den alpine, grønne eng eller i den uberørte sø foran bjergene idet de måske nok besidder skønhed, men ikke stil. Da de ikke indgår i noget menneskeskabt lader det sig ikke gøre at tale om stil uanset at de kan give anledning til en påskønnelse af det skønne i naturen der kan ligne påskønnelsen af kunst.

Endnu et skel er nødvendigt i stilanalysen. Som kunsthistorikeren Rudolf Arnheim har peget på, er en stilistisk term i reglen udtryk for at der er foretaget en vægtning mellem *induktion* og *deduktion*.[22] Disse termer kan måske virke vildledende idet de antyder en gensidigt udelukkende metode, men skellet er afgørende for at forstå terminologien omkring stilistiske termer. Enten tager termer udgangspunkt i værkerne og deres indbyrdes forskelle som så forsøges karakteriseret, eller de tager udgangspunkt i forklaringen, så at sige arbejder oppefra hvorefter det forsøges at indordne filmene i forhold til nogle overordnede skel som fx mellem impressionisme og ekspressionisme. Induktivisten vil altid stå over for det problem at materialet kan opdeles yderligere. Det der tidligere blev betegnet som fx instruktørens tidlige periode, indeholder forskelle i måden filmene er gjort som kan lægge op til fx en begynderperiode før den tidlige periode. Med Arnheims ord: Hvornår overgår et element eller et værk fra at være del af én stil til at udgøre en selvstændig stil, hvor store eller små forskelle bør man tillade?[23] I forrige kapitels analyse af spillestil kunne mange skel være indført, fx mellem tidligt og sent ekspressionistisk spil, mellem tysk og svensk, mellem en særlig Conrad Veidt-ekspressionisme, forskellig fra de øvrige spilleres ved en mere balletagtig form.

Deduktivisten inden for stilanalyser har ikke problemet med opdelinger. Han eller hun afleder skellene fra forklaringen således at et virkemiddel eller et værk fungerer enten til opnåelse af det ene mål *eller* det andet (eller tredje osv.). Til gengæld vil vedkommende ofte blive beskyldt for at overse forskelle og nuancer i værkerne. Hvis man møder én der hævder at stil er noget uhåndterbart der ligger i værket og ikke kan sprogliggøres, har man mødt en induktivist, og hvis man møder én der hævder at enten fungerer stil ekspressionistisk eller impressionistisk, enten fortællende eller ikke-fortællende, har man mødt en deduktivist. Skældsordet for den induktivistiske stilanalytiker er frimærkesamler uden sans for de store linjer, og for den deduktivistiske stilanalytiker slet og ret reduktivist, uden sans for værkernes forskellighed. I historiske og kritiske analyser må man tage udgangspunkt i værkerne, altså et induktivt stilbegreb, men også her er der på forhånd en snert af forklaring, idet man allerede har valgt materialet der skal søges i, fx ud fra en formodning om at en periode, en genre eller en auteur gør sig gældende. I teoretiske analyser må man lægge vægten på et deduktivt stilbegreb for at opdage eventuelle dybere sammenhænge, men også her er man ansvarlig over for de film som der hævdes noget om.

I de deduktivistiske stilanalyser er det kun en bestemt egenskab der kan gribes og sættes ind i en systematisk teori, og de kommer samtidig let til at lukke af for andre egenskaber ved værket. Et af de mest ambitiøse forsøg på en systematisering af hvordan spillefilm virker med hensyn til at fremstille en historie, kommer reelt til at udelukke muligheden for analyse af spillestil. David Bordwell definerer i *Narration in the Fiction Film* stil i formalistiske baner, som brugen af mediespecifikke teknikker, og i analyser viser det sig at være især kamera og klipning. Dét man kunne kalde kompositionel stil, måden de forskellige begivenheder efterfølger hinanden i den fortløbende præsentation, betegnes sammesteds *syuzhet* og ses som dét der sammen med de for mediet særlige teknikker cuer tilskueren til at konstruere historien.[24] Hvis en passage ikke tjener til tilskuerens realisering af historien, ses den som excessiv eller parametrisk, som udtryk for et abstrakt mønster. Bordwell påpeger at det ikke-ekspressive spil i Robert Bressons PICKPOCKET er med til at tage opmærksomheden væk fra syuzhettet sådan at tilskueren opdager gentagelser i måden kameraet er placeret, måder der tjener til at forme et mønster uafhængigt af hvad der foregår i den enkelte scene.[25] Tanken er at klipningen og kameragangen kan løsrive sig fra rollen som støtte for tilskuerens adgang til fiktionsuniverset. Præmissen er at fiktionsuniverset, inklusive figurerne, lever et liv uafhængigt af stilen, dvs. de filmtekniske virkemidler.[26]

Ved at specificere målene for stilen som den at medvirke til tilskuerens mentale konstruktion af historien, opnår Bordwell at en række egenskaber ved filmene træder frem, fx mønstre i brugen af kameraet. Samtidig bliver andre egenskaber utydelige, især spillets virkemåde træder i baggrunden ved fortællemodellens opdeling i handlingsplan og fortælleplan. Når en spiller fx tager afstand til figurens oplevelser som i verfremdungsspillet, opleves det ikke nødvendigvis som et abstrakt mønster, men som udtryk for andre intentioner, spillerens, og pointen er at der altid fremstilles nogle intentioner eller en mangel på dem (som i Bressons nærmest apatiske figurer). Dette er ikke et problem som sådan; det er netop styrken og svagheden ved et deduktivt stilbegreb. Det deduktive stilbegreb opdager sammenhænge ved at formode nogle generelle mål hvor det induktive ideelt set ikke favoriserer nogle virkemidler på bekostning af andre, men tager udgangspunkt i den følsomme opmærksomhed mod det enkelte værk (eller periode, instruktør osv.). Samtidig er det klart at man ikke kommer langt med opmærksomhed alene; man må have en formodning om nogle generelle problemer der skal løses og på den måde supplerer de to tilgange hinanden. Den ene har fokus rettet mod generelle egenskaber ved film og den anden mod træk ved det specifikke værk eller gruppe af værker. Vi har allerede set hvordan man kan karakterisere spillets kommunikative indhold ved en systematisk tilgang til følelser, så spørgsmålet er her hvordan man kan opstille nogle generelle mål som tillader en deduktiv tilgang, en tilgang der er mere uafhængig af hvad der fremstilles.

Hvis man vil vælge én definition for stil i film, uanset om det gælder filmen som et hele eller blot ét virkemiddel, kan man med fordel vælge Gombrichs: stil som en særlig måde at gøre noget. Der findes andre deduktive stilbegreber på helhedsniveauet, blandt andet af stil som det karakteristiske ved den samlede oplevelse,[27] men Gombrichs definition af stil som en særlig måde at gøre eller udføre noget udmærker sig ved at kunne håndtere både helheds- og delniveauet. I stilanalysen bør man erindre sig Arnheims pointe: spørgsmålet om induktiv eller deduktiv vægtning. Man kan søge efter mønstre og genkommende træk i værket – eller rettere: bestemte måder filmen eller filmene er gjort – for dernæst at forklare deres funktion, men man kan også arbejde den anden vej, foreslå en forklaring og dernæst undersøge forklaringskraften. Faktisk kan man se nogle af problemerne i Bordwell og Thompsons formuleringer som konsekvensen af at de ikke påpeger begge metoders eksistens. I indføringen til filmanalyse foreslår de at man forsøger at opdage mønsteret før man forklarer funktionen,[28] altså den induktive metode, men i afsøgningen af mønstre ligger implicit en idé om hvilke funktioner stil i fx kamera og klipning har, fx at give adgang til og fremhæve bestemte begivenheder i et allerede eksisterende fiktionsunivers. Når det gælder spillestil ligger andre funktioner lige for, og jeg har således analyseret spillestil i forhold til blandt andet en cuing-funktion og i forhold til hvor realistisk vores forhold til den fremstillede situation skal være.

Hvis man accepterer at et mål er det centrale for stilanalysen, enten i måden som hele værket er gjort på, eller et mål på et mindre niveau, fx spillet, så kan man med fordel skelne mellem to typer: primære og sekundære. De *primære* mål knytter sig til fremstillingen, og spørgsmålet er her: Hvad skal fremstilles? Det kunne fx være at fremstille bestemte handlinger og følelser hos en karakter. Man kan antage at der også findes nogle *sekundære* mål for spillet der handler om hvordan man sikrer en bestemt virkning hos tilskueren af den primære fremstilling. Fremstillingen af sorg kan i en komisk spillestil karakteriseres som den at få tilskueren til at grine, og i en naturalistisk, at få tilskueren til at græde. Spørgsmålet for de sekundære mål er med andre ord: *Hvordan sikres en bestemt virkning af en given fremstilling?*

Hvis tilskuerens følelser generelt anskues som udtryk for relationel aktivitet, så er det nærliggende at søge en sammenhæng mellem en bestemt type ekspressivitet og sekundære mål hos tilskueren. Et sekundært mål som er befordrende for indtrykket af realisme i spillet er at overbevise tilskueren om figuren og dennes situation gennem fremstilling af tilbageholdte følelser. Strategien bag fremstilling af tilbageholdte følelser, i form af naturalismens selvbeherskelse og hæmninger, kan ses som den aldrig at afgive information frivilligt, altid under vanskeligheder, for derved at give indtryk af at spillet *ikke* er tilrettelagt med henblik på en tilskuer. Spillet virker "modvilligt" af samme grund og på grund af modviljen så opleves det som en følge af figurens oplevelse i fiktionsuniverset. Der er med andre ord ikke alene tale om at figuren er hæmmet eller behersket, men der er også tale om at der i naturalismens tilbageholdte følelser er en strategi til påvirkning af tilskueren.

Denne strategi bag naturalistisk spil bliver genkendelig i overfloden af flakkende blikke og stammen og rømmen sig ved enhver tænkelig replik, især hos amatørskuespilleren. Amatøren eller den relativt nyuddannede eller måske dén der blot ikke har haft tilstrækkelig med øvetid kommer til at lægge så meget "støj" ind i spillet i forsøget på at overbevise gennem sin modvillighed at resultatet er det stik modsatte – det virker overspillet. Den kommunikative strategi bag fremvisningen af hæmninger bliver tydelig. Man kan i nogle tilfælde få indtryk af at de flakkende blikke, den megen stammen og pausering, er udtryk for spillerens frustrationer og vanskeligheder ved at leve sig ind i rollen snarere end figurens. Hos den skuespiller der mestrer stilen, derimod, undgås indtrykket af en overgjort modvilje mod at kommunikere noget til tilskueren. Et skoleeksempel er Robert De Niros brug af pauser og nedkastede blikke i rollen som Noodles i Sergio Leones ONCE UPON A TIME IN AMERICA (1984). De Niro kaster sit blik ned brøkdelen af et sekund før vi venter det, kigger op igen, tøver måske før han siger sin replik for så efterfølgende at fastholde blikket et øjeblik længere end forventet, men omvendt ikke så længe at blikket bliver til en stirren. Det opleves som om han reagerer på egenskaber ved fiktionsuniverset snarere end at prøve at overraske tilskueren. Virkningen kan beskrives sådan at tilskueren aner en sammenhæng mellem en replik og måden der reageres på, men ikke når at blive bevidst om en særlig type reaktion og handlingstendens.

Skellet mellem primære og sekundære mål i spillet er ikke afgørende forskelligt fra den måde vi finder stil i fx fotograferingen. Den fotografiske kvalitet af sort-hvid i Steven Spielbergs SCHINDLER'S LIST (1993) og af afblegede farver i SAVING PRIVATE RYAN (1998), formentlig opnået ved at filme en hvid flade før der optages med filmnegativet (en teknik der kaldes *flashing*, men kan opnås ad kemisk vej), signalerer henholdsvis tiden der var eller tiden der er gået. Primært fremhæves kontraster mellem sorte og lyse flade eller ligheden mellem ulige farver, men sekundært gives indtryk af datidighed. Der er naturligvis andre mål for fotograferingen, blandt andet det man bredt kunne kalde rituelle eller sociale funktioner. På den ene side giver det rystede, håndholdte kamera i Thomas Vinterbergs FESTEN (1998) indtryk af en reportage, at handlingen udfolder sig så kameramanden har svært ved at følge med, og sekundært er det ikke alene med til at overbevise om dets realisme, den traditionelle grund til i særligt ophidsede øjeblikke at benytte håndholdt kamera. Sekundært opleves det også som en del af en ny stil som er på mode, blandt andet ansporet af toneangivende instruktører bag Dogme 95, og som man også kan finde i tv-produktioner.[29] Den der forstår at påskønne en sådan fotografisk stil, oplever dermed sig selv som en gruppe af mennesker med flair for det nye og banebrydende.

Man kan med andre ord skelne mellem typer af sekundære mål for stilen. Et skel der virker særligt relevant, er mellem på den ene side rituelle eller sociale funktioner af stil og på den anden kommunikative eller perceptuelle funktioner af stil, de sidste i forhold til egenskaber ved fremstillingen. Således skelner kunsthistorikeren Ernst Gombrich mellem perioder hvor billedkunsten primært fungerede rituelt og perioder hvor kunstens opgave ses som den at gengive det fremstillede så overbevisende som muligt, kaldet en naturalistisk funktion.[30] Han påpeger sammesteds hvordan stilistisk opfindsomhed og udvikling i perioder hvor kunstens funktion især var rituel, blev undgået så vidt muligt, hvorimod perioder hvor kunstens rolle blev set som den at gengive en hændelse så overbevisende som muligt er kendetegnet ved at stilistiske inventioner hurtigt er blevet accepterede. At de to funktioner ikke udelukker hinanden viser eksemplet ovenfor, men skellet har en vis forklarende værdi også i forhold til spillet. Særlig når det kommer til spørgsmålet om stjerner, bliver det svært at undgå spørgsmålet om rituelle og sociale funktioner af spillestil. Et hensyn som skuespilleren og casteren er nødt til at tage højde for er at publikum i mange tilfælde køber biografbilletter ud fra forventningen om at se stjernen spille på en bestemt og genkendelig måde, og det afskrækker muligvis stilistiske variationer i spillet. Når fx Robert De Niro spiller den indadvendte, ensomme betjent Dobie i John McNaugtons MAD DOG AND GLORY (1992), fremmedgjort over for sine følelser i en grad så han hånes for sin forsigtighed, så er det ikke just hvad vi har forventet, og det er måske heller ikke dér hans force ligger. At det har en rituel funktion i den forstand at det indgår i et større livshele når tilskueren kigger på de foretrukne filmstjerner, kan man også se i den måde de efterlignes i tilskuerens hverdag.[31]

Man kan indvende at tanken om mål som baggrund for stilanalysen er urimelig. Når vi forsøger at karakterisere hvad der er *særligt* for en gruppe film, hvad enten de er fra samme periode, samme land eller har samme person eller personer på holdet eller rollelisten, så karakteriserer vi filmene ud fra formrelaterede træk, men det er næppe det samme som at finde mål. Her kan man imidlertid replicere at målet er underforstået; at man antager at målet har været at skabe et værk og det har skaberne opnået på denne eller hin særlige måde. Til forskel fra min analyse tager man her et helhedsniveau og karakteriserer værket som sådan, blandt andet ud fra dets valg af temaer, motiver, struktur, brug af spillet eller de tekniske virkemidler. Underforståelsen af et mål er mest tydelig når vi anvender stilistiske termer som fx "impressionisme" eller "realisme" på tværs af de forskellige kunstarter. Når vi taler om impressionisme i filmkunsten, tænker vi almindeligvis på at tilskueren gives en række flygtige indtryk ved hjælp af scener hvis rækkefølge kunne byttes om uden at det går ud over forståeligheden, eller vi mener at der lægges vægt på at skildre stemninger i de forskellige miljøer, men vi mener ikke at omridset af figurerne behøver at være uskarpt sådan som det er tilfældet i impressionistisk malerkunst. Trods midlernes store forskellighed er der ikke desto mindre en lighed i målet for en impressionistisk stil i filmen og malerkunsten: indtrykket af flygtighed.

TO STRATEGIER FOR PÅVIRKNING AF TILSKUEREN
– GIBSONS OG OLIVIERS HAMLET

Det sekundære mål for anvendelsen af ekspressivitet i spillet kan ses som det at påvirke tilskueren, dvs. igangsætte relationel aktivitet i bredeste forstand ved hjælp af den fremstillede ekspressivitets interaktive virkninger. Spillet har en række andre opgaver, fx at tilskueren former bestemte forventninger om figurens sociale eller psykologiske type, men jeg vil her fastholde mit fokus på følelser fra det ene øjeblik til det næste. Man kan med fordel skelne mellem to måder hvorpå den følelsesmæssige påvirkning finder sted; to strategier for hvordan ekspressivitet kan påvirke tilskueren, men de to strategier udelukker ikke hinanden for man kan sagtens tænke sig begge strategier anvendt i forskellige grader og på forskellige tidspunkter. Jeg har valgt nogle eksempler hvor det er muligt at se en klar forskel, nemlig Laurence Oliviers og Mel Gibsons Hamlet.

Det deduktive skel jeg mener giver den bedste forståelse for brugen af spillets virkemidler er mellem *naturalistisk* og *retorisk* spil. Skellet er oprindeligt historisk betinget. Svend Christiansen beskriver som allerede nævnt i *Klassisk skuespilkunst* overgangen fra det såkaldte *affektspil*, hvor skuespilleren blev opfattet som en taler der skulle bevæge gennem talen og de virkemidler der kunne støtte den, til *naturalismen* hvor skuespilleren blev set som en der skulle fremstille en bestemt person i en bestemt sammenhæng. Skellet er ikke ulig det stumfilmsforskere som Roberta Pearson, Ben Brewster og Lea Jacobs har fundet i hhv. 1910ernes og 1920ernes film og som kan karakteriseres som overgangen til en realistisk eller naturalistisk spillestil.[32] Der er tale om generelle strategier, måder hvorpå tilskueren kan engageres, enten ved hjælp af den direkte påvirkning eller indirekte, ved at tilskueren engagerer sig i det selvstændige univers. Man kan således på et helhedsniveau finde et lignende skel i Tom Gunnings begreb om *cinema of attractions*,[33] tanken om den direkte påvirkning af tilskueren. Jeg vil benytte skellet til at betegne universelle egenskaber ved spillet der kan balanceres til den ene eller anden side, noget Christiansen selv har lagt op til i sin behandling af det postmoderne teater.[34]

Spillestil vil i dette kapitel blive set som den særlige strategi hvormed spilleren forsøger at sikre sig en bestemt virkning hos tilskueren som følge af det primært fremstillede. Ved at benytte en naturalistisk strategi forsøger spillet at overbevise tilskueren om figurens følelse, fx dennes fortvivlelse. Det er ikke i sig selv givet at tilskueren føler med figuren blot fordi denne ser ud til at være fortvivlet, og ved at inkludere signaler om kommunikativ modvilje søges tilskueren overbevist om at det fremstillede udfolder sig af egne grunde og ikke med henblik på en tilskuer. Ved at benytte en retorisk strategi forsøger spilleren omvendt at henvende sig mere direkte til tilskueren, som en slags taler, for at afstedkomme virkninger. Her appellerer spillet mere direkte til tilskueren, i en henvendelsesform der ikke nødvendigvis afhænger af hvordan vi oplever resten af filmuniverset. Disse to kan ses som de to grundlæggende strategier, som andre strategier kan benytte sig af i forskellige grader. Fx er det muligt på den ene side at foregive at være fortvivlet, men som i det komiske spil at signalere, ved hjælp af signaler der ikke tjener nogen funktion inde i filmens univers, at fortvivlelsen ikke gør ondt. Virker signalerne om at det ikke for alvor gør ondt som om de er ufrivilligt afgivne, kalder vi det ufrivillig komik.

Det centrale skel mellem den naturalistiske og den retoriske strategi bygger på hvorvidt og i hvilken grad ekspressivitet opfattes som motiveret *inde i* filmens univers eller som rettet mod tilskueren. De to strategier kan opstilles således:

Den naturalistiske strategi består i at engagere tilskueren ved at motivere den fremstillede ekspressivitet som en funktion af forhold inde i filmuniverset. Figurens ekspressivitet henleder tilskuerens opmærksomhed på bestemte egenskaber ved fiktionsuniverset, fx farligt, interessant, provokerende osv.

Den retoriske strategi består i at engagere tilskueren som en taler sit publikum. Den fremstillede ekspressivitet behøver ikke at være en funktion af forhold inde i filmuniverset, idet den søger at gøre indtryk på tilskueren direkte og tjener en funktion uden for fiktionsuniverset.

I første kapitel beskrev jeg hvordan en Hamlet-monolog kunne spilles så flere forskellige følelser blev fremstillet. Således forsøger Mel Gibson i sin Hamlet at lade figuren blive motiveret af ting i omgivelserne til at sige sine replikker. Dette er en typisk naturalistisk strategi: at motivere ekspressiviteten inde i filmuniverset. I stedet for at kommunikere direkte til os uden videre søges henvendelsen samt dens følelsesskift undervejs motiveret som reaktioner på noget inde i filmuniverset. Den naturalistiske strategi er påfaldende i replikkerne, mest tydeligt på "To die: to sleep," hvor øjnene lukkes under hele replikken indtil risikoen ved den evige søvn, døden som et mareridt, går op for ham, og øjnene spærres op igen på den anden "To die: to sleep" hvorefter blikket flakker rådvildt omkring. I det hele taget er Gibsons fremførelse af replikkerne karakteriseret ved følelsesmotiverede betoninger: det eller de ord, der er mest betydende i forhold til hans emotionelle reaktion, betones.

Paradoksalt nok er denne strategi med hele tiden at lade replikkerne blive motiveret af følelser med til at give hans spil et præg af illustration. Det er som søges ordenes verbale betydning gjort klare. Virkningen kan sammenlignes med en teknik som Christiansen med lån fra datidens kritikere kalder at spille ordet, *jouer le mot*. Denne blev almindeligt anvendt i affektspillet i det 18. og 19. århundrede som et middel til at få den retoriske tale til at virke mere overvældende.[35] Vi kender teknikken fra stumfilmene, hvor fx hjertesorg illustreres ved at tage sig til hjertet. At denne strategi stadig virker kan ses af den kendsgerning at de publikummer jeg har forevist scenen ikke oplever Gibsons spil som antikveret, og da slet ikke på samme måde som spillet i tidlige stumfilm – der er netop ikke tale om at Gibson fremstår som en taler. Han spiller en person som inde i filmuniverset har forskellige følelser og disse motiverer ham til at sige replikkerne. Der er snarere tale om at virkningen svarer til den man opnår ved at spille ordene, men her er det ikke via en direkte visualisering af det verbale indhold, men snarere at de tydeligt forskellige følelser hjælper med til at forstå forskellene i teksten. Ordenes betydning bliver tydelig i kraft af de fremstillede følelser. Også i anden forstand kan Gibsons – for en første betragtning naturalistiske strategier – sammenlignes med affektspillet. Med sine mange indlagte følelsesskift virker spillet i sig selv opmærksomhedskrævende på en måde som Nicol Williamsons og Laurence Oliviers spil ikke gør. Gibsons spil med mange følelsesskift er kontrastrigt og varieret i visuel forstand.

Især Olivier er modsætningen i sit spil til Gibson, og man kan overordnet sige at Olivier forsøger at forskønne sit spil. Med en rytmisk vægt på fem stavelser i hver sætning (det jambiske pentameter) fremstår Oliviers Hamlet nærmest som én der fremsiger et digt, med en rytmisk orden i det lydlige udtryk. I forhold til Gibson, der betonede de emotionelt vigtige ord, fx ord som "bare bodkin" (dolk), har forskønnelsen den bivirkning at ordenes følelsesmæssige betydning bliver mindre tydelig. Ord i den enkelte sætning gør ikke noget indtryk på Oliviers Hamlet, i det mindste ikke så den jambiske form forlades, men der er på markante steder en særlig betoning uafhængig af pentametrets form, til at markere et følelsesskift. Således benyttes musikunderlægningen til at forstærke skiftene i monologen, især ved overgangen fra voice-over til egentlig replikfremføring på "per chance to dream: ay, there's the rub." Den centrale sekvens, der også hos Gibson er særligt pointeret, er hos Olivier leveret i en hviskende tone, begyndende med den første "To die: to sleep; no more," som om vi i denne voice-over føres ind i private tanker der ikke må siges højt.

Pointen er at det forhold at spillet gør brug af en naturalistisk strategi ikke er ensbetydende med at det opleves som bevægende. Det kan som hos Gibson have et tydeligt præg af illustration og i den forstand opleves som overspillet, som en tydelig intention om at fremstille gestik og mimik der følelsesmæssigt passer til ordene, men forsøges camoufleret. Modsat, at spillet gør brug af retoriske strategier er ikke ensbetydende med at det ikke kan virke bevægende. Det forhold at der fremsiges en tale for tilskueren kan godt gøre at tilskueren bevæges, ikke alene ved den formfuldendte måde talen fremføres på, fx den melodiske orden, men også i kraft af medfølelse for taleren når denne bevæges af ordene. Olivier forsøger i høj grad at udnytte sin egen bevægelse ved at sige ordene til også at påvirke tilskueren.

Den anden pointe er at denne strategi ikke nødvendigvis har noget at gøre med hvilken metode skuespilleren har valgt. At en skuespiller fra det 4. århundrede f.v.t., Polus, i rollen som Elektra i Sofokles' stykke af samme navn skulle have båret en urne med asken fra sin afdøde søn hen over scenen da det passede til rollen, at Elektra havde mistet sit barn, er udtryk for en psykologisk realisme hos skuespilleren, men det betyder ikke at han har benyttet sig af en naturalistisk strategi.[36] Man benyttede masker på den tid, og der har snarere været tale om at den psykologiske realisme påvirkede spillet på samme måde som en tale virker mere bevægende og ægte hvis taleren for alvor føler noget i forhold til det fremstillede.

Jeg har hæftet mig ved naturalismen som en art tilbageholdelse, i dette tilfælde ved at hver eneste replik skal have sin egen følelsesmæssige motivation før den kommer frem. Et andet træk ved naturalistisk spil er at små og tilsyneladende dagligdags foreteelser benyttes til at give indtryk af det særlige ved figuren. Der er ikke i sig selv tale om et følelsesmæssigt udtryk, men det er en lille ting der giver indtryk af figurens særlige karakter. Et tidligt og meget illustrativt eksempel er Lilian Gish der benytter et særligt smil til at give udtryk for figurens desparate og ulykkelige situation i D.W. Griffiths BROKEN BLOSSOMS (1919). Faren, en fordrukken og brutal bokser, har truet sin datter til et smil, og hvad vi ser er at hun med fingerspidserne hiver mundvigene op til et smil da han vender ryggen til et øjeblik. Der klippes idet han vender sig mod hende igen, og i et nærbillede ser vi et sørgmodigt smil, i sig selv overbevisende, men med tårer i øjnene. Der er tale om en lille detalje der udtrykker figurens karakteristiske følelsesliv. Her er ikke tale om tilbageholdelse, så muligvis skal man tage det forbehold at tilbageholdelsen er mest fremtrædende ved brugen af replikker, men man kan også sige at brugen af denne type udtryk knytter sig til en naturalistisk karakteriseringskunst hvorved det særlige ved en figur udtrykkes. Ganske vist fremstilles smilet gennem tårer kun fordi det er motiveret inde i fiktionsuniverset, men her er ikke tale om tilbageholdelse som en del af ekspressivitet.

Når man taler om strategier på tværs af perioder og endog kunstarter, er det vigtigt at huske på hvad også induktive stiltermer kan bidrage med. Blot fordi en bestemt strategi benyttes, siger det ikke noget om i hvor udstrakt grad. Det er også værd at huske på i forbindelse med en af de tidligste skuespillere der forsøgte at fjerne sig fra de idealiserede og meget generelle fremstillinger. I 1740erne, en periode hvor spillet efter beskrivelser at dømme stadig blev set som kunsten at rive tilhørere med i kraft af en tale, forberedte John Garrick sig til en rolle som King Lear ved at studere et virkeligt tilfælde hvor en mand havde mistet sin datter ved en ulykke.[37] Samme skuespiller benyttede moderne uniformskostumer for at få sin rolle som MacBeth til at virke mere overbevisende på publikum selv om det ikke var historisk korrekt i forhold til stykkets tid.[38] At disse teknikker blev anvendt, udelukker på ingen måde at han i øvrigt spillede som en art taler der forsøger at rive sine tilhørere med, og andet ville sikkert være i konflikt med fx scenografien. Man kan beskrive disse anvendelser som små attraktioner eller højdepunkter, og selv når de blev udført ville man ved at være opmærksom på andre virkemidler næppe finde en anvendelse af stemmen som den Gibson forsøger sig med i forhold til en næsten 400 år gammel tekst.

Umiddelbart er det lettest at analysere stil hvis vi kan skelne mellem det gengivne og måden det gengives, og det er det man opnår ved at se på ekspressivitet som en måde at påvirke tilskueren. Man kan vælge én af to: prøve at henvende sig direkte til tilskueren, som en taler til sit publikum, og man kan prøve at engagere indirekte, gennem figuren og dennes anliggender i et fiktionsunivers. Når man vælger denne betragtningsmåde bliver det tydeligt hvordan nogle virkemåder går på tværs af begge stilarter, fx den at vække opmærksomhed gennem følelsesskift. Udførelsen af opmærksomhedsskabende skift er ikke nødvendigvis spillets strategi. Denne måde at indfange tilskueren kan også udføres gennem klipningen; et godt eksempel i denne sammenhæng er Baz Luhrmans WILLIAM SHAKESPEARE'S ROMEO AND JULIET (1996) med Leonardo DiCaprio og Claire Danes i hovedrollerne. En abrupt klipning er med til at dirigere opmærksomheden hen mod det visuelt iøjnefaldende, samtidig med at en klar diktion fremhæver dem og således understreger den verbale betydning. Opmærksomheden flyttes fra det forhold at ordene uvægerligt ville komme til at virke datidige i forhold til den moderne Mexico City som filmen er optaget i, samtidig med at ordene får mulighed for at påvirke tilskueren i kraft af deres tydelighed – den samme strategi som Laurence Olivier benyttede, men her altså opnået gennem visuel variation.

REALISME SOM TILSKUERENS OPLEVELSE AF HANDLINGSRELEVANS

Jeg forsøgte i forrige afsnit at vise at man kan tale om to strategier, den retoriske og den naturalistiske, til påvirkning af tilskueren for derved bedre at forstå rationalet, de underliggende principper for deres anvendelse. En af pointerne var at den ene ikke nødvendigvis kan siges at være mere realistisk end den anden, i det mindste ikke hvis vi ændrer betydningen af "realisme." Indtil nu har jeg talt om realisme som indtrykket af et selvstændigt eksisterende filmunivers og nævnt naturalismens signaler om tilbageholdelse og modvillighed som en af teknikkerne. Imidlertid kan man også anvende realisme i en meget bredere forstand, som indtrykket af at der er et vigtigt anliggende på spil foran én. Når Laurence Olivier forsøger at bevæge os ved at fremsige en række smukt sammensatte ord, og minimere brugen af de andre virkemidler for at gøre os mere lydhøre over for ordene, så er der ikke nødvendigvis noget "urealistisk" over en eventuel påvirkning. Det er måske mest tydeligt hvis man her erindrer at en tale, selv om den ikke har nogen motivation i forhold til en tilhører, i sig selv godt kan fremstå "ægte" i den forstand at der ligger egne tanker og følelser bag som har udtryk behov.

Derfor vil jeg i dette afsnit forsøge mig med et bredere realismebegreb som er i stand til også at forklare hvordan vi kan blive påvirkede af den type spil som ikke sigter mod at vi oplever en selvstændigt eksisterende figur i et selvstændigt eksisterende univers. I eksempelvis verfremdungsspil og i det retoriske spil der benyttes af Olivier, bliver vi påvirket følelsesmæssigt netop fordi ekspressivitet ikke fremstår som tilhørende et selvstændigt og lukket univers. Præmissen for min forklaring på komisk spil var netop at vi kun kunne more os fordi det markeres at der ikke for alvor er noget på spil, så jeg vil tage konsekvensen her og antage at følelser opstår fordi vi oplever et virkeligt anliggende på spil. Der er i princippet heller intet uvirkeligt over Oliviers tale, den er fotograferet og det er underforstået at den ikke kun er motiveret af hans kvaler som Hamlet, men også i hans ønske om at fremstille ordene på en måde så det er dem der gør indtryk. På samme vis er der heller intet uvirkeligt over den udstilling af spillet der sker i verfremdungsspillet – tværtimod kan vi ikke undgå i nogen grad at opleve at også skuespilleren bliver udstillet her i kraft af at rollen ikke virker overbevisende. Af samme grund er vi bevidste om også at kigge på skuespilleren.

Man kan derfor måske bedre karakterisere oplevelsen af realisme som oplevelsen af handlingsrelevans i filmen. I det realistiske spil opleves al handlingsrelevans som knyttet til filmuniverset, og det er også her at en cuing-funktion af ekspressivitet er vigtig. I det ikke-realistiske spil er handlingsrelevansen delvist fjernet inden for fiktionsuniverset, men ikke i forhold til tilskueren. Ekspressivitet er interaktiv i forhold til tilskueren snarere end andre figurer, og en spillestil som verfremdungsspillet kan karakteriseres som en fjernelse af realisme inden for fiktionsuniversets rammer, for i stedet at lægge op til pinlig berørthed på skuespillerens vegne eller til irritation mod denne. Her flyttes handlingsrelevansen i nogen udstrækning til forholdet mellem skuespiller og tilskuer.

Det ville ikke give mening at tale om handlingsrelevans i denne brede forstand hvis man ikke kunne pege på eksempler der ikke inkluderes. Men det er muligt at pege på en modsætning til oplevelsen af handlingsrelevans. Man kan, som filmteoretikeren Torben Grodal har påpeget, se *lyriske virkninger* som resultatet af at der ikke fremstår mål for fremtidig handling inden for fiktionsuniverset. I stedet betragter vi blot på en passiv og associerende måde det fremstillede.[39] Netop lyrisk er velanbragt i forhold til Oliviers fremsigelse af Hamlets monolog. Ved at han ikke reagerer på noget i det fiktionsunivers hvor der kan handles, og i kraft af en begrænset brug af mimik og gestik, koncentreres opmærksomheden på ordene og formen. At lytte til Olivier fremsige monologen er ikke så forskellig fra at læse et digt med en række associationer til følge, men selv om oplæsningen fremtræder virkelig, så er der kun i de øjeblikke hvor han bliver stærkest grebet selv, en oplevelse af anliggender på spil i handlingen. Ellers oplever vi ham som passiv og dvælende ved ordene og sine refleksioner, og i det omfang vi selv kan dvæle ved dem, har vi en lyrisk oplevelse.

AFRUNDENDE OM STRATEGIER I SPILLET

Når vi ser film, reagerer vi i mange henseender på det fremstillede som vi ville reagere på det i virkeligheden. Vi reagerer fx med stærke følelser i forhold til figurer vi finder tiltrækkende eller afskyvækkende, eller vi gyser ved synet af en mørk og dunkel kælder som vores hovedperson skal passere. Men vi reagerer samtidig på filmen med bevidstheden om at der er tale om et menneskeskabt værk. Nogen har villet noget og det er derfor at vi overhovedet begynder at tale om stil – jævnfør Waltons tulipaner og andre nok så æstetisk interessante genstande, der ikke er skabt med vilje og derfor ikke besidder stil. At stilproblemet overhovedet kommer i betragtning kan ses som udtryk for at vi reagerer på filmen som noget skabt med bestemte mål for øje. Det er tydeligt når vi et kort øjeblik irriteres over at en replik eller figur er overspillet fordi ekspressiviteten ikke tjener nogen funktion i filmuniverset og heller ikke ikke kan forstås som forsøg på forskønnelse.

Bemærk at én af de ting man opnår ved som et instrument for analysen at eksplicitere nogle mål, er at det bliver muligt at anerkende en historisk relativisme, ikke for hvad der fremstilles, men for hvilken strategi der virker. Der er ikke nogen nødvendig grund til at tendenser til tilbageholdelse og kommunikativ uvilje skulle virke overbevisende, som en teknik for den realistiske spillestil, og der er ikke nogen nødvendig grund til at tendenser til forskønnelse nødvendigvis aftvinger sig beundring hos tilskueren snarere end irritation. Men når stilistiske nybrud alligevel er mulige er det blandt andet fordi der *er* et rationale bag ekspressivitet. Ekspressivitet kan forstås i forhold til dens muligheder for at påvirke, enten til at cue så vi oplever filmuniverset som realistisk, eller til at påvirke os på en mere direkte facon. Det er vigtigt at huske på den interaktive dimension af ekspressivitet. Det er en almindelig del af hverdagens ekspressivitet at den tjener en funktion i forhold til at få andre til at handle eller danne sig bestemte indtryk af os, og på film kan den interaktive dimension af ekspressivitet udnyttes på mange måder som først bliver helt tydelige når vi kigger på den enkelte type af ekspressivitet. Men det er afgørende at man har begge dimensioner med, og i dette kapitel har jeg forsøgt at vise hvordan man kan begrebsliggøre både det fremstillede og strategien til påvirkning i et og samme udtryk.

Noter

1. Se Christensen og Roos, *Film*, p. 150; Metz, *Psychoanalysis and Cinema: The Imaginary Signifier*, pp. 45-52.
2. Neergaard, *Filmkundskab*, p. 93.
3. Carroll, *The Philosophy of Horror*, pp. 88-96.
4. Carroll, "Toward a Theory of Film Suspense", p. 87.
5. Smith, *Engaging Characters*, kap. 5.
6. Carroll, "Toward a Theory of Film Suspense", p. 75.
7. Se Zillman, "Mechanisms of Emotional Involvement with Drama", p. 47f.
8. Gerrig og Prentice, "Notes on Audience Response", pp. 398-400.
9. Mulvey, "Skuelysten og den narrative film", p. 77.

10. Zucker, *The Idea of the Image: Joseph von Sternberg's Dietrich Films*, p. 151, imødegår eksplicit Mulveys tolkning.
11. Tan, *Emotion and the Structure of Narrative Film*, kap. 6.
12. Ibid., p. 181.
13. Ibid., p. 186. Se også Tan, "Film-induced affect as witness emotion".
14. For en filosofisk diskussion, se Sober og Wilson, *Unto Others: The Evolution and Psychology of Unselfish Behavior*. For en empirisk diskussion der også finder altruistiske motiver andre steder i naturen, især hos menneskeaberne, se Waal, *Good Natured: The Origins of Right and Wrong in Humans and Other Animals*.
15. Sober og Wilson, *Unto Others: The Evolution and Psychology of Unselfish Behavior*, kap. 6, uddyber skellet mellem proksimale og ultimative mekanismer i evolutionen.
16. Se Buller, "DeFreuding Evolutionary Psychology".
17. Se fx Silverman, *The Subject of Semiotics*, kap. 4.
18. En film der almindeligvis betragtes som racistisk er D.W. Griffiths BIRTH OF A NATION (1915). Uanset at den på andre måder, bl.a. i brugen af spillet og klipningen, er kunstnerisk værdifuld så fremstiller den i det store hele afroamerikanerne som uvidende og barnagtige og ude af stand til at håndtere deres nyvundne demokratiske rettigheder umiddelbart efter Den amerikanske Borgerkrig. Særligt problematisk er skildringen af den frigjorte slave Gus, spillet af Walter Longman, der da han er blevet givet sin frihed forsøger at voldtage den unge Flora (Mae Marsh). Meget peger på at den også ved premieren er blevet oplevet som racistisk af det afroamerikanske publikum. Se Diawara, "Black Spectatorship: Problems of Identification and Resistance", p. 848.
19. Stam, *Film Theory: An Introduction*, p. 233.
20. Gombrich, "Style", p. 352.
21. Walton, "Style and the Products and Processes of Art", p. 73.
22. Arnheim, "Style as a Gestalt Problem", p. 264f.
23. Ibid., p. 264.
24. Bordwell, *Narration in the Fiction Film*, p. 50.
25. Ibid., p. 300.
26. Den formalistiske definition af stil er påfaldende i tidlige udgaver af Bordwell og Kristin Thompsons fælles indføring til filmanalysen hvor stil defineres som "unified, developed and significant use of particular technical choices." Bordwell og Thompson, *Film Art: An Introduction* (3. udg.), p. 126. I en senere udgave anerkender de at stilen blot kan have perceptuelle funktioner, dirigere opmærksomheden mod bestemte forhold. Se Bordwell and Thompson, *Film Art: An Introduction* (5. udg.), p. 359. Stil forbindes i den første definition med det af handlingen uafhængige, og der er ikke overraskende lighedstræk med en musikologs definition af stil som "a replication of patterning, whether in human behavior or in the artifacts produced by human behavior, that results from a series of choices made within some set of constraints." Meyer, "Toward a Theory of Style", p. 21. Her er i udgangspunktet tale om et induktivt stilbegreb, men i det øjeblik begrænsninger, fx af historisk art, kommer ind i billedet, sker der en

forskydning mod det mere forklarende. Definitionen af stil som gentagelse af et mønster er anvendeligt i film, men kernen er at i spillestil er mønsteret kendetegnet ved at bestå af følelsesmæssige oplevelser, intentioner rettet mod indre eller eksterne forhold – mønsteret er ikke abstrakt på samme måde som toner er det.

27. Se Grodal, "Stil og narration i visuel fiktion".
28. Se Bordwell og Thompson, *Film Art: An Introduction*, Bordwell og Thompson, *Film Art: An Introduction*, p. 357ff.
29. Se Højbjerg, "Den nye tv-stil".
30. Gombrich, "Style", p. 356.
31. Se Stacey, "Feminine Fascinations: Forms of Identification in Star-Audience Relations", pp. 153-57.
32. Pearson, *Eloquent Gestures;* Brewster og Jacobs, *Theatre to Cinema*. Hos Pearson ses skellet som et mellem teatrets koder og virkelighedens, kaldt hhv. histrioniske og veristiske; måske en smule vildledende idet naturalismen netop brød igennem samtidig også på teatret. Den første stil kaldes hos Brewster og Jacobs for piktorialistisk, idet de lægger vægt på at brugen af bestemte positurer og dramatiske "frysninger" blev anvendt som et visuelt virkemiddel, som var spilleren en skulptur, i såvel teatret som stumfilmen.
33. Gunning, "Attraktionsfilmen. Den tidlige film, dens tilskuer og avantgarden".
34. Christiansen, *Teaterforvandlinger*.
35. Christiansen, *Klassisk skuespilkunst*, p. 24, 29.
36. Chaillet og Strasberg, "Acting".
37. Schyberg, *Skuespillerens Kunst*, p. 178.
38. Ibid., p. 166.
39. Grodal, *Moving Pictures*, kap. 6.

Kapitel 8

KORT SAMMENFATNING

Mit mål med denne fremstilling var at beskrive spillets bidrag til filmoplevelsen ved at se på i hvilken henseende information om den fremstillede persons følelser, dennes oplevelse af sin situation, blev kommunikeret gennem spillet. Spillets opgave i den henseende er ofte overset eller undervurderet. Man kan beskrive den type af information jeg har kigget efter som *hurtige signaler* der lader os, som følge af naturlige perceptionsprocesser, forstå hvordan en anden forholder sig til omgivelserne. Indledningsvis beskrev jeg hvordan et perspektiv der tager udgangspunkt i kommunikation af følelser, adskiller sig fra en historisk eller en kunstnerisk tilgang der sætter ekspressiviteten i forhold til en bestemt tid eller en bestemt kunstner. I kapitel 1 påviste jeg hvordan ekspressivitet i spillet giver mulighed for at kommunikere følelser i forhold til det som opmærksomheden måtte være på, i kraft af ikke-verbale signaler. Jeg forsøgte også at beskrive hvad det indebærer at spille en rolle, hvordan det på den ene side kræver en fortolkning af opgaven i forhold til filmens større sammenhæng, på den anden side indebærer at man er i stand til, uanset valget af spillestil, at fremstå overbevisende.

I kapitel 2 forsøgte jeg at vise hvordan en fortælleteoretisk model systematisk overser spillets bidrag til filmen. Edward Branigans opdeling i forskellige niveauer af fortællingen, fx den måde et flashback er indlejret i nutidsplanet, yder i kraft af sin indre/ydre model ikke spillets funktionsmåde fuld retfærdighed. Omvendt hævder Branigans teori ikke at tage højde for spillets bidrag idet formålet med indlejringerne er at kunne forklare hvordan vi kan tildele det sete og hørte forskellig erkendelsesmæssig værdi i form af dets indlejring, men min analyse af THE FIRM viste hvor vigtig det er at tage udgangspunkt i funktionelle hensyn snarere end formelle som fx indlejring. Jeg forsøgte at vise, blandt andet med Roberto Rossellinis VIAGGIO IN ITALIA som eksempel, at signaler i spillet kan gå i modsat retning af indholdet i point-of-view-klipning, og hvordan det er muligt at skabe indtryk af en slags forstyrrelse ved at figuren tænker og reagerer på noget andet end det der optræder for blikket. Jeg fremhævede i kapitel 2 Noël Carrolls teori om point-of-view-klipning som en generel model for måden ekspressivitet hos figuren fungerer på. Tanken om at ekspressivitet cuer tilskueren til at opdage bestemte egenskaber ved det fremstillede var særligt velegnet for en generel teori. Det samme gjaldt tanken om at en situation specificerer de generelle informationer der er udtrykt i spillet.

I kapitel 3 redegjorde jeg for hvilken psykologisk form vores indtryk af følelser hos en figur tager. Her præsenterede jeg Nico Frijdas funktionalistiske model for forståelsen af ekspressivitet der ser ekspressivitet som en funktion af relationel aktivitet. Vores forhold til omgivelser er ændret som følge af at et bestemt anliggende er på spil, og dette manifesteres kropsligt i bredeste forstand (stemme, ansigt, krop osv.). Perception af ekspressivitet indebærer at vi trækker information ud om den tænkning der ligger til grund for den relationelle aktivitet – vi ser hvilken funktion den ekspressive adfærd tjener i en bestemt sammenhæng. Jeg påpegede at det i reglen er svært, navnlig i naturalistisk spil, for et bestemt ansigtsudtryk at pege på en bestemt følelse. Det gælder generelt at der ikke er nogen direkte sammenhæng mellem relationel aktivitet og en bestemt følelseskategori. Men når ekspressiviteten bliver sat i forbindelse med en bestemt situation er det muligt at se hvilken funktion der tjenes i denne sammenhæng. Det betyder ikke at omstændighederne og sammenhængen kan bestemme hvilke følelser der kommunikeres lige så lidt som spillet kan det. Der er tale om to ligeværdige partnere omend, som vi siden så, den relative vigtighed kan flyttes til fordel for den ene eller anden når det kommer til at karakterisere den særlige følelse.

I kapitel 4 forsøgte jeg med udgangspunkt i PELLE EROBREREN, at beskrive hvordan mange af de temaer jeg hidtil havde bragt i spil kan analyseres i en enkelt film. Her skelnede jeg mellem den erfarne spiller Max von Sydow og den på dette tidspunkt uerfarne Pelle Hvenegaard. Særlige forhold ved skuespillerne som fx erfaring kan være medvirkende til forklaring af hvilke opgaver der tildeles spillet, fx at variere og sende sammensatte signaler i den enkelte indstilling. Jeg viste også hvordan brugen af krydsindstillinger og two-shot-indstillinger typisk fremhævede forskellige egenskaber ved ekspressivitet, blandt andet den rumlige afstand og den måde det mindste signal hos den ene bliver set som en reaktion hos den anden. Jeg pointerede at filmens instruktør, Bille August, kan ses som én der i særlig grad mestrer variationer af krydsindstillinger. Jeg bemærkede også at den hyppige brug af statisters ansigtsudtryk i korte reaktionsbilleder kunne ses som udtryk for betydningen af Carrolls cuing-funktion. Desuden påpegede jeg betydningen af opbygningen til en konflikt, dvs. spørgsmålet om synsvinkel hvorved tilskueren cues til at opleve ekspressivitet på linje med en hovedperson.

I kapitel 5 karakteriserede jeg forskellige typer af fremstillinger af handlingstendenser og parathed der rettedes mod forhold inde i fiktionsuniverset. Der fremstilles bestemte intentioner hver gang en skuespiller skildres på en måde så vi oplever ham eller hende som ekspressiv, og denne intention (fx ønske, nødvendighed, mål) kan så opleves som en funktion af forhold inde i fiktionsuniverset, eller som udtryk for et forsøg på at påvirke tilskueren. Hvad angår intentioner rettet mod forhold inde i fiktionsuniverset skelnede jeg på den ene side mellem tilbageholdte følelser, hæmninger og selvbeherskelse, der kunne kombineres med en specificering i kraft af omstændighedernes veldefinerede mål og anliggender, og på den anden side de tilfælde hvor aktiveringen eller hæmningen ikke er defineret i forhold til et anliggende og man derfor kan tale om forstyrrelse og bevægelse. Som en tredje type behandlede jeg her fremstillingen af en manglende ekspressivitet, ganske og aldeles, trods det at situationen skildrer vigtige anliggender og mål. Jeg argumenterede for at Robert Bressons valg af automatisme (som også kan beskrives som en form for fremmedgjorthed over for egne anliggender) kunne adskilles fra underspillet idet automatiseringen i spillet er lagt an på at aktivere tilskueren som reaktion på figurens apatiske fremtoning.

I kapitel 6 skelnede jeg mellem fremstillingen af intentioner der oplevedes rettede mod forhold i fiktionsuniverset såvel som mod tilskueren. Således blev vægten på klarhed og karakteristik af den særlige følelse i affektspillet set som udtryk for en mere direkte henvendelse til tilskueren; en teknik der i særlig grad svarer til tilskuerens forventning om at spilleren benytter sine virkemidler som en taler, frem for at benytte dem under hensyntagen til den særlige person og den særlige situation. Jeg karakteriserede ekspressionistisk spil som en fremstilling af manglende kognitiv fleksibilitet i forhold til opnåelsen af et mål, som en måde at fastholde besættelsen af dette ene mål uafbrudt i spillet. Jeg karakteriserede to tendenser i det komiske spil, dels den måde fremstillingen blev formaliseret så den kun udtrykte forholdet mellem et problem og en løsning, eller den blev markeret som viljestyret som i den emblematiske. Dels hvordan cuingfunktionen af ekspressivitet kunne undgås i verbal komik så vi er i stand til at grine. Verfremdungseffekten karakteriserede jeg som ekspressivitet der ikke lod sig opleve som rettet mod enten forhold inde i fiktionsuniverset eller entydigt i forhold til tilskueren idet resultatet i mange tilfælde er at skuespilleren syntes udstillet.

Med begrebet kommunikativ relativisme forsøgte jeg at anerkende at der kommunikeres noget forskelligt om den relationelle tænkning i de forskellige spillestile, men også at den måde det opfattes på afhænger af tilskuerens forventninger. Nogle af disse forventninger afhænger af kendskab til genre eller figurens baggrund – det sidste gælder særligt de fortløbende tv-serier. Andre forventninger er knyttet til en bestemt tid. Forventer tilskueren fx at spillet altid er en funktion af forhold inde i fiktionsuniverset, og kun dem, og yderligere at dette indebærer grader af tilbageholdelse i forhold til andre figurer, vil tilskueren have svært ved de teatralske stilarter. Det gælder i særlig grad sporene i stumfilmen fra det 19. og 20. århundredes affektspil, men det gælder også de instruktører der gør brug af teatralsk spil, verfremdungsteknikken, for at få tilskueren til at tage afstand til figuren. Forventer tilskueren omvendt at følelser karakteriseres i kraft af spillet, og kun i kraft af spillet, vil det naturalistiske spil synes fuldt af støj og upræcise detaljer, ganske blottet for klarhed i udtrykket, og muligvis vil signaler der karakteriserer følelsen i kraft af omstændighederne slet ikke blive opdaget. Denne tilskuer hører et andet århundrede til, men et af de forhold man kan analysere i en historisk udvikling er i hvilken grad spillet er udformet med henblik på en direkte påvirkning af tilskueren.

I kapitel 7 forsøgte jeg at uddybe det underliggende princip bag fremstilling af ekspressivitet. Her lagde jeg særlig vægt på stilbegrebet. I stilanalysen og ved valget af stilbegreber lægger man enten vægten på at være følsom over for materialet, værkets særlige karakter, eller man forsøger at indbygge logiske skel og en forklaring på hvordan stilen virker. Hvis man vælger den anden metode lader det sig se hvordan de samme strategier til at aktivere tilskueren kommer til udfoldelse i to historiske og umiddelbart ret forskellige typer af spil. Uanset hvordan skuespilleren udformer sit spil, er denne nødt til at tage hensyn til at tilskueren forholder sig følelsesmæssigt til såvel figuren som spilleren, og netop af denne grund kan man tage udgangspunkt i at der er underliggende principper for hvilke typer af ekspressivitet som inkluderes i spillet – de tjener under alle omstændigheder til at påvirke tilskueren følelsesmæssigt.

Jeg har forsøgt at skitsere et grundlag for at forstå hvordan spillet bidrager til vores filmoplevelse. Det er blandt andet sket ud fra den overbevisning at med en samlet kommunikationsteori vil det være lettere senere at foretage mere detaljerede analyser og studier, fx af enkelte perioders eller skuespilleres spillestil. Jeg har udvalgt ét aspekt, ekspressivitet og kommunikation af følelser, men det er ikke for at benægte at spillet tjener andre kommunikative opgaver, fx relateret til kønsidentitet eller social type. Det er sket ud fra en overbevisning om at forståelsen af ekspressivitet er grundlæggende nødvendigt for at forstå handlingen og fordi ekspressivitet i reglen er en forudsætning for at vi som tilskuere fatter interesse for fiktionsuniverset. Jeg håber at min læser hen ad vejen er blevet klogere på teknikken og hemmeligheden bag sine yndlingsskuespillere og –film.

FORSLAG TIL ANALYSE AF SPILLET
– 32 SPØRGSMÅL

VURDERING AF DEN ENKELTE SKUESPILLERS BIDRAG

1. Opfylder spillet de funktioner som helheden og de andre virkemidler synes at lægge op til?
2. Synes resten af filmen udformet på en måde så figuren skal gøre særligt indtryk på tilskueren i en bestemt scene, men uden at det lykkes?
3. Hvis spillet virker overspillet i en bestemt scene, kan det så tænkes at dette indtryk (fx mild irritation) tjener et formål i forhold til tilskuerens sympatier senere i filmen? Omvendt: er der bestemte scener der i sig selv giver så megen sympati (fx i form af følelser) at vi har en tendens til at overvurdere det kunstneriske bidrag?
4. Forholdet til klipning, fotografering eller komposition: er der fx taget højde for visse handicaps hos skuespilleren, fx at denne er amatør eller måske har en stemme med visse begrænsninger? Er der i mixningen af lyd fremhævet bestemte stemmer så figuren kommer til at fremstå stærkere?
5. Forholdet til andre skuespillere (mest tydeligt hvis de er i samme indstilling): tager skuespilleren fx opmærksomhed fra andre spillere ved at være mere udtryksfuld eller forlænge sine pauser? Kan det tænkes at tjene en funktion i forhold til den større helhed?

FORTOLKNINGEN

6. Rollen: hvilke træk og hvilke egenskaber er trukket frem og hvordan passer de ind i handlingen og de øvrige roller? Hvis rollen kendes i forvejen, hvilke egenskaber er da trukket frem i forhold til tidligere fremførelser?

7. Tegnes rollen gennem reaktioner på andre figurer eller synes der i højere grad at være tale om en selvstændig karakterisering som andre evt. kan reagere på?
8. Scener: er der bestemte scener der lægger op til fx meget aggressivt spil, men hvor der så tilføjes noget ekstra til at balancere indtrykket hos tilskueren, fx følsomhed eller usikkerhed?
9. Replikkerne: hvis man skriver replikkerne ud eller forestiller sig dem alene, hvad er der så lagt til i form af spillet? Kommer der overraskende betydninger ud i det øjeblik de bliver sagt i en bestemt situation?
10. I hvilken grad forsøges en figur karakteriseret gennem ydre træk som fx udseende og talemåder, eller gennem ekspressivitet og det der siges og gøres i den enkelte rolle? Synes skuespilleren forvandlet til en anden, eller mindes vi hele tiden om, bl.a. gennem udseende og stemme, at vi kender skuespilleren? I tilfælde af at skuespilleren ikke syntes at forsvinde, i hvilken grad udnyttes eller modsiges de egenskaber som vi plejer at forbinde skuspilleren med?
11. Synes der til den enkelte figur at være "opfundet" nogle særligt karakteristiske reaktioner eller måder at udføre en handling på (fx smilet som Lilian Gish konstruerer med fingerspidserne)?

SPILLETS VIRKEMIDLER

12. Stemmen: virker stemmen og ordene som et primært virkemiddel eller et på linje med, eller underordnet andre (fx mimik, positurer, gestik) hvorigennem skuespilleren forsøger at gøre indtryk på os? Er der mange betonede ord i replikken? Tjener betoningen til at kommunikere en følelsesmæssig motivation (som i naturalistisk spil), eller tjener de fx til at fremhæve mere eller mindre tilfældige ord (som i visse typer verbal komik)? Hvordan er tonegangen i de enkelte replikker, fx opad eller nedad, og hvordan er de i forhold til hinanden (hvis fx en længere replik brydes op af flere sætninger, hvor fx to begynder i et lavt toneleje, og de næste tre i et højt). Er der særlige klanglige forhold der gør sig gældende ved en skuespiller, fx i forhold til mundhulen eller næsen?
13. Mimik: i hvor høj grad benyttes musklerne eller fx alene blikket i

reaktioner? Hvordan er de koordineret med en replik? Hvordan fremhæves eller evt. sløres ansigtsudtryk gennem klipning og billedets indramning og evt. øvrige bevægelser?
14. Gestik og positurer: understøtter de bestemte følelser eller benyttes de fx til at gøre en figur mere levende, evt. sikre at tilskuerens opmærksomhed er på den der taler? Motiveres bestemte kropsholdninger gennem bestemte genstande og aktiviteter, fx tidspunktet for at sætte sig i eller rejse sig fra en sofa?
15. Arrangement og bevægelser: benyttes der forskellige opstillinger til at illustrere forskellige faser af scenen? Benyttes bevægelser til at kommunikere noget om personernes forhold til hinanden, fx en tilnærmelse eller undgåelse?
16. Timing og pauser: Tjener pauser til at få os til at opdage det kognitive indhold af følelser og konflikten i en situation, eller tjener de til at modvirke at scenen fremstår alt for realistisk (fx de korte pauser i komisk spil), eller tjener fx korte pauser til at ordenes sproglige betydning bliver mere tydelig?
17. Hvordan understøtter de tekniske virkemidler spillets? Benyttes der bestemte kameravinkler og -perspektiver, fx til at få figuren til at se stor ud? Benyttes fx vidvinkel til at få en bevægelse til at tage sig hurtig ud?

SPILLESTIL OG EKSPRESSIVITET

18. Hvilke følelser og intentioner fremstilles i spillet?
19. Hvordan tjener fremstillingen af disse følelser og intentioner til at engagere tilskueren? Får det os til at opdage bestemte egenskaber ved fiktionsuniverset, fx udsigten til begivenheder længere fremme i filmen, eller tjener ekspressivitet fx til at gøre os nysgerrige eller fascinerede af en person, nærmest som en art henvendelse til tilskueren?
20. I hvilken grad er der tale om indirekte engagement af tilskueren gennem ekspressivitet, der er funktionel i forhold til formål og interesser inde i fiktionsuniverset (realisme), og i hvilken grad bliver tilskueren forsøgt engageret gennem ekspressivitet, der ikke synes motiveret inde i filmuniverset (retorisk spil)?
21. Hvis al ekspressivitet er motiveret inde i fiktionsuniverset, enga-

geres tilskueren så på anden vis på en mere direkte måde i forhold til skuespilleren? Fx ved hjælp af sexappeal, evt. fremhævet af kostume, eller ved hjælp af forskellig typer af special effects, eller ved fx at caste statister eller biroller med karakteristiske ansigter eller kroppe?
22. Hvilke funktioner tjener en manglende realisme nogle, men ikke alle steder? Fx til at sikre at bifigurers skæbne ikke opleves som mere vigtige end hovedfigurernes, eller er et stilskifte udtryk for at filmen skifter tone og pludselig forsøger at "ramme" os med sin realisme?

HISTORISKE NORMER

23. Er bestemte opfattelser af hvad det gode spil er, underforstået i fremstillingen? Fx at ordene i en replik skal fremstå tydelige og velartikulerede (en nødvendighed på teatret, men måske medbragt af vane til filmen)?
24. Er bestemte opfattelser af hvad følelser er, underforstået i spillet? Fx at følelser bør fremstilles så der er en dimension af hæmning til stede uafbrudt (visse typer method acting), eller omvendt, at følelser skal gøres tydelige og karakteristiske i stumfilmens affektspil?
25. Er bestemte opfattelser af kønnet underforstået i spillet (fx den fåmælte mand eller den teatralske kvinde)?
26. I hvilken grad syntes spillet generelt at nuancere eller bygge på stereotyper, og hvilken funktion tjener det i givet fald i den større sammenhæng? Er bestemte opfattelser af socialgrupper eller erhvervstyper underforstået i spillet (fx den gode fattige, den dekadente rige, luderen med et hjerte af guld)?
27. Gør overordnede opfattelser af hvordan spillet bør påvirke tilskueren sig gældende? Fx at man hele tiden er en smule uklar på om det er figurens følelser og intentioner man kigger på eller skuespillerens egne (som i verfremdungsspillet)?

METODER, UDDANNELSE, SKOLER, ANDRE ROLLER, KUNSTNERISK PERSONLIGHED

28. Kan man genkende en bestemt metode som skulle være anvendt under arbejdet, fx improvisation?
29. Kan man genkende bestemte øvelser som skulle være indgået i uddannelsen af skuespilleren?
30. Kan man genkende bestemte tanker som skuespilleren har gjort sig om rollen?
31. Kan man genkende andre roller, enten udført af skuespilleren selv eller set hos andre?
32. Hvilke kunstneriske valg synes karakteristiske for den enkelte skuespiller, fx i valget af roller eller udførelsen af dem? I hvilken grad er der fx tale om originale, teknisk eller psykologisk krævende valg hvor en anden løsning synes at have været lettere? [NB: hvorvidt man kan tale om auteur eller kunstnerisk personlighed uden først at sikre sig, fx gennem interviews eller observation, at det rent faktisk er skuespillerens valg under produktionen, er et spørgsmål der gælder for auteuranalyser generelt.]

REFERAT AF PELLE EROBREREN

PELLE EROBREREN foregår i slutningen af det 19. århundrede på Bornholm og har som hovedpersoner drengen Pelle (Pelle Hvenegaard) og hans midaldrende far, Lasse (Max von Sydow). De kommer til Bornholm fra Sverige med høje forventninger til en ny tilværelse i tjeneste på Stengården, men begge skuffes. Filmen skildrer hvordan Pelle modnes og bliver i stand til at tage vare på sig selv indtil han rejser alene fra gården to år senere. Pelle oplever hvordan det er at være søn af røgteren, der har mindst status på gården – Lasse er for svag til at sætte sig i respekt. Det kommer klarest til udtryk, da gårdens landvæsenselev (Morten Jørgensen) ydmyger først Pelle og senere Lasse, der stammende forsøger at protestere mod den urimelige behandling af sønnen. Det er kun i sin egen forestilling, at Lasse er den stærke og beskyttende far, og i stedet bliver Pelle i flere situationer beskyttet af den respekterede karl, Erik (Björn Granath). I skolestuen er der imidlertid ingen til at beskytte Pelle mod de andre drenge, lærer Friis (John Wittig) har besvær med at holde orden i klassen. Mobningen tager til, da Lasse indleder et forhold til Madam Olsen (Karen Wegener), hvis mand har været på havet usædvanligt længe og derfor antages at være død. I hende materialiserer Lasses drømme om en behagelig og tryg alderdom sig, men kort før det går i orden med myndighederne dukker hendes mand uventet op. Lasses selvtillid får et sidste knæk. Kun ansvaret for Pelle forhindrer ham i at drukne sorgerne med alkohol.

Pelle modnes også af menneskeskæbnerne omkring ham på gården. Fx Erik, der alene tør at sætte sig op imod forvalteren (Erik Paaske) og protestere over dennes dårlige behandling af folkene. Han bliver mentalt invalideret, da en brøndsten ved et tilfælde rammer ham i hovedet, netop som han vil slå den forhadte forvalter ihjel. Der er det unge par, tjenestepigen Anna (Kristina Törnqvist) og fiskehandlerens søn Nils (Lars Simonsen), der ikke må få hinanden for hans far, Ole Køller (Buster Larsen). Anna bliver arresteret efter at hendes nyfødte barn er fundet druknet, og Nils dør i et selvmorderisk forsøg på at redde nogle skibbrudne. Der er den forsømte frue på

Stengården, fru Kongstrup (Astrid Villaume), der ikke kan forhindre sin utro mand, Kongstrup (Axel Strøbye), i at tage sig ture til byen. Hun kastrerer ham, efter at han har gjort hendes unge niece, jomfru Sine (Sofie Gråbøl), gravid. Der er den vanskabte dreng, Rud (Troels Asmussen), som Pelle først knytter et venskab til, men siden støder fra sig. Da Rud bliver nedgjort af Pelle og lige efter af præsten (Nis Bank-Mikkelsen) til en bibelhøring, stikker han af. Modsat Pelle har han ikke en kærlig voksen til at tage sig af ham; tværtimod er moren (Lena Pia Bernhardson) med til at ydmyge ham.

Filmen har som forlæg første del af Martin Andersen Nexøs roman af samme titel; den er produceret af Per Holst med manuskript af Bille August, Per Olov Enquist og Bjarne Reuter og er fotograferet af Jörgen Persson og klippet af Janus Billeskov Jansen. Premiere den 26.12.1987.

SEGMENTERING AF PELLE EROBREREN

I. ANKOMST BORNHOLM (0.0-7 min inkl. credits)
Lasse og Pelle er fulde af forventninger til fremtiden på båden. Lasse afvises af arbejdsgivere på havnen. Han drikker sig fuld, men får job hos en arbejdsgiver, der er kommet for sent.

1. STENGÅRDEN OG PELLES JÆVNALDRENDE (0.7-21)
Lasse kan ikke styre køer, men får uventet hjælp af Rud. Lasse bliver irettesat af forvaltereleven pga. manglende læsefærdigheder. Forvalteren skælder ud på en Erik, der har sat sig til at spise i stedet for at spænde hestene fra Kongstrups vogn. Pelle bliver først låst inde i laden, så pisket af forvaltereleven foran folkene. Erik hjælper Pelle. Lasse lover Pelle at tage hævn, men da Lasse vil protestere ydmyges også han af forvaltereleven. Pelle græder, men Lasse trøster ham med nogle skovjordbær, som de planter.

2. DET UNGE PAR OG DET ÆLDRE PAR (0.21-27)
En far og hans søn – kaldet Nils – kommer med fisk til Stengården. Da Nils skal hente vand til faren, møder han en pige ved brønden – Anna. Pelle har løbet et ærinde for fru Kongstrup. Han vil i starten kun aflevere til hende, men en intim-fortrolig hr. Kongstrup lokker en flaske cognac fra Pelle. Hr. Kongstrup ydmyger sin kone og betaler Pelle en mønt.

3. PELLES FØDSELSDAG OG FREMTID (0.27-34)
Lasse forærer Pelle en kniv på hans fødselsdag. Da Pelle under arbejdet senere viser Erik kniven, bliver de gode venner. Erik lover at tage Pelle med sig, når han om to år har tjent færdig på Stengården og rejser ud i verden. Om aftenen spiser Lasse og Pelle skovbær – Pelle "belærer" Lasse om det store hav.

4. DET UNGE OG DET ÆLDRE PAR (0.34-37)
Anna og Nils mødes uden for et hus – hans far kommer ud og giver Nils en lussing. Anna løber væk. Ruds mor kommer til Stengården slæbende på Rud, som hun kalder Kongstrups horeunge. Hun bliver smidt ud af forvalteren, og et øjeblik efter kører Kongstrup sin vej. Om natten hører Pelle en høj tuden fra stuehuset (fru Kongstrup).

5. PELLE I SKOLE (0.37-41)
Pelle bliver først præsenteret for resten af klassen, efter at eleverne har ydmyget læreren. Pelle bliver advaret om at lægge sine næsvisheder af sig. Hjemme i stalden "belærer" Pelle Lasse om stavning. Snelandskab.

6. ERIK OG FORVALTER (0.41-45)
Mens Lasse vasker Pelle, fortæller han om den dejlige flæskesteg, som de skal ind at have. Forvalteren smider Erik ud af spisekøkkenet, da han klager over silden. Ingen andre – heller ikke Lasse – tør protestere over maden. Erik ydmyger forvalteren foran folkene ved at spille musik i gården.

7. PELLE MOBBES (0.45-48)
Om aftenen ser Pelle det unge par (Anna og Nils) mødes ved hønsehuset.

Ved havet venter en flok drenge fra skolen på en båd. Pelle prøver at komme i kontakt med dem, men bliver holdt udenfor og springer i vandet af desperation. En dreng redder ham. Hjemme undrer Lasse sig over Pelles reaktion.

8. PELLE AFVISER FRU KONGSTRUP (0.48-52)
Fru Kongstrup prøver at blive fortrolig med Pelle – det lykkes for en kort stund før han forskrækkes igen. Fru Kongstrup henter sin niece; hun præsenteres i stalden som Sine.

9. PELLE STRAFFES I SKOLEN (0.52-54)
En ledende dreng er vittig over for læreren. Da Pelle efterligner ham, bliver han straffet af læreren, men belønnet af drengen.

10. LASSE AFVISES AF KARNA (0.54-57)
Folkene arbejder på marken. Om aftenen morer de sig på marken til Eriks harmonikaspil. Lasse gør tilnærmelser til en af tjenestepigerne, Karna, men bliver afvist. Han går såret bort – Pelle følger efter og trøster den grædende Lasse.

11. BRUD MELLEM PELLE OG RUD (0.57-1.06)
Da Pelle vil stjæle æg i hønsehuset møder han den unge pige, der er gravid. De bliver fortrolige. Udenfor bliver han standset og straffet af forvalteren. Da han køler sig af i søen, kommer Rud, og de indgår den aftale at Rud må få Pelles mønt for at lade sig piske på ryggen med brændenælder. Rud vinder mønten.

Der er bibelhøring i skolen, og præsten hører først Rud, der ikke kan svare. Pelle kan og charmerer forsamlingen ved at vrikke med ørene. Lasse er stolt – Rud stikker af.

12. DET UNGE PAR – AFSLUT (1.06-1.14)
Anna føder et barn, mens Nils forsøger at hjælpe. Næste dag opdager nogle vaskende kvinder barnet i vandet. Anna bliver ført bort af politiet. Nils vil begå selvmord, men bliver forhindret af Pelles hån. Da et skib er i havsnød, tager Nils ud for at hjælpe. Nogle mennesker når ind, men Nils forsvinder i bølgerne, da masten knækker. Faren kommer næste dag ind i skolestuen med den døde Nils, som han har fundet i nærheden.

13. ERIK OG FORVALTER – AFSLUT (1.14-1.24)
Erik er i høj stemning, da han har vundet en flaske brændevin, og vil stikke af for aftenen, men bliver opdaget af forvalteren. Erik spiller syg, men bliver afsløret. Da forvalteren skal til at slå, truer Erik med øvrigheden. Om aftenen morer folkene sig igen højlydt på marken, og da forvaltereleven kommer med besked om at de skal tie stille, bliver han ydmyget.

Folkene arbejder på marken og da de holder pause, bliver Erik bedt om at fortsætte. Da han nægter, tager forvalteren af sted efter øvrigheden. Erik sliber leen og tager op til gården for at slå forvalteren ihjel, fulgt af de andre. Det lykkes ikke da brøndstenen rammer ham i baghovedet, og bevidstløs bliver han båret i kælderen.

14. ENKEFRU OLSEN OG LASSE (1.24-1.35)
Da Pelle vil søge ly fra blæsten ved et hus bliver han inviteret ind – han fortæller enkefru Olsen om Lasse. Hjemme er Lasse interesseret – sender Pelle en gave med til hende som tak.

Lasse besøger enkefruen og efter en indirekte tale om giftermål, sover Lasse hos hende. Derhjemme næste dag øver Lasse og Pelle profeterne fra biblen.

15. DET ÆLDRE PAR – AFSLUT (1.35-1.51)
Hr. Kongstrup lærer jomfru Sine at gå på stylter – Fru Kongstrup morer sig over dem. Alle på gården skal af sted på udflugt, og da "zombien" Erik ikke vil, bliver han hentet af forvalteren. I vognen gør en kvinde tilnærmelser til Lasse, men han afviser hende. På tivolipladsen møder han enkefru Olsen. Pelle møder Rud, der optræder – både han og faren morer sig. Lidt derfra har hr. Kongstrup og Sine haft samleje. Ruds mor overværer dem. Hjemme igen pakker Sine sit tøj, bliver standset af en uforstående fru Kongstrup, der dog ender med at acceptere hendes afrejse. Inden Sine tager af sted i vognen kommer Ruds mor og afslører for fru Kongstrup i vinduet, at Sine er gjort gravid af Kongstrup. Om natten høres højlydt gråd fra fru Kongstrup, men næste morgen demonstrerer hun beslutningskraft i stalden. Kongstrup kommer hjem og bliver tilsyneladende taget godt imod, men om natten bliver han kastreret af fruen.

16. PELLE MOBBES (1.51-1.59)
Pelle mobbes som fru Olsens gøgeunge, og da læreren ikke griber ind forsøger han at forsvare sig ved at slå en af drengene, men de andre kommer til hjælp. Derhjemme bebrejder han Lasse, at han og fru Olsen ikke er gift, og det kommer til en kort konflikt mellem dem. På vej til skole bliver han stoppet af drengene fra skolen – kaldt "madam Olsens gøgeunge" – og tvunget ud på isflagerne af deres stokke. Han slipper helskindet ind til stranden, da bådsmand Olsen pludselig ankommer i båd.

17. LASSES NEDERLAG (1.59-2.07)
Lasse tager nyheden om at bådsmand Olsen alligevel ikke er død hårdt – finder reb for at hænge sig, men Pelle blander sig. Pelle pjækker fra skolen. Da han er hjemme igen møder han sin fulde far, der vil gøre oprør mod forvalteren. Pelle overmander ham og får ham til ro. Landskab og titelmusikken fylder en selvstændig, kort sekvens. Pelle taler med Erik om snart at rejse. Isen bryder op. Lasse og Pelle aftaler at Pelle ikke mere skal pjække fra skolen mod at Lasse ikke drikker sig fuld igen.

18. PELLE TRUES AF AUTORITER (2.07-2.13)
I skolen falder læreren pludselig død om. Da Pelle er til begravelse bliver han mobbet af præstens søn, der kalder Lasse for bådsmand Olsens medhustru. Pelle tæver ham, men bliver af præsten truet med øvrigheden. Lasse ved ikke hvad de skal gøre – de søger hjælp hos Kongstrup. "Zombien" Kongstrup kan ikke hjælpe dem – fru Kongstrup lover at tage sig af sagen. Hun tilbyder Pelle stillingen som den ny forvalterelev.

19. PELLES VALG. AFREJSE FRA STENGÅRDEN (2.13-2.21)
Pelle prøver elevskjorte og -støvler i spisekøkkenet, mens Lasse taler forventningsfuldt om Pelles kommende autoritet og karriere. Udenfor bliver Erik kørt væk af forvalteren. Pelle beslutter sig for at de skal væk. I deres rum i stalden melder Lasse grædende fra – han er for gammel til at flygte og beder om at de bliver. Pelle tager af sted alene – de tager afsked på en snedækket mark tidligt om morgenen.

LITTERATURLISTE

Albéra, François, ed.: *Vers une théorie de l'acteur: actes du colloque de Lausanne*. Lausanne: Editions l'age d'Homme 1994.
Albéra, François: *Albatros: des russes à Paris, 1919-1929*. Paris: Cinémathèque Française 1995.
Anderson, Joseph: *The Reality of Illusion: An Ecological Approach to Cognitive Film Theory*. Carbondale: Southern Illinois University Press 1996.
Aristotle [Aristoteles]: *Poetics*. Oversat af Gerald Else, Ann Arbor Paperbacks udg.: The University of Michigan Press 1970.
Arnheim, Rudolf: "Style as a Gestalt Problem", *New essays on the psychology of art*, pp. 261-73. Berkeley: University of California Press 1986 (org. 1981).
Arnolds, Magda B.: *Emotion and Personality*. 2 bind, New York: Columbia University Press 1960.
Barr, Tony: *Acting for the Camera*, Rev. udg. New York: Harper Perennial 1997.
Bazin, André: "In Defense of Rossellini", *What Is Cinema* (Gray, Hugh, ed.), Bd. 2, pp. 93-101. Los Angeles & London: University of California Press 1967.
––: "Le réalisme cinématographique et l'école italienne de la libération", *Qu'est-ce que le cinéma*, Bd. 4. Paris: Les éditions du cerf 1962 (org. 1948, Esprit).
Benedetti, Jean: *Stanislavskij og skuespilleren*. Oversat af Jens Münster. Gråsten: Drama 1999.
Bergson, Henri: *Latteren. Et essay om komikkens væsen*. København: Rævens Sorte Bibliotek 1993 (org. 1900).
Bernard, Ian: *Film and Television Acting*. Boston & London: Focal Press 1993.
Bingham, Dennis: *Acting Male: Masculinities in the Films of James Stewart, Jack Nicholson, and Clint Eastwood*. New Brunswick, N.J.: Rutgers University Press 1994.
Bloch, William, "Nogle Bemærkninger om Skuespilkunst". *Tilskueren*, 1896.
Bondebjerg, Ib: "Fra Brønshøj til Hollywood. Bille August og hans film", *Dansk film 1972-97* (Bondebjerg, Ib, Jesper Andersen & Peter Schepelern, red.), pp. 196-217. København: Munksgaard/Rosinante 1997.
Bordwell, David: "Convention, Construction, and Cinematic Vision", *Post-Theory: Reconstructing Film Studies* (David Bordwell & Noël Carroll, eds.), pp. 87-107. Madison: The University of Wisconsin Press 1996.
––: *Narration in the Fiction Film*. London: Routledge 1990 (org. 1985).
Bordwell, David, m.fl.: *The Classical Hollywood Cinema: Film Style and Mode of Production to 1960*. London: Routledge 1990 (org. 1985).
Bordwell, David og Kristin Thompson: *Film Art: An Introduction*, 5. udg. New York: The McGraw-Hill Companies 1997.
––: *Film Art: An Introduction*, 3. udg. New York: The McGraw-Hill Companies 1990.
Branigan, Edward: *Narrative Comprehension and Film*. London
New York: Routledge 1992.
––: *Point-of-View in the Cinema: A Theory of Narration and Subjectivity in Classical Film*. Berlin, New york & Amsterdam: Mouton Publishers 1984.
Braudy, Leo: ""No Body's Perfect": Method Acting and 50s Culture", *Michigan

Quarterly Review, 35 årg, Winter (1996), pp. 191-215.
—: *The World in a Frame*. New York: Anchor Books, Doubleday 1976.
Brecht, Bertolt: "Short Description of a Technique of Acting which Produces an Alienation Effect", *Star Texts: Image and Performance in Film and Television* (Butler, Jeremy, ed.), pp. 68-79. Detroit: Wayne State University Press 1991 (org. 1964).
Bresson, Robert: *Notes on Cinematography*. Oversat af Griffin, Jonathan. New York: Urizen Books 1977.
Brewster, Ben og Lea Jacobs: *Theatre to Cinema: Stage Pictorialism and Early Film*. New York: Oxford University Press 1997.
Buller, David: "DeFreuding Evolutionary Psychology." 1998, Cogprints (http://cogprints.soton.ac.uk/view_eprint/phil/199806032/html/defreud.htm). Besøgt 15. nov., 1999.
Burgoon, Judee K., m.fl.: *Nonverbal Communication: The Unspoken Dialogue*. New York: Harper & Row 1989.
—: *Nonverbal Communication: The Unspoken Dialogue*, 2. udg. New York: The McGraw-Hill Co. 1996.
Buss, D.M., m.fl.: "Adaptations, Exaptations, and Spandrels", *American Psychologist*, 53 årg, nr. 5 (1998), pp. 533-48.
Caine, Michael: *Acting in Film: an Actor's Take on Movie Making*, Rev. udg, The Applause Acting Series. New York & London: Applause 1997 (org. 1990).
Cantor, Joanne: "Children's Fright Reactions to Television and Films", *Poetics*, 23 årg (1994), pp. 75-89.
Cardullo, Bert, m.fl., ed.: *Playing to the Camera: Film Actors Discuss Their Craft*. New Haven: Yale University Press 1998.
Carnicke, Sharon M.: "Lee Strasberg's Paradox of the Actor", *Screen Acting* (Lovell, Alan og Peter Krämer, eds.), pp. 75-81. New York: Routledge 1999.
—: *Stanislavsky in Focus*, *Russian Theatre Archive Series*. Amsterdam: Harwood Academic Publ. 1998.
Carroll, Noël: "Fiction, Non-fiction, and the Film of Presumptive Assertion: A Conceptual Analysis", *Film Theory and Philosophy* (Richard Allen & Murray Smith, eds.), pp. 173-202. Oxford: Clarendon Press 1997.
—: "Film, Attention, and Communication", *The Great Ideas Today* (1996), pp. 2-49.
—: "Film, Emotion, and Genre", *Passionate Views: Film, Cognition, and Emotion* (Plantinga, Carl og Greg Smith, eds.), pp. 21-47. Baltimore: John Hopkins Press 1999.
—: "The Image of Women in Film: A Defense of a Paradigm", *Theorizing the Moving Image* (Breitrose, Henry og William Rothman, eds.), pp. 260-74. Cambridge & New York: Cambridge University Press 1996 (org. 1990).
—: "Keaton: Film Acting as Action", *Making Visible the Invisible: an Anthology of Original Essays on Film Acting* (Zucker, Carole, ed.). Metuchen, NJ: The Scarecrow Press 1990.
—: *The Philosophy of Horror*. New York & London: Routledge 1990.
—: *A Philosophy of Mass Art*. Oxford: Clarendon Press 1998.
—: "Toward a Theory of Film Suspense", *Persistence of Vision*, nr. 1 (1984), pp. 65-89.
—: "Toward a Theory of Point-of-View Editing: Communication, Emotion, and the Movies", *Poetics*, 14 årg, nr. 1 (1993), pp. 123-141.

Cavell, Stanley: *The World Viewed: Reflections on the Ontology of Film*, Udv. udg. Cambridge, Ma: Harvard University Press 1996 (org. 1971).
Chaillet, Ned og Lee Strasberg: "Acting." Enclopædia Britannica Online, 1994-99, (http://www.eb.com:180/bol/topic?eu=118822&sctn=3). Besøgt 28. aug., 2000.
Christensen, Theodor og Karl Roos: *Film*. København: Levin & Munksgaard 1936.
Christiansen, Svend: *Klassisk skuespilkunst. Stabile konventioner i skuespilkunsten 1700-1900*. København: Akademisk Forlag 1975.
— —: *Kompendium over skuespillerens teknik*. København: Universitets Forlaget i København 1972.
— —: *Teaterforvandlinger. Tribunen og dens retorik*. København: Akademisk Forlag 1995.
Clover, Carol J.: *Men, Women, and Chain Saws: Gender in the Modern Horror Film*. Princeton, N.J.: Princeton University Press 1992.
Cohan, Steven: *Masked Men: Masculinity and the Movies in the Fifties, Arts and Politics of the Everyday*. Bloomington: Indiana University Press 1997.
Collingwood, Robin G.: "Art as Expression", *A Modern Book of Aesthetics* (Rader, Melvin, ed.), pp. 90-100. New York: Holt, Rinehart and Winston 1973 (org. 1945).
Cowie, Peter: *Max von Sydow. Från Det sjunde inseglet till Pelle Erövraren*. Oversat af Frykløf, Eva Olovsson & Maud. Stockholm: Chaplin 1989.
Crews, Frederick C.: *Unauthorized Freud: Doubters Confront a Legend*. New York: Viking 1998.
Cuddon, J.A.: *Dictionary of Literary Terms and Literary Theory*, 3. udg. London: Penguin Books 1992.
Damasio, Antonio R.: *Descartes' Error: Emotion, Reason, and the Human Brain*. New York: Avon Books 1995.
— —: *The Feeling of What Happens: Body and Emotion in the Making of Consciousness*. New York: Harcourt Brace 1999.
Daneskov, Lars og Kim Kristensen: *Nils Malmros. Portræt af en filmkunstner*. Højbjerg: Hovedland 1989.
Davis, Ronald L.: *Duke: The Life and Image of John Wayne*. Norman: University of Oklahoma Press 1998.
Deleuze, Gilles: *The Movement-Image*. Oversat af Tomlinson, Hugh og Barbara Habberjam. 2 bind, Bd. 1. Minneapolis: University of Minnesota Press 1986 (org. 1983).
Diawara, Manthia: "Black Spectatorship: Problems of Identification and Resistance", *Film Theory and Criticism: Introductory Readings* (Braudy, Leo og Marshall Cohen, eds.), pp. 845-53. New York & London: Oxford University Press 1999 (org. 1988).
Dickie, George: *Introduction to Aesthetics: An Analytic Approach*. New York: Oxford University Press 1997.
Dissanayake, Ellen: *Art and Intimacy: How the Arts Began*. Seattle, Wa: University of Washington Press 2000.
— —: *Homo Aestheticus: Where Art Comes From and Why*. New York & Toronto: Free Press & Maxwell Macmillan 1992.
Dretske, Fred I.: *Naturalizing the Mind, The Jean Nicod lectures; 1994*. Cambridge, Mass.: MIT Press 1995.
Durgnat, Raymond: *Films and Feelings*. London: Faber and Faber Limited 1967.
Dyer, Richard: *Stars*. London: British Film Institute Publishing 1979.

Eidsvik, Charles: "Perception and Convention in Acting for Theatre and Film", *Post Script*, 8 årg, nr. 2 (1989), pp. 21-35.
Ekman, Paul og Wallace V. Friesen: *Facial Action Coding System (FACS): A Technique For the Measurement of Facial Action*. Palo Alto, Ca.: Consulting Psychologists Press 1978.
Elster, Jon: "Conventions, Creativity, Originality", *Rules and Conventions* (Hjort, Mette, ed.), pp. 32-44. Baltimore: John Hopkins University Press 1992.
Emmeche, Claus: "Synets beregnende natur", *Øje for øje* (Dalgaard, Iben, m.fl., red.), pp. 44-77. København: Det Kgl. Danske Kunstakademi 1994.
Engberg, Marguerite: *Filmstjernen Asta Nielsen*. Århus: Klim 1999.
Esterson, Allan: *Seductive Mirage: An Exploration of the Work of Sigmund Freud*: Open Court 1993.
Ferenc, Petr: "I may be crazy but I like it." Internet Movie Database, 1999, opslag på Andy Warhols SLEEP. Besøgt 29. juni, 2000.
Fernald, Anne: "Human Maternal Vocalizations to Infants as Biologically Relevant Signals: An Evolutionary Perspective", *The Adapted Mind: Evolutionary Psychology and the Generation of Culture* (Barkow, Jerome H., m.fl., red.), pp. 391-428. New York & Oxford: Oxford University Press 1995 (org. 1992).
Frijda, Nico: "Emotions Require Cognitions, Even if Simple Ones", *The Nature of Emotion: Fundamental Questions* (Ekman, Paul og Richard J. Davidson, eds.), pp. 197-202. Oxford: Oxford University Press 1994.
––: "Varieties of Affect: Emotions and Episodes, Moods, and Sentiments", *The Nature of Emotion: Fundamental Questions* (Ekman, Paul og Richard J. Davidson, eds.), pp. 59-67. Oxford: Oxford University Press 1994.
––: *The Emotions*. Cambridge & New York: Cambridge University Press 1993 (org. 1986.)
Gad, Urban: *Filmen. Dens Midler og Maal*. København: Gyldendal 1919.
Gaut, Berys: "Film Authorship and Collaboration", *Film Theory and Philosophy* (Allen, Richard og Murray Smith, eds.), pp. 149-72. Oxford: Clarendon Press 1997.
Gellner, Ernest: *The Psychoanalytic Movement: The Cunning of Unreason, Rethinking theory*. Evanston, Ill.: Northwestern University Press 1996 (org. 1985).
Geraghty, Christine: "Re-examining Stardom: Questions of Texts, Bodies and Performance", *Reinventing Film Studies* (Gledhill, Christine og Linda Williams, eds.), pp. 183-201. London: Arnold 2000.
Gerrig, Richard J. og Deborah A. Prentice: "Notes on Audience Response", *Post-Theory: Reconstructing Film Studies* (Bordwell, David og Noël Carroll, eds.), pp. 388-403. Madison: The University of Wisconsin Press 1996.
Gibson, James J.: *The Ecological Approach to Perception*. Boston: Houghton Mifflin Co. 1979.
Gombrich, Ernst H.J.: *Art and Illusion: A Study in the Psychology of Pictorial Representation*, 5. udg. London: Phaidon Press 1977.
––: "The Force of Habits", *The Essential Gombrich: Selected Writings on Art and Culture* (Woolfield, Richard, ed.), pp. 223-56. New York: Phaidon Press 1996 (org. 1979).
––: "Style", *The International Encyclopedia of the Social Sciences* (Sills, David, ed.), Bd. 15, pp. 352-61. New York: Free Press 1968.
––: "The Use of Art for the Study of Symbols", *The Essential Gombrich: Selected Writings on Art and Culture* (Woolfield, Richard, ed.), pp. 437-56. New York: Phaidon Press 1996 (org. 1965).

Goodman, Nelson: *Languages of Art*. Indianapolis: Hackett 1976.
Graham, Cooper C.: "Unmasked Feelings: The Portrayal of Emotions in the Biograph Studios Films of 1908-1910", *Library of Congress Performing Arts Annual* (1989), pp. 96-131.
Grodal, Torben K.: *Filmoplevelse. En indføring i filmteorien*. Kompendium, Institut for film- og medievidenskab, Kbh.s universitet, 1998.
– –: *Moving Pictures: A New Theory of Film Genres, Feelings, and Cognition*. Oxford: Clarendon Press 1997.
– –: "Stil og narration i visuel fiktion", *Sekvens*, Institut for Film- og medievidenskab, Københavns Universitet (1994), pp. 167-85.
Gunning, Tom: "Attraktionsfilmen. Den tidlige film, dens tilskuer og avantgarden", *Den tidlige film*, pp. 47-78. København: Tryllelygten II 1995 (org. 1986).
– –: *D.W. Griffith and the Origin of the American Narrative Film: The Early Years at Biograph*. Urbana: University of Illinois Press 1991.
Guttenplan, Samuel: "An Essay on Mind", *A Companion to the Philosophy of Mind* (S. Guttenplan, ed), pp. 1-107. Oxford: Blackwell Reference, 1994.
Haastrup, Helle K.: "Scream – an Intertextual Tale", *Intertextuality and Visual Media* (Bondebjerg, Ib og Helle K. Haastrup, red.), pp. 143-67. København: Institut for film- og medievidenskab 1999.
Halliwell, Stephen: "Aristotle", *A Companion to Aesthetics* (Cooper, David Edward, ed.), pp. 11-13. Oxford: Blackwell Reference 1995.
– –: *Aristotle's Poetics*. London: Duckworth 1986.
Hammett, Jennifer: "The Ideological Impediment: Epistemology, Feminism, and Film Theory", *Film Theory and Philosophy* (Allen, Richard og Murray Smith, eds.), pp. 244-59. Oxford: Clarendon Press 1997.
Hartnoll, Phyllis: *The Theatre: A Concise History*, 2 udg. London: Thames and Hudson 1985.
Higson, Andrew: "Film Acting and Independent Cinema", *Star Texts: Image and Performance in Film and Television* (Butler, Jeremy, ed.), pp. 155-81. Detroit: Wayne State University Press 1991 (org. 1986).
Hjort, Mette: *The Strategy of Letters*. Cambridge, Mass.: Harvard University Press 1993.
Holland, Norman: "Film Response from Eye to I: The Kuleshov Experiment", *Classical Hollywood Cinema: The Paradigm Wars* (Gaines, Jane, ed.). London: Duke University Press 1992.
Humpreys, Glyn W. og Vicki Bruce: *Visual Cognition: Computational, Experimental and Neuropsychological Perspectives*. Hove & London: Lawrence Erlbaum Ass. 1989.
Højbjerg, Lennard: "Den nye tv-stil", *Mediekultur*, nr. 30 (1999), pp. 70-80.
Jensen, Niels: *Filmkunst*. København: Gyldendal 1969.
Johnson, Mark: *The Body in the Mind: The Bodily Basis of Meaning, Imagination, and Reason*. Chicago & London: University of Chicago Press 1987.
Keane, Marian: "Dyer Straits: Theoretical Issues in Studies of Film Acting", *Post Script*, 12 årg, nr. 2 (1993).
King, Barry: "Articulating Stardom", *Screen*, 26 årg, nr. 5 (1985), pp. 27-50.
Kirby, Michael: "On Acting and Not-Acting", *The Art of Performance* (Battcock, Gregory og Robert Niklas, eds.), pp. 97-117. New York: E.P. Dutton 1984.
Kjørup, Søren: *Filmsemiologi*. København: Berlingske Forlag 1975.

Knight, Deborah: "Sympathy, Empathy, and the Modifier, 'Moral'." Forelæsning på symposiet Film, Mind, Viewer, København 1999.
Kozloff, Sarah: *Invisible Storytellers: Voice-Over Narration in American Fiction Film*. Berkeley: University of California Press 1988.
— —: *Overhearing Film Dialogue*. Berkeley: University of California Press 2000.
Kuhns, David F.: *German Expressionist Theatre: The Actor and the Stage*. Cambridge: Cambridge University Press 1997.
Lakoff, George og Mark Johnson: *Metaphors We Live By*. Chicago: University of Chicago Press 1980.
— —: *Philosophy in the Flesh: The Embodied Mind and Its Challenge to Western Thought*. New York: Basic Books 1999.
LeDoux, Joseph: *The Emotional Brain: The Mysterious Underpinnings of Emotional Life*. London: Weidenfeld & Nicolson 1998.
Lennerstrand, G., m.fl.: "Properties of eye movements induced by activation of neck muscle proprioceptors", *Graefes Archive For Clinical And Experimental Ophthalmology*, 234 årg, nr. 11 (1996), pp. 703-9.
Lewis, David K.: *Convention: A Philosophical Study*. Cambridge, Mass.: Harvard University Press 1986 (org. 1969).
Livingston, Paisley: "Cinematic Authorship", *Film Theory and Philosophy* (Allen, Richard og Murray Smith, eds.), pp. 132-48. Oxford: Clarendon Press 1997.
— —: "Convention and Literary Explanations", *Rules and Conventions* (Hjort, Mette, ed.), pp. 67-94. Baltimore: John Hopkins University Press 1992.
Macmillan, Malcolm: *Freud Evaluated: The Completed Arc*: North-Holland 1991.
Marr, David: *Vision: A Computational Investigation into the Human Representation and Processing of Visual Cognition*. New York: W.H. Freeman and Company 1982.
Mayer, David: "Acting in the Silent Film: Which Legacy of the Theatre?", *Screen Acting* (Lovell, Alan og Peter Krämer, eds.), pp. 10-30. New York: Routledge 1999.
Messaris, Paul: *Visual "Literacy": Image, Mind, and Reality*. Boulder & Oxford: Westview Press 1994.
Metz, Christian: "Filmen: Sprog eller sprogsystem?", *Tryllelygten*, 1 årg, nr. 1 (1991), pp. 27-55 (org. 1968).
— —: *Psychoanalysis and Cinema: The Imaginary Signifier*. Oversat af Brewster, Ben, *Language, Discourse, Society*. London: MacMillan Press 1985 (org. 1975-1982).
Meyer, Leonard B.: "Toward a Theory of Style", *The Concept of Style* (Lang, Berel, red.), pp. 21-71. Ithaca, N.Y.: Cornell University Press 1987.
Mitry, Jean: "Cinema", *The Concise Encyclopedia of Expressionism* (Richard, Lionel, red.), pp. 213-41. Ware: Omega Books 1986 (org. 1984).
Moore, Sonia: *Stanislavskijsystemet*. Oversat af Rostrup, Asmund. Kbh.: Rosenkilde og Bagger 1966.
Mulvey, Laura: "Skuelysten og den narrative film", *Tryllelygten*, 1 årg, nr. 1 (1991), pp. 69-81 (org. 1975).
Münsterberg, Hugo: *The Photoplay: A Psychological Study*. New York: Dover Publications 1970 (org. 1916).
Naremore, James: *Acting in the Cinema*. Berkeley, Los Angeles & London: University of California Press 1990 (org. 1988).
Neergaard, Ebbe: *Filmkundskab*. København: Gyldendal 1952.
Oatley, Keith: "Plans and the Communicative Function of Emotions: A Cognitive

Theory", *Cognitive Perspectives on Emotion and Motivation* (Hamilton, Vernon, m.fl., red.). Dordrecht: Kluwer Academic Publishers 1988.

Pearson, Roberta E.: *Eloquent Gestures: The Transformation of Performance Style in the Griffith Biograph Films*. Berkeley: University of California Press 1992.

Peirce, Charles S.: "Logic as Semiotic: The Theory of Signs", *Semiotics: An Introductory Anthology* (Innis, Robert E., ed.), pp. 1-23. Bloomington: Indiana University Press 1985.

Peterson, James: *Dreams of Chaos, Visions of Order: Understanding the American Avantgarde Cinema*. Detroit: Wayne State University Press 1994.

Pinker, Steven: *The Language Instinct*. New York: W. Morrow and Co. 1994.

– –: *Words and Rules*. New York: Weidenfeld & Nicolson 1999.

Plantinga, Carl: "Notes on Spectator Emotion and Ideological Film Criticism", *Film Theory and Philosophy* (Allen, Richard og Murray Smith, red.), pp. 372-393. Oxford: Clarendon Press 1997.

Plotkin, H.C.: *Evolution in Mind: An Introduction to Evolutionary Psychology*. Cambridge, Mass.: Harvard University Press 1998 (org. 1997).

Pudovkin, Vsevolod Illarionovich og Lewis Jacobs: *Film Technique and Film acting*. Oversat af Montagu, Ivor. London: Vision Press 1954 (org. 1929 & 1933).

Quinlan, David: *The Illustrated Directory of Film Character Actors*. London: B.T. Batsford 1985.

Rabiger, Michael: *Directing: Film Techniques and Aesthetics*, 2. udg. Boston: Focal Press 1997.

Riis, Johannes: "Adgangen til karakterens indre liv. En analyse af point-of-view-klipningen i Rossellinis *Rejse i Italien*", *Kosmorama*, nr. 208 (1994), pp. 37-40.

– –: "Kærlighed er koldere end døden (Fassbinder's *Martha*, 1973)", *Kosmorama*, 41 årg, nr. 211 (1995), p. 45.

– –: "Når kunsten virker i det ubevidste", *Tidskriftet Den frie lærerskole*, 45 årg, nr. 1 (1998), pp. 19-29.

Rivette, Jaques: "Letter on Rossellini", *Cahiers du Cinema: The 1950s* (Hillier, Jim, red.), Bd. 1, pp. 192-204. London: Routledge and Kegan Paul 1985 (org. 1955).

Rohmer, Eric [Maurice Schérer]: "A Land of Miracles", *Cahiers du Cinema: The 1950s* (Hillier, Jim, ed.), Bd. 1, pp. 205-28. London: Routledge and Kegan Paul 1985 (org. 1955).

Schechner, Richard: *Performance Theory*, 2. udg. New York: Routledge 1988.

Schepelern, Peter: "Spøgelsets navn – filmen, metakunsten og det postmoderne", *Kosmorama*, 35 årg, nr. 189 (1989), pp. 4-23.

– –: *Tommen – Carl Th. Dreyers filmjournalistiske virksomhed*. København: C.A. Reitzels Forlag 1982.

– –: *Den fortællende film*. København: Munksgaard 1972.

Schmidt, Kaare: "Lov og orden", *Filmanalyser. Historien i filmen* (Andersen, Michael Bruun, m.fl., red.), pp. 332-58. København: Røde Hane 1974.

Scholes, Robert og Robert Kellogg: *The Nature of Narrative*. New York: Oxford University Press 1973.

Schyberg, Frederik: *Skuespillerens Kunst*. København: Gyldendal 1954.

Scott, S.K., m.fl.: "Impaired Auditory Recognition of Fear and Anger Following Bilateral Amygdala Lesions", *Nature*, 385 årg, nr. 6613 (1997), pp. 254-7.

Shaffer, Lawrence: "Reflections on the Face in Film", *Film Quarterly*, 31 årg, nr. 2 (1977-78), pp. 2-8.

Shklowsky, Victor: "Art as Technique", *Russian Formalist Criticism: Four Essays* (Lemon, Lee T. og Marion J. Reis, eds.), pp. 3-24. Lincoln: University of Nebraska Press 1965 (org. 1917).
Silverman, Kaja: *The Subject of Semiotics*. New York: Oxford University Press 1983.
Smith, Murray: *Engaging Characters: Fiction, Emotion, and the Cinema*. Oxford: Clarendon Press 1995.
– –: "The Logic and Legacy of Brechtianism", *Post-Theory: Reconstructing Film Studies* (Bordwell, David og Noël Carroll, eds.), pp. 130-48. Madison: The University of Wisconsin Press 1996.
Smith, Paul: *Clint Eastwood: A Cultural Production*. London: UCL Press 1993.
Sober, Elliott og David Sloan Wilson: *Unto Others: The Evolution and Psychology of Unselfish Behavior*. Cambridge, Mass.: Harvard University Press 1998.
Stacey, Jackie: "Feminine Fascinations: Forms of Identification in Star-Audience Relations", *Stardom: Industry of Desire* (Gledhill, Christine, ed.), pp. 141-61. London & New York: Routledge 1991.
Stam, Robert: *Film Theory: An Introduction*. Oxford: Blackwell Publishers 2000.
Stanislavskij, Konstantin: *En skuespillers arbejde med sig selv*. Oversat af Rovsing, Ellen og Egill Rostrup. København: Nyt Nordisk Forlag Arnold Busck 1988 (org. 1940).
– –: *Skuespillerens ydre teknik*. Oversat af Rovsing, Ellen og Asmund Rostrup. København: Nyt Nordisk Forlag Arnold Busck 1991 (org. 1951).
Stegelmann, Jørgen: *– og Ib Schønberg*. København: Editio 1996.
Strasberg, Lee: "A Dream of Passion: The Development of the Method", *Star Texts: Image and Performance in Film and Television* (Butler, Jeremy, red.), pp. 43-50. Detroit: Wayne State University Press 1991 (org. 1987).
Strasberg, Lee og Evangeline Morphos: *A Dream of Passion: The Development of the Method*. Boston: Little Brown 1987.
Strindberg, August: "Förord och Memorandum", *Teater. Polemikk, teorier, manifest* (Holm, Ingvar, ed.), pp. 82-97. Lund: Studentlitteratur 1972.
Studlar, Gaylyn: *This Mad Masquerade: Stardom and Masculinity in the Jazz Age, Film and Culture*. New York: Columbia University Press 1996.
Tan, Ed: *Emotion and the Structure of Narrative film: Film as an Emotion Machine*. Oversat af Fasting, Barbara, *LEA's Communication Series*. Mahwah, New Jersey: Lawrence Erlbaum Ass. 1996.
– –: "Film-induced affect as witness emotion", *Poetics*, 23 årg (1994), pp. 7-32.
Tan, Ed og Nico Frijda: "Sentiment in Film Viewing", *Passionate Views: Film, Cognition, and Emotion* (Plantinga, Carl og Greg Smith, eds.), pp. 48-64. Baltimore: John Hopkins Press 1999.
Testa, Bart: "*Un certain regard*: Characterization in the First Years of the French New Wave", *Making Visible the Invisible: An Anthology of Original Essays on Film Acting* (Zucker, Carole, ed.), pp. 92-142. Metuchen, N.J.: Scarecrow Press 1990.
Thompson, Kristin: "Dr. Caligari på Folies-Bergère – eller en avantgardefilms tidlige succes", *Tryllelygten*, 2 årg (1995), pp. 103-151.
Thomsen, Bodil Marie: *Filmdivaer: Stjernens figur i Hollywoods melodrama 1920-40*. København: Museum Tusculanums Forlag 1997.
Thomsen, Christian Braad: *Fassbinder. Hans liv og hans film*. København: Gyldendal 1991.

Toft, Jens: "Ekspressionisme i maleri og tysk film. Et forsøg på en historisk og teoretisk indkredsning", *Tryllelygten*, 2 årg (1995), pp. 153-191.

Truffaut, François: *Hitchcock*, rev. udg. London: Paladin 1986.

Tsivian, Yuri, m.fl.: "The Rediscovery of a Kuleshov Experiment: A Dossier", *Film History*, 8 årg, nr. 3 (1996), pp. 357-64.

Tybjerg, Casper: "Filmfortælling og filmdrama", *Sekvens (Institut for Film- og medievidenskab, Københavns Universitet)* (1994), pp. 187-209.

Vertrees, Alan David: *Selznick's Vision: Gone with the Wind and Hollywood Filmmaking, Texas film studies series*. Austin: University of Texas Press 1997.

Viera, Maria: "The Work of John Cassavetes", *Journal of Film and Video*, 42 årg, nr. 3 (1990), pp. 34-40.

Waal, Frans de: *Good Natured: The Origins of Right and Wrong in Humans and Other Animals*. Cambridge, MA: Harvard University Press 1996.

Walton, Kendall L.: "Style and the Products and Processes of Art", *The Concept of Style* (Lang, Berel, ed.), pp. 72-103. Ithaca, N.Y.: Cornell University Press 1987.

Webster, Richard: *Why Freud Was Wrong: Sin, Science, and Psychoanalysis*. New York: Basic Books 1995.

Weston, Judith: *Directing Actors: Creating Memorable Performances for Film and Television*. Studio City, CA: M. Wiese Productions 1996.

Willats, John: *Art and Representation: New Principles in the Analysis of Pictures*. Princeton, NJ: Princeton University Press 1997.

Wolden-Ræthinge, Anne: *Bille August fortæller om sit liv og sine film til Anne Wolden-Ræthinge*. København: Aschehoug 1993.

Wollen, Peter: *Readings and Writings: Semiotic Counter-Strategies*. London: Verso 1982.

Zarrilli, Phillip B.: *Kathakali Dance-Drama: Where Gods and Demons Come to Play*. London & New York: Routledge 2000.

Zillman, Dolf: "Mechanisms of Emotional Involvement with Drama", *Poetics*, 23 årg. (1994), pp. 33-51.

Zola, Émile: "Naturalismen i teatern", *Teater. Polemikk, teorier, manifest* (Holm, Ingvar, red.), pp. 78-81. Lund: Studentlitteratur 1972 (org. 1880).

Zucker, Carole: "The Concept of "Excess" in Film Acting: Notes toward an Understanding of Non-Naturalistic Performance", *Post Script*, 12 årg, nr. 2 (1993), pp. 54-62.

——: *The Idea of the Image: Joseph von Sternberg's Dietrich Films*. London & Toronto: Associated University Presses 1988.

——: "Interview with Ian Richardson: Making Friends with the Camera", *Screen Acting* (Lovell, Alan og Peter Krämer, eds.), pp. 152-64. New York: Routledge 1999.

REGISTER

A BOUT DE SOUFFLE (1960; ÅNDELØS), 168
Affektspil, 180ff, 199, 220
Affordance, 107
Afsky, 96f, 106
Alfredson, Hans, 117
Allegiance, se moralsk troskab
Allen, Woody, 22, 176
ALLY MACBEAL (tv-serie, 1997-), 175
Amatørskuespilleren, 114ff, 144, 153
Analyse af spillet, auteur-metode, 30, 117ff; historisk metode, 33, 174f, 180ff; ideologikritisk metode, 30ff; psykoanalytisk metode, 31, 207, 210; skuespillerens metode og baggrund, 25ff, 114ff, 184, 223; teatervidenskabens metoder, 13f
Anderson, Gillian, 51f, 63f
Anderson, Michael, 117
ANSIGTET (1958; ANSIGTET), 117
Antonioni, Michelangelo, 50
ARGENT, L' (1983, BLODPENGE), 155
Aristoteles, 25
Arnheim, Rudolf, 213f, 216
Arnolds, Magda, 14
Arrangement, 39f, 175f
Asholt, Jesper, 195
Asmussen, Troels, 125
August, Bille, 42, 49f, 52, 113ff, 118, 123, 160, 233
August, Pernilla, 52, 143
Automatiserede spillestil, 153, 213
Automatiseret perception, 174
AVVENTURA, L' (1960; DE ELSKENDES EVENTYR), 50f
Aznavour, Charles, 164f

Bancroft, Anne, 150ff, 159, 174, 191
BARA EN MOR (1949; KUN EN MOR), 117
Barr, Tony, 191
Barry, Spranger, 29
BATMAN (1989), 89
Bazin, André, 70
Bazin, André, 79, 103
Belmondo, Jean-Paul, 168
Benedetti, Jean, 26
Bergman, Ingmar, 51, 117
Bergman, Ingrid, 68ff, 167, 208
Bergström, Helena, 10ff
Bertelsen, Anders W., 194
Beundring, 208
Bevægelse (følelse), 165
Bier, Susanne, 196
BIG SLEEP, THE (1946; STERNWOOD MYSTERIET), 50, 56
Blad, Augusta, 182
Bloch, William, 163
Bodnia, Kim, 27f, 152f
Bogart, Humphrey, 50, 208
Bordwell, David, 60f, 186, 215f
Bottom-up, 173f
Branagh, Kenneth, 49, 39ff
Brandauer, Klaus Maria, 193
Brando, Marlon, 19, 29, 42f, 166ff, 178
Branigan, Edward, 57ff, 231
Brecht, Bertolt, 190
Bresson, Robert, 24, 153f, 159, 213, 215, 233
Brewster, Ben, 32, 220
BROKEN BLOSSOMS (1919), 224
Burt, Lancaster, 22
Burton, Tim, 89
Böhm, Karl Heinz, 193

CAFÉ HECTOR (1996), 194f
CAFÉ PARADIS (1950), 30
Caine, Michael, 27
CAPE FEAR (1991), 22
Carroll, Noël, 17, 20, 66ff, 80, 84, 116, 187f, 204, 232f
Carstensen, Margit, 193
CASABLANCA (1942), 208
Casilio, Maria Pia, 87
Cassavetes, John, 41
Casting, 43, 123
Chandler, Raymond, 56
Chaplin, Charlie, 188f
Cheat cut, se snydeklip
Chelsom, Peter, 28
Christensen, Theodor, 15
Christiansen, Svend, 13, 32, 172, 180f, 186, 220
Cicero, 181
CITIZEN KANE (1941; DEN STORE MAND), 74
CLIENT, THE (1994; KLIENTEN), 176
COBRA VERDE (1988), 100
Collingwood, Robin G., 25
COLUMBO (tv-serie, 1971-), 50
Commedia dell'arte, 201n
CONDAMNÉ À MORT S'EST ÉCHAPPÉ, UN (1956; EN DØDSDØMT FLYGTER), 153
Cotton, Joseph, 74
Cruise, Tom, 61ff
Crystal, Billy, 191
Cuing-funktion, 66, 140, 192f
Curtiz, Michael, 208

Dagover, Lil, 177, 184
Danes, Claire, 225
Darwinisme, 208f
Davis, Bette, 163
De Havilland, Olivia, 99
De Niro, Robert, 51, 105, 167f, 195, 217f
De Sica, Vittorio, 87
Dean, James, 166, 178
Deduktion, se stiltermer
Dekonstruktivisme, 110
Deleuze, Gilles, 16

Demme, Jonathan, 23, 205
Deschamps, Bernard, 42
DEZERTIR (1932; eng. DESERTER), 114
DiCaprio, Leonardo, 225
Dieterle, Wilhelm, 179
Dietrich, Marlene, 31, 207
DIRTY HARRY (1971), 164
Dostojevskij, Fjodor, 169
Drasbæk, Laura, 152f
DRENGEN DER GIK BAGLÆNS (1994), 42
Dretske, Fred, 107
Dreyer, Carl Th., 42, 75
Duchovny, David, 51f
Duke, Patty, 150f

EAST OF EDEN (1955; ØST FOR PARADIS), 166
Eastwood, Clint, 30f
Egelind, Søs, 196
Egoistisk præmis for følelser, 208ff
Ekman, Paul, 86ff, 94ff, 121, 126, 199
Ekspressionisme, 175, 178
Ekspressionistisk spil, 176ff
Ekspressivitet og kunst, 24f
Elmer, Jonas, 41
Emblematisk spillestil, 187ff
Emblemer, 91
Empati for figuren, 208
Empiricistisk præmis for følelser, 210
ENESTE ENE, DEN (1999), 196
Engberg, Marguerite, 30
Ensemblespil, 201n
EPIDEMIC (1987), 157
Exces, 215

Falk, Peter, 50
Fassbinder, Rainer Werner, 193
FESTEN (1998), 218
Fetichisme, 207
Figur (def.), 21, 160
Fiktionsuniverset, 161, 162, 171, 215, 221
Filmiske niveau, 116
FIRM, THE (1993; – FIRMAETS MAND), 61ff, 74, 76, 80, 231
Flashback, 55ff, 74f, 81

Fleming, Victor, 99
Flockhart, Calista, 175
Fokalisering, 57
Fonda, Jane, 75
Formalisme, 178, 215
Forstyrrelse, 131, 165
Forvandlingsskuespilleren, 29
Forvirring, 125
Francis, Kay, 190
Freud, Sigmund, 31, 207, 210
Friesen, Wallace, 94
Frijda, Nico, 14, 20, 90ff, 116, 181, 232
Frygt, 95f, 125ff
FRÖKEN JULIE (1951; FRØKEN JULIE), 117, 162f
FRØKENS SMILLAS FORNEMMELSE FOR SNE (1997; Org. titel: FRÄULEIN SMILLAS GESPÜR FÜR SCHNEE), 49ff
Fröler, Samuel, 52, 143, 160
Fugleperspektiv, 23, 126
Fænomenologisk metode, 71
Følelser; -s definition, 23ff, 45f; – og sproget, 13, 17, 49ff, 57ff, 184; -s dimensioner, 166ff; – kategorier, 86ff, 165f; -s kognitive indhold og dybde, 19, 98ff, 122f, 130ff, 165f; -s rolle, 90ff; følelsestermer som opsummering, 102, 122f
Følelsesmæssig stillingtagen til figuren, 204, 206f

Gad, Urban, 26, 182
Garbo, Greta, 31
Garrick, John, 29, 224f
GATTOPARDO, IL (1963; LEOPARDEN), 22
Gavin, John, 43
GENERAL, THE (1927; GENERALEN), 188
GIANT, THE (1956; GIGANTEN), 166
Gibson, James J., 109
Gibson, Mel, 53, 46ff, 221ff
Gielgud, John, 42f
Giorno, John, 158
Gish, Lilian, 185, 224
Glæde, 95

GODA VILJAN, DEN (1992; DEN GODE VILJE), 52, 143, 160
Godard, Jean-Luc, 168
GOLD RUSH, THE (1924; GULDFEBER), 188f
Gombrich, E.H., 18, 109f, 213, 216, 218
GONE WITH THE WIND (1939; BORTE MED BLÆSTEN), 99
Granath, Björn, 128, 179, 199
Graugaard, Sofie, 194
Griffith, David Wark, 224
Grodal, Torben, 227
Gråd, 128f
Gunning, Tom, 220
Gøg og Gokke, 187f

Hackman, Gene, 41, 61ff
HAMLET (1948), 44ff
HAMLET (1969), 44ff
HAMLET (1990), 46ff
Hammett, Dashiell, 56
HAMSUN (1996), 118
Hanks, Tom, 23
HANNAH AND HER SISTERS (1986; HANNAH OG HENDES SØSTRE), 176
Hardy, Oliver, 187f
Hawks, Howard, 50, 56
HEIRESS, THE (1949; ARVINGEN), 176
HENRY V (1944), 40
HENRY V (1989), 39ff
HENRY V (William Shakespeare), 38ff
HERZ AUS GLAS (1976), 157
Herzog, Werner, 100, 157
Hick, Scott, 118
HINTERTREPPE (1921), 179
Hitchcock, Alfred, 43, 56, 57
Hopkins, Anthony, 205
Hopkins, Miriam, 189f
Howard, Leslie, 99
Hvenegaard, Pelle, 113, 123ff, 115f, 232
Hæmninger, 163ff
Høeg, Peter, 49
Håndholdt kamera, 73, 218
I KINA SPISER DE HUNDE (1999), 28

Idealiseret fremstilling, 173, 162, 181, 199, 224
Identifikation med figuren, 203ff; – på baggrund af social identitet, 210f;
Ideologisk stoicisme, 192
Ikke-realistisk spil, 171ff, 199, 226, se også overspil
Ikke-spil, 156ff
Ikke-verbale signaler, 11, 21ff; og ansigtet, 67ff, 85ff; og billedbeskæring, 22, 120f; og blikket, 87f, 124ff, 185f; og kostume og sminke, 21; og stemmen, 44ff, 222f; og pausen, 120f, 162; og stammen, 162; og timing, 144, 150f, 189ff
Indeks, 103
Indre monolog, 75
Induktion, se stiltermer
Instrumentalistisk spillestil, 187ff
Interaktiv ekspressivitet, 92, 128, 228
Invarians i synsfeltet, 78f
Ironi, 190
Izard, Carroll, 86ff

Jacobs, Lea, 32, 220
JAGGED EDGE (1985; KNIVEN ER DET ENESTE VIDNE), 74
Jalousi, 98ff
JAWS (1975; DØDENS GAB), 75
Jeppesen, Jørn, 117
Jessner, Leopold, 179
JFK (1991), 158
Johnson, Mark, 59
JOURNAL D'UN CURÉ DE CAMPAGNE, LE (1951; EN LANDSBYPRÆSTS DAGBOG), 155
JULIUS CAESAR (1953; JULIUS CÆSAR), 42
Jumpcut, 79, 108
JUNGFRUKÄLLAN (1960; JOMFRUKILDEN), 117
Jørgensen, Morten, 121, 126, 141, 186

KABINETT DES DOKTOR CALIGARI, DAS (1920; DOKTOR CALIGARIS KABINET), 176ff, 183ff

Karakter (def.), 21
Karikatur, 194
Kathakali, 19, 199
Kazan, Elia, 166
Keaton, Buster, 188
KING OF COMEDY, THE (1983), 206f
KIRKE OG ORGEL (1932), 169
Kjørup, Søren, 107f
KLUTE (1971), 75
Knudsen, Sidse Babett, 41
Kodet genkendelse, 88
Kognitiv-økologisk model for ekspressivitet, 105f, 108, 149f
Konstruktivisme, 175
Kontrast- og variationsprincippet, 134ff, 137
Konventionsbegrebet, – som forventning, 147f; som kunstnerisk løsning, 148f, 173; – og kommunikativ relativisme, 174f
Kracauer, Sigfried, 79
Krauss, Verner, 183f
Krydsindstillinger, 52, 61f, 119, 139ff, 152, 168
Kuhns, David, 178
Kuleshov, Lev, 65f
Kuleshov-effekten og -eksperimentet, 12, 65f, 81n
Kurosawa, Akiro, 56

Lacan, Jacques, 210
LADY IN THE LAKE (1947), 75
Lakoff, George, 59
Lang, Fritz, 177
Lange, Jessica, 22
Larque, Pierre, 42
Larsen, Buster, 134, 138
Laurel, Stan, 187f
Leigh, Janet, 43
Leigh, Vivien, 99
Leone, Sergio, 217
LET'S GET LOST (1997), 41
Leterrier, François, 153
Levinson, Barry, 159
LITTLE FOXES, THE (1941; DE SMÅ RÆVE), 163

Lubitsch, Ernst, 189
Luhrman, Baz, 225
Lumet, Sidney, 56
Lykkegaard, Henrik, 194f
Lynch, David, 116
Lynch, David, 21

MACBETH (1971), 75
MacDowell, Andie, 176
MAD DOG AND GLORY (1992; PIGEN I MIDTEN), 219
Mankiewicz, Joseph, 42
Manuskriptdramaturgi og spil, 42
MARMAILLE, LA (1935; BAG PARIS' BOULEVARDER), 42
Marquand, Richard, 74
Marr, David, 72f
Marshall, Herbert, 163, 189f
MARTHA (1973), 193
Massekunsten, 77
Mastroianni, Marcello, 50f
Matisse, Henri, 68, 71
Mayer, David, 183, 186
McNaugton, John, 219
Medfølelse, 208
Melville, Jean-Pierre, 168
MEPHISTO (1981), 193
Metaforer, primær-, 106; – som billedskemaer, 59; – for oplevelse, 104f, 206f
Method-acting, 27, 199
METROPOLIS (1926), 177
Metz, Christian, 13
Mieritz, Louise, 194
MIGHTY, THE (1998; – DEN UOVERVINDELIGE), 28
Mikkelsen, Lars, 195
Mikkelsen, Nis Bank, 130
Minimalisme, 155f, 160
MIRACLE WORKER, THE (1962; HELEN KELLERS TRIUMF), 150ff, 174
Montgomery, Robert, 75
Moore, Sonia, 26
Moralsk troskab, 204ff
Mosjukin, Ivan, 65f
Motivation, realistisk, 72, 153

Murnau, F.W., 177

Naremore, James, 186
NATURAL, THE (1984; DEN BEDSTE), 159
Naturalisme, 161f, 217
Naturalistisk spillestil, 163ff, 175, 186, 190, 199, 213, 220; -s strategi, 221ff
Naturalistisk syn på perception, 79f
Natyastra-udtryk, 94ff
Nicholson, Jack, 89
Nielsen, Asta, 182, 185
Nolte, Nick, 22
NOSFERATU – EINE SYMPHONIE DES GRAUENS (1922), 177
Novak, Kim, 43
Nutley, Colin, 100

Objektbeskrivende indstillinger, 73ff, 81
Olivier, Laurence, 40, 44ff, 53, 222f, 225, 227
Olsen, Lasse Spang, 28
ON THE WATERFRONT (1954; I STORBYENS HAVN), 166f
ONCE UPON A TIME IN AMERICA (1984; DER VAR ENGANG I AMERIKA), 217f
Overraskelse, 124f
Overspil, 150ff, 161, 191; se også ikkerealistisk spil

Pakula, Alan, 75
Pantomime, 186
PAWNBROKER, THE (1975; PANTELÅNEREN), 56f
Pearson, Roberta, 32, 186, 220
Peirce, Charles S, 103
PELLE EROBREREN (1987), 42, 113-46, 173, 179, 185f, 232, 241ff
Penn, Arthur, 150, 159
Perception af ekspressivitet, 105ff
Perceptionsteori, 77ff, 174
Perceptual shot, se subjektivt kamera
Person (def.), 21
Perkins, Anthony, 43

Personality-skuespilleren, 29
Personifikation i spillet, 182
Petersen, John Hahn, 27
PHILADELPHIA (1993), 23
PICKPOCKET (1959), 155, 215
Platonisme, 181
Point-of-view-klipning, 59-72, 76f, 124f, 134ff; point/glance-indstilling, 66ff, 81n, 85ff, 90, 125; point/object-indstilling, 60, 66ff, 81n, 85, 90, 125f,
Polanski, Roman, 75
Pollack, Sidney, 61, 117
Polus, 223
Pontoppidan, Clara, 169
Postfilmiske niveau, 116
Profilmiske niveau, 116, 118
Projektion, 63
PROSTOJ SLUCHA (1933; eng. A SIMPLE CASE), 114f
Psilander, Valdemar, 182
PSYCHO (1960), 43
Psykologisk realisme som metode, 157, 184, 223
Pudovkin, Vsevolod, 114
PULP FICTION (1994), 196
PUSHER (1996), 152f, 169
Paaske, Erik, 140, 179

QUATRE CENT COUPS, LES (1959; UNG FLUGT), 124
QUILLER MEMORANDUM, THE (1966), 117
Quinn, Aidan, 157

RAGING BULL (1980), 206f
RAGING BULL (1980), 51
RASHOMON (1953; – DÆMONERNES PORT), 56
RASKOLNIKOV. FORBRYDELSE OG STRAF, 169
Ray, Nicholas, 166
Reaktionsbilleder, 134ff,
Realisme, 161f, 199f, 225ff; – og kommunikativ relativisme, 173ff; – som metode eller periode, 172

Realistisk spil, 171ff, 226f
REBEL WITHOUT A CAUSE (1955; VILDT BLOD), 166
Redford, Robert, 29, 159f, 161
Refn, Nicolas Winding, 152
Regelbaseret afkodning af ekspressivitet, 107, se også kodet genkendelse
Relativisme, 151, 173ff
Renford, Brad, 176
Replikbehandling, 41, 44-49, 162, 189f; -indhold, 50ff
Retorisk spil, 220; – strategi, 221ff
Richardson, Tony, 44
RIGET (tv-serie, 1995), 52
Riis, Anne-Grete Bjarup, 195
Rivette, Jacques, 68, 71
ROBOCOP (1987), 74
Rollefortolkning, 39ff; -ens hovedopgaver, 42
Rollen (def), 38
Roos, Karl, 15
Rossellini, Roberto, 68, 231

Sadisme, 207
Sanders, George, 68ff
Sarandon, Susan, 176
SAVING PRIVATE RYAN (1998)
Scenisk tale, se replikbehandling
Schechner, Richard, 94
SCHINDLER'S LIST (1993; SCHINDLERS LISTE), 218
Schneevoigt, Georg, 169
Schreck, Max, 177
Schumacher, Joel, 176
Schønberg, Ib, 30
Scorsese, Martin, 22, 51, 105, 167f, 206
Seberg, Jean, 168
Selvbeherskelse, 163f
Selvmedlidenhed, 121ff
SEX, LIES, AND VIDEOTAPE (1989; SEX, LØGN OG VIDEO), 176
SHADOWS (1960; SKYGGER), 41
Shaffer, Lawrence, 16
Shakespeare, William, 53
Shepherd, Cybill, 105

Shot/reverse-shot, se krydsindstillinger
Siegel, Don, 164
Signalbillede, se point-of-view-klipning
SILENCE OF THE LAMBS, THE (1991), 205
Simonsen, Lars, 124, 134, 138
Singers, Bryan, 56
Situationel betydning, 100
SJUNDE INSEGLET, DET (1957; DET SYVENDE SEGL), 117
Sjøberg, Alf, 117
Skadefryd, 89, 208
Skam, 87f, 90, 121ff, 127
Skuespilleren, 15, 160
Skyld, 121ff, 129
SLEEP (1963), 158
Sminkning, 142
SNOW FALLING ON CEDARS (1999; SNEEN PÅ CEDERTRÆERNE), 118
Snydeklip, 60f
Soderbergh, Steven, 176
Sofaproblemet, 175f
Sofokles, 223
Spacey, Kevin, 56
Spader, James, 176
Spielberg, Steven, 75, 218
Spil af ordet, 182
Spil, 157, 161; -lets primære og sekundære mål, 216f; af ordet, 222; og hverdagens ekspressivitet, 16, 18, 33; og psykologisk realisme, 26ff
Spillets virkemidler, se ikke-verbale signaler
SPION 503 (1958), 117
STAGE FRIGHT (1950; LAMPEFEBER), 56
Stanislavskij, Konstantin, 26, 92, 157, 163, 175, 184
Statister, 134ff
Status- og intimitetskonflikt, 139
Stegelman, Jørgen, 30
Steiger, Rod, 166f
Stemmens virkemidler, se ikke-verbale signaler
Stereotyp fremstilling, 211
Stern, Daniel, 176

Sternberg, Joseph, 207
Stevens, George, 166
Stewart, James, 31, 67
Stilbegrebet, 199, 212ff; -funktioner, 218f; -termer, induktivistiske og deduktivistiske metoder, 213ff
Stjerner og stjerne-image, 14
Stone, Oliver, 158
Stone, Sharon, 28
Strasberg, Lee, 27, 184
Strindberg, August, 162f, 175
Strøbye, Axel, 124, 131,
Stumfilm, 32
Subjektbeskrivende indstillinger, 73ff, 81
Subjektivt kamera, 63f, 74f
Supervenere, 161
Svendsen, Lotte, 194f
Sydow, Max von, 113, 115f, 117ff, 141ff, 173, 233
Symbol, 72, 103, 104
Symbolisme, 175
Sympati, 208
Synsvinkel, 103f, 130ff
Szabó, István, 193

Tarantino, Quentin, 196
TAXA (tv-serie, 1997-), 27
TAXI DRIVER (1976), 105, 167f, 195, 206f
Teatralsk spil, se overspil
THÉRÈSE RAQUIN (roman, 1868), 162
THICKER THAN WATER (1935; RØG I KØKKENET), 187
Thompson, Kristin, 216
Thomsen, Bodil Marie, 31
Thomsen, Ulrich, 194
THREE DAYS OF THE CONDOR (1975; TRE DØGN FOR CONDOR), 117
Timing, se ikke-verbale signaler
TIREZ SUR LE PIANISTE (1960; SKYD PÅ PIANISTEN), 164f, 168
Tomkins, Silvan, 86ff
Top-down, 173f
Travolta, John, 196

Trier, Lars von, 52, 157
Troell, Jan, 118
TROUBLE IN PARADISE (1932; MADAME FORELSKER SIG), 189f
Truffaut, François, 124, 164
Twardovski, Hans Heinrich von, 183f, 185
TWIN PEAKS (tv-serie, 1990-), 21, 116
Two-shot, 139ff, 152

Ullman, Liv, 51
UMBERTO D (1953; UMBERTO), 87
Underspil, 159ff
Universelle færdigheder og viden, 85, 77ff
Urealistisk spil, se overspil
USUAL SUSPECTS, THE (1995), 56
Utilpashed, 88
Uægte ekspressivitet, 91, se også overspil og viljestyret fremstilling

VAMPYR (1932), 75
Varians i synsfeltet, 78f
VED FÆNGSLETS PORT (1911), 182
Veidt, Conrad, 176f, 183
Veloplagthed, 88
Verfremdungseffekt, 191ff
Verfremdungsspillestil, 161, 226
Verhoeven, Paul, 74
VIAGGIO IN ITALIA (1953; REJSE I ITALIEN), 68ff, 74, 76, 80, 100, 167, 231
Vieth, Pia, 27
Viljestyret fremstilling, 163, se også overspil og uægte ekspressivitet
Villaume, Astrid, 120, 131
Vinterberg, Thomas, 42, 218

Visconti, Luchino, 22
VISKNINGAR OCH ROP (1972; HVISKEN OG RÅB), 51
Voice-over, 50, 56, 75, 81
Von, se efterfølgende ord
Vrede, 93, 94,

Walton, Kendall, 213
Warhol, Andy, 158
Washington, Denzel, 23
Wegener, Karen, 120
Welles, Orson, 74
Weston, Judith, 27
Wiene, Robert, 176
WILLIAM SHAKESPEARE'S ROMEO AND JULIET (1996), 225
Williamson, Nicol, 44ff, 106, 222
Winterhjelm, 172, 174
Wise, Ray 21
Wollter, Sven, 100ff
WRONG MAN, THE (1957; DEN FORKERTE MAND), 57f
Wyler, William, 163, 176

X-FILES, THE (tv-serie, 1993-; STRENGT FORTROLIGT), 51f, 63f, 74, 76
Zeffirelli, Franco, 46, 53

Zola, Emile, 162

ÄGGET ÄR LÖST! (1975; ÆGGET ER SKØRT), 117
ÄNGLAGÅRD (1992; ENGLEGÅRD), 100ff

Øjets træghed, 78
Økologisk syn på perception, 79f